筑美

——文化的传承与创新

葛志亮　著

中国矿业大学出版社

·徐州·

图书在版编目(ＣＩＰ)数据

筑美：文化的传承与创新 / 葛志亮著. —徐州：
中国矿业大学出版社，2020.12
ISBN 978-7-5646-4926-5

Ⅰ.①筑… Ⅱ.①葛… Ⅲ.①高等职业教育—校园文
化—建设—研究—江苏 Ⅳ.①G718.5

中国版本图书馆 CIP 数据核字(2020)第 269653 号

书　　名	筑美——文化的传承与创新	
著　　者	葛志亮	
责任编辑	徐　玮	
出版发行	中国矿业大学出版社有限责任公司	
	（江苏省徐州市解放南路　邮编 221008）	
营销热线	(0516)83884103　83885105	
出版服务	(0516)83995789　83884920	
网　　址	http://www.cumtp.com　**E-mail** : cumtpvip@cumtp.com	
印　　刷	苏州市古得堡数码印刷有限公司	
开　　本	787 mm×1092 mm　1/16　**印张** 16.75　**字数** 266 千字	
版次印次	2020 年 12 月第 1 版　2020 年 12 月第 1 次印刷	
定　　价	56.00 元	

（图书出现印装质量问题，本社负责调换）

序 言

　　在时间的流变中,许多东西会消亡,许多东西会退化,唯有一样东西永恒不变,那就是"美"。就高校而言,美,包括美的理念、美的教学、美的师生、美的实践、美的希望,它既是对学校过去文化历史的自发传承,也凝聚着我们对文化内涵的自觉创造、文化成果的自信展示,更是学校特色文化效应的认同体现。

　　文化建设是高校的软实力,它以人为核心目的,以发掘人的潜能、实现人的全面发展为最高原则。运用文化的力量来促进学生发展,向美而生,有着其他力量所无法企及的优势。每个学生都是一颗种子,只要有适合的文化土壤,都能生根发芽。"筑美",蕴含着构筑学生发展之基、筑就学生美好前程、增强学生发展潜力的丰富内涵。高校的重要任务,就是将筑美理念付诸实践,营造筑美的氛围,汇聚筑美的力量,使之成为师生一起发现美、欣赏美、创造美的过程,把学校建设成为更适合学生发展的地方,让更多的学生成长、成才。

　　筑美是什么,怎么筑美,谁去筑美？见仁见智,众说纷纭。高校只有具备广泛的群众基础,形成良好的育人生态,才能使"筑美"焕发蓬勃生机、落地生根,并服务于立德树人的本质要求。

　　本书认为,"筑美",是在学校办学过程中积淀形成的,体现学校历史传统,有着自身鲜明特色的精神文化形态。它是一种状态,一种境界,一种精神追求。这种至高无上、不落俗套、向上向好的超然追求,是一种把目标和手段融合起来的追求,为大学生活注入了严肃性和神圣性。筑美,归根结底是服务于育人大局的,而育人工作归根结底是服务于学生成长发展的。"大学要树立人才是多样化的、人人都能成才、成不同之才的观念；要充分尊重、珍惜,并学会识别人才,因材

— 1 —

施教,为他们的成长创造条件、留有空间、搭建舞台。"①我们要坚持以育人为核心使命,强调"人的全面而自由的发展"。

推进"筑美",我们需要破解思想观念、思维习惯和行为方式上的定式,坚持一以贯之而不应朝令夕改。不仅要尊重它的传承性,更要把它落到细微处,在全校师生员工的参与下,共同做好"育人"——这个世间最美好的事情。人人都有奋发向上的力量与勇气,我们要用丰富的实践来凝聚师生员工的责任感,通过挖掘筑美的力量,把每一位师生员工的责任感激发出来,汇聚成推动学校发展的强大动力。

推进"筑美",需要持续地塑造、凝练与涵养,我们要认识到这是一项长期艰巨的系统工程,绝不能一蹴而就、急于求成。我们要通过弘扬学校的优良传统,谋划学生更好的未来发展,不断增强"筑美"的感召力和向心力,建成师生员工共有的精神家园。我们还要从整体性上去理解,在大学理念层次上进行追问,从其综合外在表现上来把握,以高度的文化自觉和责无旁贷的使命感,积极做"筑美"的传承者、创新者和传播者。

高校是人类文明进步的标志,是人文荟萃之场所。作为传承优秀传统文化、知识创新和人才培养的重要阵地,高校在推进社会主义文化大发展大繁荣中肩负着重要的使命。作为国家示范高职院校,江苏建筑职业技术学院在"以文化人"的丰富实践中,秉持"筑美"理念,处处体现"筑美"的气质与灵魂,对学校的建设发展发挥着神奇的指引效能。

教育的本质在于促进人的全面发展。人的自由而全面的发展,是马克思主义理论体系中的重要内容,也是马克思主义的根本出发点。基于此,本书以"筑美"为书名,力求用简洁、醒目、便于记忆的文字和语言进行表述,把丰富、鲜活、融入育人实践的行为和文化进行传承,凸显学校文化育人的历史传承,体现学校建筑类专业的特色,反映学校筑就美好生活的育人哲学。

当前,我国职业教育正处于大改革的最好历史时期,也正处在大发展的黄金时代。在本书撰写过程中,笔者从江苏建筑职业技术学院办学历史、文化渊源、文化传承、文化创新等多个侧面,从晓以美之源、凝以美之魂、立以美之根、熏以美之韵、塑以美之行、润以美之情、施以美之助、扛以美之责、圆以美之梦等多个视角,对学校 40 余年来的文化建设、文化育人的探索与实践进行总结反思,虽然不一定面面俱到,但在师生中若能起到潜移默化的作用,若能引起社会各界对"以文化人"的重视,若能把学校的文化传承与创新推向一个新的高度,就算是达到目的了。

---

① 王义遒,于晓风:《当代中国大学的文化与精神》,北京大学出版社 2017 年版,第 51 页。

目录

第一章 筑美之概述

爱美之心,人皆有之。美,是人类永恒的话题。

筑,《说文解字》有云:"以竹曲五弦之乐也。从竹从巩。巩,持之也。"其本义是一种弦乐器,用竹尺敲击出各种美妙乐曲。《辞海》中对"筑"义的解释如下,其中作名词解有三种:一是捣土的杵。《史记·黥布列传》:"项王伐齐,身负板筑,以为士卒先。"二是建筑物。杜甫《畏人》诗:"畏人成小筑,褊性合幽栖。"三是击奏弦鸣乐器,旧读 zhú,琴体狭长,木质,张 5 根弦,用竹棒击奏。燕太子丹送荆轲刺秦王时,高渐离击筑送行。另一作动词解,修建,组词如修筑、建筑、构筑等。无论是本义还是引申义,"筑"字都是以动作的构建来追寻美好生活。

美,《说文解字》云:"美,甘也。从羊大。羊在六畜,主给膳也。美与善同意。"段玉裁注云:"美也。甘者,五味之一。而五味之美皆曰甘。引伸之凡好皆谓之美。"《辞海》中对"美"的解释主要有"指味、色、声、态的好""才德或品质的好""善事,好事""喜欢,称心""美学研究中心范畴"等义项。由此释义,"美"字则指对美好生活的描述与旨归。

"筑美"是以"美"为核心的教育思想的呈现,是用美的教育塑造美的心灵,实现人的全面健康成长,是教育的理想追求。"筑美"的构建与凝铸,需要以立德树人为根本任务,融入教书育人的全过程,需要反映学校的气息、地域的特质、职业的气质和社会的气象。

第一节 筑美的内涵意蕴

十年树木,百年树人。美是一种客观存在,美在教育中达成,教育是美的实践外化。筑美是赋美以特征、育美于过程、以美为取向,是对学校文化历史的高度凝括,是对学校文化建构的深度聚焦,也是对学校文化传播的远景展望。某种程度上说,筑美是关于"大学是什么、如何办大学、大学如何育人、大学培养什么样的人"的总体看法和基本观念,是大学建设的思想体现、核心和灵魂。

筑美,是学校精神文化、制度文化、行为文化、环境文化相统一的有机整体,包括由价值观、理想追求、道德情感等构成的精神文化,由大学的组织架构、运行规则、大学章程等构成的制度文化,由学风、教风、校风等大学主体的行为形态构成的行为文化,由大学的物理空间、建筑布局、景观设置、教学设施等构成的环境文化。这一体系中,精神文化是核心,制度文化是保障,行为文化是根本,环境文化是基础,它们共同构成学校良好的教育生态,是学校持续健康发展的保证。

筑美的核心理念

人才培养的最高境界是营造一种文化。文化无所不在、无所不包,文化对人的影响无孔不入、无时不在。高校营造文化的过程,即是筑美理念实施的过程,是筑美体系构建的过程。在人才培养过程中,江苏建筑职业技术学院将筑美作为"人人皆可出彩"的文化,作为"构筑美好生活"的文化,努力营造"特色育人生态",为学生筑牢远大理想、筑就美好发展前程。

筑美的核心理念在于育人。它是学校"促进学生全面而自由发展"办学治校理念的集中体现,通过构筑特色鲜明的校园文化育人生态,树立学生正确的世界观、人生观、价值观,培养造就一批批现代建筑业所亟须的高素质技术技能人才,使不同性格禀赋、兴趣特长、素质潜力的学生享有更多样的教育选择和更畅通的提升通道。

筑美是学校办学传统的延续、发展历史的沉淀。它秉承了军校文化、煤炭文化、建筑文化的优良文化基因,并在此基础上逐步孕育形成了筑美特色体系,形成了师生共同遵循的价值观念、群体意识、制度环境和行为规范。筑美还体现了学校的地域、传统、专业、师资、就业等方面的特色,成为具有鲜明建筑行业特质的校园文化建设的灵魂,为学校的发展赢得更多的有形资源和无形支持。

近年来,在校园文化的规划、建设和发展中,学校以立德树人为出发点和落脚点,以文化引力激发育人张力,通过建设特色鲜明的"筑美"文化,彰显了校园文化品格,塑造了校园文化品牌。

第一,构筑学生的发展之基。在人才培养过程中,学校用红色文化为学生筑牢精神脊梁,用中华优秀传统文化为学生筑牢道德品质,用军校文化、煤炭文化、建筑文化等校本文化为学生筑牢发展之基,用智慧和匠心为学生筑牢青春梦想,进而共筑师生美好的精神家园,成为全国高等职业院校事业发展的典范。

第二,筑就学生的美好前程。秉承"美好理念",努力为每一位学生提供最适合的教育,让每一位学生得到最充分的发展;恪守"美好使命",以坚毅笃行的奋斗精神和敢为人先的开拓气魄寻求发展,以精益求精的匠心追求培养社会主义的建设者和接班人;创设"美好环境",着力打造一流的师资队伍、高端的实验实训条件和精致的校园育人环境;努力筑就"美好前程",精心培养德技并修、全面发展的高素质技术技能人才,帮助学生高质量就业,实现个人的美好梦想。

第三,增强学生的发展潜力。筑美的最终落脚点,在于提升学生全面发展、个性发展的能力。全面发展是指符合人才培养的规律和要求,使学生在德、智、体、美、劳等各方面都得以发展。个性发展则是学生个体在需求、生活习惯、性格、能力、志趣、价值观念等方面形成稳定的心理特征,发现、形成和提升具有个体特点的技能或能力。在遵循人才培养规律、尊重个体差异的基础上,使学生有自我成才的渴望,有成长的收获和快乐,进而增强可持续发展的能力,这是"筑美"的落脚点和生命力所在。

人民教育家陶行知先生说过:教育是农业。培养教育人和种花木一样,首先要认识花木的特点,区别不同情况给以施肥、浇水和培养教育,这叫因材施教。筑美,就是要围绕"培养什么人、为谁培养人、怎样培养人"这一根本问题,给学生"浇水施肥",为国家培养栋梁之材。

筑美的制度保障

建筑是凝固的音乐,是艺术与历史的融合。无论是建筑还是大学,体现的都是一种理念。建筑理念要求任何一个好的建筑都应该是艺术和功能的完美结合,而一个好的大学则是大学理念和大学制度的完美结合。

制度是高校在办学和发展过程中所形成的权利、义务和责任的综合,也是大学存在与发展的规则和规范。美国教育家伯尔凯·史密斯认为,一个办得成功的学校应以它的文化而著称。制度带有全局性、稳定性,管根本、管长远。高水平的管理体系体现为一系列的制度安排、体制机制,体现为制度文化。制度文化是高校文化建设的重要组成部分,是在高校发展过程中形成的特有的管理思想和观念,以及在这种观念下制定的具体的管理体制、管理模式及规章制度的综合体。就人才培养而言,高校应建立全面系统、相互配套、和谐统一的制度体系,把立德树人有机融入思想道德教育、文化知识教育、社会实践教育等各环节,把大学核心精神渗透到学校的各种规章制度中。

加强"筑美"的建设,不仅需要无形的"空气养人",还需要有形的制度保障和组织力量。实现教育教学、人才培养、职称评审、经费使用等方面的高水平管理,高校须从建制度、立规矩入手,以创新思维和理念,科学设计、通盘谋划,建立科学合理的现代大学制度。江苏建筑职业技术学院以章程建设为契机,在构建现代大学制度上进行了尝试探索,章程明确"为每一位学生提供最适合的教育,让每一位学生得到充分发展"作为学校的办学宗旨,系统构建了一套符合高职教育办学规律、体现学校办学定位、支撑学校"筑美"理念实施的制度文化体系。

"筑美",回答了"建设一所什么样的大学"和"如何建设这样的大学"的问题。推进"筑美"实施,是一项长期艰巨的系统工程,高校应立足当前、着眼长远,建立健全一套与"筑美"建设相适应、相配套的制度运行机制;建立组织协调机制,落实主体责任,统筹协调重大问题及重要工作;建立协同运行机制,统筹协调政府、行业、企业和学校资源,打破封闭壁垒,形成协同格局;建立考核评价机制,完善考核评价指标体系与奖励办法,最大限度地调动广大师生员工的积极性,促进学生全面而有个性地发展。

推进"筑美"实施,需要把学生的尊严、学生的发展、学生的价值放在第一位,把是否促进学生的全面发展作为制度建设的出发点和落脚点,这是学校建设的总纲,是学校发展的方向。学生成长成才的道路上,教师是"引路者"也是"守望者"。为此,高校还需健全制度保障,打造一个"筑美"育人的共同体:以专业教师为主体的学业导师队伍,以思政课教师、辅导员为主体的人生导师队伍,由管理服务人员组成的生活导师队伍,由行业企业专家组成的学生职业导师队伍。

筑美的生态环境

文化是一种思想,文化是一种引领,文化是一种精神,文化是一种动力,文化是一种生命,文化是一种方向,文化还是一种生态。就江苏建筑职业技术学院而言,所谓教书育人、管理育人、服务育人、环境育人,说到底就是文化育人,就是在构建"筑美"的良好生态环境。

从系统论视角来看,大学文化是一个复杂的生态系统,包括精神文化、制度文化、物质文化、环境文化、行为文化等,这是一套完整的系统,不能相互脱离而单独存在。它是基于高校长期的办学实践,在内部要素作用和外部环境影响下,由大学及其内部成员凝练出广泛认同的、经时间检验正确的,并自觉转化为实际言行的价值观念和精神品质。

从显性文化生态来看,高校既要加强教学场所、实训场所、学习场所、生活场所、运动场所、办公场所,以及教学设施、实训设施、科研设施和文体设施等构成的物质文化建设,也要做好建筑物名称、道路名称、人文景观、导示牌、雕塑、宣传栏、道旗、电子屏等硬件设施构成的环境文化建设。上述文化反映了学校的发展历史、教育内涵、人文风貌和价值追求,构成了"环境识别系统"。高校还要对校名、徽标、校徽、校歌,以及校旗、院旗、文化艺术产品等所构成的视觉识别系统进行统筹建设,构建营造优美的育人环境。

从隐性文化生态来看,这首先表现在办学治校理念与价值追求上。纵观世界上的一流大学,它们在社会和科学领域的卓越贡献,都与其独特的历史文化传统、办学理念和价值追求有关。比如校训、校风、学风、办学理念、办学宗旨、办学特色等精神文化,这些都是经过时间的洗礼、历史的积淀而产生的独特风格。其次,学校的章程、组织构架、决策机制、考核评价机制等规章制度将逐步内化为学校所有成员的自觉意识和自觉行动,体现为隐性的制度文化。最后,校报、校刊、学报、年鉴、质量报告、宣传片等及在广播、网络、新媒体所传播的隐性文化,构成了学校的"文化传播系统"。

从参与主体视角来看,每一位师生员工既是校园文化的建设者,也是文化建设成果的受益者。校园文化建设不是校领导或个别部门的事情,而是全校师生共同参与、达成共识、形成自信、成为自觉的共同价值体系。要发挥师生在文化建设中的主体作用,坚持为师生服务、为学校发展服务,贴近实际、贴近生活、贴近师生,发动和鼓励全体师生充分表达对学校历史传承的认同和对新时期人文精神的追求,通过讨论,凝聚共识。

从育人资源视角来看,高校构建优良育人生态,需要集合课内课外、线下线上、校内校外等优势育人资源,协同学校、家庭、社会和政府,形成一个相互共容、同生共长、平衡发展的生态环境,形成一个文化多元共融、师生齐生共长、和谐共生、良性循环、全面发展、持续繁荣的生态环境。

"筑美"是学校延续发展的精神文脉,是学校共享核心价值理念的精神家园。围绕构建具有鲜明"筑美"特色的育人生态,江苏建筑职业技术学院在加强各类"看得见"的文化建设的同时,大力推进各类"看不见"的文化建设,初步构建了一个自然美、人文美、实践美,物质文化、精神文化、制度文化、行为文化和谐发展的良好校园文化生态环境,汇聚了一批"筑美"传承人,产出了一批丰硕的实践成果,培育了一批高素质技术技能人才,收获了广泛的社会美誉。

在营造物质文化上,结合学校文化特点,建设高文化品位的人文环境,从建筑物、道路、路标、路灯到一花一草一木都规划好、建设好,努力做到形散而神聚。在弘扬精神文化上,挖掘传承学校历史传统,培育文化底蕴,不断增强师生的认同感和归属感。在打造制度文化上,将"筑美"价值理念、价值导向落实为制度上的激励和约束机制。在培育行为文化上,加强"厚生尚能"校训、"求实创新"校风、"立德树人"教风、"立身笃行"学风建设,形成了有利于复合型高素质技术技能人才脱颖而出的校园氛围。

第二节 筑美的丰厚土壤

大学文化的本质精髓在于风骨气韵,这成就了大学之"大",孕育了独立思考、革新创造的独特大学文化。"筑美"具有融气质、性格、个性于一体的典型特征,其风骨气韵是理念、思想、制度、行为、环境的结晶与凝聚,集中体现了大学的内涵与本质。

筑美,从普遍意义上而言,强调美好生活的回归与建构,其内在宏旨宽泛普适。从高校特殊场域来讲,筑美则代表了大学文化的传承创新,有着其个性化的符号特点、体系化的建构路径。"筑美"的实施,厚植于高校深厚的文化沃土,扎根于高校系统的人才培养,在信息传播、知识传授和技能传承中,帮助学生成长、塑造美好生活,为社会培养优秀的高素质技术技能人才。作为一项系统工程,推进"筑美"实施,这是一个根植于历史、秉承于传统,继承与积累、设计与实践、反思与更新的过程,是一个在继承基础上涵养、经营的过程,必须全校一盘棋,由浅入深、由表及里推进,进而贯穿学校教学体系、教材体系和管理体系,切实提升人才培养的质量。

深植学校的文化传统

文化的形成是一个渐进的、长期积淀的过程,必须以深厚的历史底蕴作为源泉和支撑。一所大学的文化,是伴随学校发展的过程逐步孕育、发展和形成的。一所大学的发展,体现于学校办学历史的沧桑变化与教育空间的格局气象。

加强校园文化建设,高校需要立足于自身发展的历史传统与文化遗产,形成师生共同认可、共同信仰、共同遵循、共同守护的精神文化、制度文化、行为文化和环境文化,进而内化于师生心里、外化于师生日常教学的行为。高校也可以学习借鉴其他高校,但不能亦步亦趋,更不能照抄照搬,盲目模仿或是翻版别人的文化,而应结合实际,建设具有自身特色的大学文化,形成与自身特色相适应的文化风骨、文化品位和文化风格。

一所大学的文化总是植根于时代与地域生态中。江苏建筑职业技术学院筑美文化的建设,深耕于学校的发展历史,不断汲取养分,进而生成新的文化成果。学校在自身发展过程中,既有军校初创的艰苦岁月,亦有全国重点中专校的华丽转身,更有国家示范高职院校的品牌效应。这里既有转制的痛、转型的惑,又有升格的丽,更有蓝图的美……

这种探索中前进的过程,实际上就是学校文化自觉的过程。在一代代师生员工不断努力的探索中,逐步形成了学校的文化品格、文化特色,构成了学校奔流不息的文脉。学校 40 余年的文化积淀,为我们提供了军校文化、煤炭文化、建筑文化等宝贵的精神财富,这是"筑美"文化建设中需要深耕的历史资源,需要深刻挖掘其内涵本质。

时光流逝,"筑美"这一蕴藏在学校历史遗存里的人文价值,不能脱离滋养其发展的古彭大地,同样也不能脱离其诞生和发展的那个时代。

关于军校文化的传承。基建工程兵的"战场",是分布在祖国四面八方的基本建设现场,服务于新中国成立初期的现代化建设。铁的信念、铁的纪律,是基建工程兵人才培养的内在要求。铁的信念是铁的执着,是矢志不渝的向往,更是强大的精神动力。牢固树立铁一般的信念是学校事业发展取得一个又一个胜利的先决条件。培养基建工程兵,目的是服务社会主义基本建设各条战线,为社会主义建设提供可靠的物质条件与技术支撑。坚定铁一般的信念,要求学校育人工作必须为中国特色社会主义建设提供技术过硬的建设者与素质可靠的接班人。铁的纪律是指一切行动听指挥,坚决执行命令。毛泽东曾经指出,纪律是执行党的路线的唯一保证。军人的生活是刚性的,军规军纪是军校日常生活的纲纪。大到施工战场上的令行禁止,小到士兵床铺上的方正"豆腐",无不体现了纪律的威严。纪律,是组织活动的根本要求。我们要承军校之遗绪,以法纪法规和规章制度作为师生员工工作、学习、生活的圭臬。

关于煤炭文化的发扬。煤炭行业属于艰苦而危险的行业,需要一种奉献精神。在学校人才培养的过程中,需要把这种岗位意识贯穿于日常教学与职业技能的训练中,需要教职员工落实到教育教学和管理服务岗位中,从而促进学校的发展与个人的进步。"黑金"开采与能源开发是国民经济发展的主要动力之一。学校为煤炭行业发展培养技术人才、开展技术合作、探索联合培养等,形成了非常好的服务企业、服务行业的机制与办学传统。这种文化因子的继承,需要在学校发展过程中,继续跨组织交流、跨区域学习、跨国域借鉴,继续做好合作与服务工作。近年来,在经济社会发展过程中,煤炭行业一直在起伏不定的市场条件下坚守着,服务于国民经济发展大局,谋划着转型发展之路。在学校发展过程中,尤其是在专业建设过程中,牵扯到专业结构优化、专业布局调整,必然涉及部分教职工的切身利益,这同样需要教职工具有大局意识。学校的发展是盘大棋,只有大棋下好了,专业与个人才会有更大的发展空间。只有学校发展了,才会有更好的专业发展与个人发展。

关于建筑文化的打造。建筑的质量是百年大计,学校人才培养的质量也是百年大计。提高办学质量,是学校持续健康发展的关键,是学生以其高质量的岗位技能与职业素养获得市场认可和社会认可的根本途径。对学校而言,教学质量是学校的生命线,是学校发展的根基,应把教学质量提升作为永恒的追求。这既是学校能否在日益严峻的高职竞争中获得生存的关键所在,也是学生能否以其高质量的岗位技能与职业素养获得市场认可和社会认可的根本途径。建筑是责任工程,建筑人的责任关系到民生安全。学校有责任使每一位毕业生都成为可造之才,老师有责任使自己的课程都成为学生获取知识的坚强阵地,每一个学生都有责任使自己通过学习与实践成长为对社会有用的人。鲁班是建筑匠人的鼻祖与精神代表,鲁班奖是建筑业界最高的品牌。树立品牌,需要经营的理念。建筑文化品牌的打造,如同争获鲁班奖那样,是学校综合实力的体现,需要在专业建设、科技服务、学生培养等方面树立精品意识,开展扎扎实实的行动。

专注学生能力的培养

大学作为一种文化存在,其生存和发展,需要通过文化的传承、传播和创新,促进学生社会化、个性化和文明化,实现学生的自由全面发展,继而推动经济社会发展和人类进步。大学文化,反映师生的共同追求,体现学校的价值导向,与学校发展所处的阶段和方位密切相关。大学文化的建设过程,其实是人才培养的过程。

加强大学文化建设,对大学生世界观、人生观、价值观的形成起着基础性作用,是大学生精神生活中一种不可或缺的力量。新时代、新使命、新担当,高校要在不断继承、丰富、提升校园文化的过程中,为学生实现可持续发展提供源源不断的内生动力与不竭后劲。

筑美文化的实践,从根本上讲是人的建设,关键是提高学生的素质,培育学生创造未来美好生活的能力。这不仅仅是学生职业技能的培养,更包含对学生美好品质的塑造,成人与成才相辅相成。在学生培养的过程中,高校要引导学生脚踏实地,厚实人生起步的基础,树立科学的价值观体系,不断提升思想道德素养,崇尚技能,建筑美好的生活。

引导学生正确认识成长的自然环境。目前,高职院校呈现生源分布区域扩大化和生源结构多样化等特征,有提前自主招生、对口单独招生、普通高考招生、复员转业军人等多种招生形式。高职院校要正确分析生源群体的结构特征与个性特征,在教育形式与教学设置上,根据学生个体发展需求,进一步深化分类培养、分层教学的人才培养模式改革,探索开展适应性、小众化、项目式的教学手段与教学方式。

引导学生正确认识成长的思想环境。随着中国特色社会主义建设事业不断深入推进,社会思想环境呈现多源流碰撞激荡的形态,高校成为各种社会思潮辩论、角力与斗争的场所。这既是一个国家民族政治社会化进程中必经的过程,也是每个公民个体在其政治社会化进程中必须上好的一课。当前,高校要全面深入开展社会主义核心价值观教育,把学习、践行社会主义核心价值观融入课程教育、社团活动中,真正做到我学习、我信仰、我践行。

引导学生正确认识成长的技能社会。当前,劳动光荣、技能宝贵、创造伟大已经成为社会共识。建筑产业现代化、"中国制造2025"规划、"互联网+"等呼唤技能社会的到来,产教融合、现代学徒制、混合所有制等为学生提供了技能习得途径。高校要结合办学特色、专业建设现状、市场人才规格等,深入开展大学生创新创业工程,推进"教、学、做"一体、"教、赛、练"融合,不断提升学生技能水平与职业能力。

引导学生正确认识成长的文化环境。学生的培养是系统化的文化传输工程,既要传授学生安身之技,也要传授学生立命之德。文化品质的提升、思想素养的培养,需要一个润物无声的氛围。这需要继续坚持"厚生讲堂"的道德引领、修身工程的文明塑造、地域特色的文化浸染、日常管理的行为规范,全面提升学生文化素质与思想素养。

加强教师榜样的引领

文化是一所高校的精髓和灵魂,是构成高校办学实力和竞争力的重要组成部分。校园文化是一届一届师生传承、创造的结果,是一个历史筛选、积淀的过程。文化追求与创造是高校的本质特征,文化建设与更新是高校发展的基本动力。

教师是大学文化的塑造者。优秀的教师不仅是教学能力强的"经师",还必须是真正为了学生用心和付出、以最大的尊重激励学生的"人师"。犹如一汪泉眼,教师群体在教育教学过程中所体现的职业文化、展示的职业技术、展现的职业道德和表达的职业追求等,本身就是一种言传身教的文化示范,在学生成长的人生轨道里,会一直留下滋润的痕迹,烙下"筑美"文化的神韵。

教师要乐教。在学校发展的历史上,学校教职工整体精神面貌是昂扬向上的、充满朝气的,形成了"校荣我荣"的爱校爱家爱生优良传统,尤其是在21年的高职发展道路上,正是一批又一批教职员工的爱岗、敬业、奉献,才有了学校长足的进步、办学内涵的提升和声誉品牌的铸就,也才有了学生规模的稳步扩大、培养质量的稳步提升和就业预期的稳步发展。近年来,学校建立师德评价、规划职业发展、加强岗位管理、强化绩效引导、完善职称评聘,实施"乐业"计划,引导每一位教师扎根岗位、爱岗乐业,把个人成长与学生成才、学校发展有机统一起来。

教师要善教。工欲善其事,必先利其器。高职教师之利器,应是能够把市场人才规格与课堂质量标准有机结合,把行业发展需求与专业发展方向有机融合,把职业资格标准与人才培养标准有机统一,把职业教育规律与学生成长规律有机统一。教师的课堂不仅是教室、实训室,还应该包含在真实的市场里和实践的情境中。近年来,学校深入开展以提高教师职业能力为宗旨的金泉工程,深入实施分类有序培养,专注培养高素质技术技能人才,加大引入有国际教育背景的老师,强化对接服务产业的能力。在此背景下,学校涌现出一批产业教授、教育名师和能工巧匠。

教师要治教。对学校教师而言,既要认真研究高等职业教育规律,探索建筑行业现代转型下人才培养模式变革,探索产业、行业、企业不同需求下学生成长的适配性,同时还要认真研究教育对象,针对高职院校招生新形势,真正树立"一切为了学生、为了一切学生、为了学生一切"的理念,促进每一个学生的健康发展。当然,打铁还需自身硬,教师更要加强自我修养,不断提升自己的职业道德,提升职教素养与文化涵养。近年来,学校持续深入开展系统化的师德师风建设,着力提高教师的师德水平、技能等级、文化素养和教育情怀,强化教师的创新精神和创业精神,树立热爱建院和奉献建院的意识,造就了一批学识魅力、人格魅力兼具的优秀教师群体,整体提升了教师队伍的软实力。

教育本身是一种文化的传授与再创造。高校特色文化的凝铸,学生的社会成长、职业知识的获得、职业技能的习得等,都离不开教师的教育、引导和示范,必须充分发挥教师榜样的引领作用。

融入专业教育的形塑

大学文化是一个学校的风骨,它具有一种无形的力量,是凝聚师生情感、丰富校园生活、构建和谐美丽校园的强大精神动力。其中,专业文化是每一个学生成长的培养基,也是学校筑美文化的营养基。

高职院校的专业设置与课程设计、专业文化与企业文化的融合、不同专业课程的特色凝练与品牌创造等,无不对专业内学生的成长产生深刻、真实的影响。专业教育融入校园特色文化的因子,嵌入学生人生大厦的基础,在日常学习生活的熏陶中能够充分体现学校育人工作的成效与韵致。

提供适合的教育。筑美的对象是全体大学生,要以大学生的成长成才作为切入点与出发点,尊重大学生的主体性,调动大学生的能动性,同时也要承认大学生的客观差异性,时刻关注大学生的个体成长,不忽视、不放弃每一个大学生。生源多样化与需求差异化要求高职院校专业教育必须适合学生的成长,因材施教、因人施教,突破传统授课讲学模式,突出学生个性成长的需要、职业发展的需求,推进分类培养、分层教学的模式改革,满足不同学习能力学生的发展需要。高职院校的教师还要不断提高对专业发展前沿的把握能力,不断提高对市场发展动态的把握能力,不断提高对产业发展信息的把握能力,从而持续增强为学生提供合适教育的能力。

提供特色的培养。学校目前形成了国家示范专业、省级品牌专业、校级品牌专业三级宝塔式专业建设体系,形成了建筑大类专业特色、现代服务类、机械工程类、能源交通类等专业协调发展的模式,形成了各有特色的人才培养模式。实施筑美,必须根据不同专业市场的发展变化,聚焦内涵建设,坚持立德树人,坚持人文教育与技术文化相结合,促进职业技能培养与职业精神养成相融合,推进专业、课程和教材改革,形成相互协调、融合发展的专业教育体系,精心培育适应市场需求的高素质技术技能人才。

提供合作的平台。产教融合、工学结合、校企合作是高职教育人才培养的必然之路。学校坚持建筑类特色不动摇,专业对接建筑全产业链,牵头成立江苏建筑职教集团,发挥集团在汇聚校企资源、聚焦人才培养、共建教材课程、混编师资队伍、建设就业实习基地等方面的重要作用。坚持校企合作道路不动摇,本着互相支持、双向介入、优势互补、资源共享、互惠双赢、共同发展的原则,建立企业学院,校企联合项目开发、培养人才、科技成果转化等。坚定不移地以产教融合为主线,全面推进办学体制机制创新和教育教学综合改革,推动人才培养机制改革,搭建协同育人平台。

第二章　晓以美之源

校园文化作为学校的内在气质,是在长期的教育实践过程中积淀形成的、以校内师生为主体创造并形成共识的价值观念、群体意识、制度环境、行为规范等构成的教育信念体系。文化不是无本之木、无源之水,必须找到具有学校特色的文化之根。一般而言,高校特色文化建设大致有四个缘起:自身的办学历史、所属的办学类型、合作的产业企业、所处的区域特征。

不同的高校,由于发展环境不同、历史进程不同、所属办学类型层次不同,所形成的校园文化必然也不同。一所学校的建设发展史,就是这所学校的精神成长史、文化成长史。因此,加强校园文化建设,高校必须根植于历史、尊重历史,在积淀传承中弘扬优秀的校园文化,基于现有文化的状况推进创造性转化、创新性发展,这是高校的精神之源。

江苏建筑职业技术学院创建于1979年,前身为中国人民解放军基建工程兵第三技术学校。伴随国家改革开放的脚步,学校从无到有,奋发图强,历经徐州煤炭建筑工程学校、徐州建筑职业技术学院和江苏建筑职业技术学院等不同发展时期,成功晋升国家级重点中专、国家示范高职院校、江苏省高水平高职院校、中国特色高水平职业院校等标志性建设单位。学校持续推进"以文化人"的育人实践,着力塑造职教文化创新领航者、区域文化集成光大者、师生精神家园集聚共享者的角色定位,在不同历史时期,逐步形成了独具特色的"军校文化""煤炭文化"和"建筑文化",走出了一条将办学特色融入校园文化、校园文化彰显办学特色的"筑美"实践之路。

第一节　校本文化在发展中延续

文化是一所高校赖以生存发展的重要根基和血脉,决定学校的高度和宽度。文化是阳光和空气,作用于师生的价值追求和行为方式,犹如血液一般,浸润和濡养着高校的方方面面。每个学习生活于高校的人,都在接受文化的熏陶,都在文化的氛围中徜徉呼吸。

不忘本来,才能开辟未来,传承是最好的铭记,也是"筑美"最生动的教材。高校的发展需要传承创新,需要原有文化的基础,需要把学校的优良文化传统加以延续。高校要善于把弘扬优秀传统文化和发展现实文化有机统一起来、紧密结合起来,在继承中发展,在发展中继承。

文化是历史的传承与见证,它凝聚着历史,连接着未来。作为江苏省第一批经教育部批准升格的 5 所高职院校之一,走过"不惑之年"的江苏建筑职业技术学院,实现一次又一次突破跨越,为学校持续健康发展创造了宝贵的精神财富。它的事业发展与创新,是基于着力培育以德为先、德技双馨、薪火相传的校园文化,是基于扎实推进"军校文化""煤炭文化"和"建筑文化"的传承创新,是基于以文化软实力推动学生硬发展。我们需要认真思考办学传统和文化底蕴,采取有力措施提升广大师生的文化认同,找到维系师生情感、凝聚人心力量的精神纽带。

军校文化的基因

文化是历史发展的产物,但却又能超越历史而相对独立地存在。军校文化是军校历史与现实的集中呈现,对学校发展具有价值引导、制度规范、行为矫正等作用。富有特色的军校文化是和谐优美校园的精髓和灵魂所在,昭示着一种内涵,体现着一种精神,诠释着一种理念。

建校以来,江苏建筑职业技术学院始终秉持人民军队作风顽强、素质过硬的优良传统,形成了"报效国家,献身使命""政治坚定,实事求是""团结、紧张、严肃、活泼"等独特的军校文化,并以此作为推进学校事业发展的重要法宝。经过历史的沉淀,铁的信念、铁的纪律成为学校军校文化的内核。

军校文化基因为校园文化建设奠定了坚实的思想基础,营造了浓厚的育人氛围,并逐渐发展为特殊的气场。为推进军校文化筑美育人,学校在课堂理论阵地、实践实训阵地、文化育人阵地、社团活动阵地、日常管理阵地等方面开展了积极的探索。

课堂理论阵地铸造军校文化。学校重视军校文化的培育,发挥军校文化的导向激励作用和育人功能,将国防教育写入事业发展规划,纳入每年工作要点和教学计划,融入常规教学环节,形成了军事理论课教学、军事技能训练和国防教育"三位一体"的军事课程体系。爱国主义是引领军校文化的旗帜,在日常教学中,学校突出爱国主义教育,以弘扬中华民族优秀文化为主线,持续激发学生的爱国热情与民族自豪感。近年来,广大学生怀着拳拳爱国心、报国志,响应祖国的号召,带着知识、带着文化、带着老师的谆谆教诲,携笔从戎,踊跃报名参军,到绿色军营中建功立业,实现自己的人生价值和梦想。

实践实训阵地锻造军校文化。学校坚持以军校文化作为办学传统和育人特色,坚持"大学期间不断线,影响熏陶一辈子"的理念,培养学生从理性上认同军校文化,情感上热爱军校文化,行动上自觉以军校文化价值观为指导。新生入学时,通过开展学前教育、军事训练,组织参观军营、淮海战役烈士纪念馆、校史馆等活动,让学生了解、熟悉、认同学校军校传统。学校将新生军训作为学习军队优良传统、培养"铁的纪律、铁的担当"的极好机会,作为磨炼意志、提高修养、增强体质的实践课堂,通过锻造"钢筋铁骨",为学生增强国防观念和战胜困难的信心与勇气,为将来建设祖国、保卫祖国打下坚实基础。

文化育人阵地营造军校文化。校园文化环境是一种无形的力量,既能产生巨大的向心力和凝聚力,又能提高学生的荣誉感和责任感。学校注重校园景观育人功能,发挥环境育人作用,将校园道路用"军校路"命名,设立"八一广场",每天早晚定时播放"军号",让学生在潜移默化中接受军校文化的熏陶。学校充分发挥军校文化塑造功能,在宣传栏、电子屏、灯箱、道旗等宣传阵地,为校园文化注入忠勇之气、融入爱国之魂,丰富校园文化深度和广度,使其成为学校精神文化家园中一道引人瞩目的风景线。在学生中树立爱国爱军价值取向,学校大学生艺术团每年都到驻地部队慰问演出,受到高度评价,取得良好社会效果。

　　社团活动阵地打造军校文化。爱国主义教育是军校文化的核心。学校积极探索新形势下传承军校文化的新途径、新方式,成立国旗护卫队,充分激发学生心中的爱党爱国热情,切实加强大学生思想政治教育。护卫队组建以来,队员们以服从、使命、责任为队训,在训练中严格要求自己,他们不畏严寒,不惧酷暑,认真完成学校各项重大典礼、重大节日纪念日,以及每月一次国旗下的讲话等升旗任务,成为校园里最为壮美的画面和独特的风景。由学生自发成立的"军风俱乐部",是江苏省十佳学生社团,被团中央和教育部授予"全国高校优秀学生社团"称号,该社团搭建了学生成长成才、交流交融的平台,使校园里弥漫着浓浓的军校气息。

国旗护卫队集训

　　日常管理阵地塑造军校文化。军校文化传承要结合学校的发展实际,进行深入细致的挖掘和阐发工作,从中汲取精神滋养,实现创造性转化、创新性发展。在日常管理中,学校坚持以素质养成为主线,实施准军事化管理。从学生起床、内务整理、早操、就餐到就寝,一日生活均严格按照部队标准要求,赋予学生严明的军风历练和意志砥砺,促使学生养成良好的生活与职业习惯,形成团结、紧张、严肃、活泼的校风。经过军校文化的长期熏陶,广大学生在政治上逐步成熟,综合素质得以不断提高,政治意识和"军魂"意识明显增强,在事关党和国家、民族尊严的大是大非面前,能保持沉着冷静,从思想上、行动上与党中央保持高度一致,做到理性爱国,切实维护学校的安全稳定。

煤炭文化的内核

煤炭是重要能源,是工业文明的基石,是国家经济发展的原动力。煤炭文化是人类在煤炭开发实践中产生、源于煤炭开发实践又反作用于煤炭开发实践的艺术、知识和观念,以及与之相适应的煤炭开发组织、制度、行为和由此产生的煤炭物质财富和精神财富的总和。校园文化与煤炭文化相碰撞,理当反映煤炭行业精神面貌和行为准则。

在扎根苏北办学的历程中,学校由中国人民解放军基建工程兵第三技术学校,更名为徐州煤炭建筑工程学校,划归原煤炭工业部管理。为了服务国家经济社会发展,学校开办了矿山测量、矿井建设、采矿等多个煤矿类专业,为国家输送大批煤炭专业人才。

学校隶属煤炭部15年,这段时期所形成的煤炭文化是一道亮丽的风景线,彰显着独特的魅力。煤炭文化底蕴深厚、文化资源丰富、文化魅力独特,尤其是学校筚路蓝缕的奋斗经历,集中表现了为祖国建设、民族强盛而勇于挑战困难的精神,忠诚于祖国、服从需要、无怨无悔的献身精神。这些学校独有的精神财富,逐步发展形成了甘于奉献、艰苦奋斗,服务国家需要、服务国家大局的煤炭文化。

煤炭行业是艰苦行业,需要一种奉献精神。在人才培养过程中,学校的办学条件非常艰苦,住房不够自己盖、没有教具自己制。面对艰难困境,全体师生顽强斗争,不仅把奉献精神培养贯穿于教学全过程,更重要的是磨炼了意志,孕育了甘于奉献、艰苦奋斗的精神。

学校历经多次更名,调整专业结构与专业布局,闯过一个又一个难关,奋斗意识成为推进学校发展的有力保障。路是走出来的,事业是干出来的。在经济社会发展过程中,煤炭行业一直在起伏不定的市场条件下坚守,学校发扬艰苦奋斗精神,扎根苏北,迎难而上,积极谋划转型升级发展之路,在困境中把握发展机遇。

在煤炭院校时期,老一辈开拓者们,怀着无比虔诚之心对待党的事业,默默听党召唤,倾心投入工作,为煤炭行业发展培养了一批批技术技能人才,积累形成了服务企业、服务行业的优良传统。学校的教职工工作不计报酬、劳动不计时间,亲身示范,培养大学生扎根、服务基层的精神,鼓励大学生到祖国最需要的地方工作,用自己的实际行动诠释煤炭文化的内涵。

在煤炭院校时期,学校教职工以坚忍与执着谱写出不畏艰辛、顽强拼搏的奋进之歌,学校发展规模与办学水平达到全国中专院校一流水平。这段办学历史为学校发展提供了丰富的精神财富,形成了"我靠学校生存,学校靠我振兴""学校光荣我光荣,我为学校争光荣""自加压力、负重奋进,样样工作争一流"的煤建校精神,提出了"立足煤炭艰苦行业,努力打造品牌,回馈人民"的办学目标。之后一段时期,学校推进人才培养模式改革不断深化,依托煤炭行业,校企深度合作,率先开展煤炭专业四年制高职学生联合培养。

正是这种秉承坚守、默默无闻和扎根本职的奉献精神,成为全校师生员工治学厉行的精神源泉,成为广大学子成才立业的宝贵财富。

中煤建设学院成立签字仪式

煤炭特有的"燃烧、牺牲、奉献"等品质,影响着一代代学校师生员工,目前已经深深内化为师生员工的自觉品德,成为宝贵的教育资源和办学资源。

学校将其转化为宝贵的育人资源,着力塑造"能下去、能留住、能用上、能干好"的高素质技术技能人才。为推进煤炭文化筑美育人,学校在价值取向、正确方向、实践导向和育人指向上开展了积极的探索实践,将煤炭文化深深灌注在血脉里。

坚持煤炭文化价值取向。加强校园文化建设必须坚持正确的价值取向和舆论导向,实现以文化人、以文育人,这对推进高校改革发展,加强和改进大学生思想政治教育,具有十分重要的意义。在学校发展过程中,煤炭文化体现于学校自上而下推行的办学理念中,体现于学校各项规章制度的集合中,并逐步内化于师生员工日常工作学习中的行为习惯、价值理念和自身的集体荣誉感中。精神的力量是无穷的,文化凝聚共识,良好的煤炭文化成为学校办学的灵魂。学校立足淮海经济区办学,提出"只要精神不滑坡,办法总比困难多"的号召,倡导甘于奉献、艰苦奋斗的共识,指引一代又一代师生员工继往开来,不断铸就辉煌。

坚持煤炭文化正确方向。煤炭文化体现学校师生丰富的内心世界、饱满的建设热情和奉献精神,浓缩学校风雨兼程的艰苦创业史,反映学校教职员工根深蒂固的爱国情怀,展示学校在艰苦环境中薪火传承、团结拼搏的进取精神,以自身的辛劳和汗水谱写朴实而壮丽篇章的精神风貌。学校在发展过程中,伴随着煤炭产业的腾飞,教职工身上体现出超强的凝聚力、向心力,上下拧成一股绳,服从命令听指挥,集中精力培养高素质技术技能人才。学校将煤炭文化贯穿于办学全过程,渗透于办学各方面,对办学理念、办学道路、办学模式以及人才培养目标等均产生重要影响,成为校园文化重要的价值追求和品格特征。

坚持煤炭文化实践导向。煤炭文化根植于学校的蓬勃发展,煤炭文化又作用于学校的前进步伐。在学校发展过程中,坚持煤炭文化基因与学校发展相适应、与校园文化活动相协调,只要高举煤炭文化大旗,学校就能稳步推进,健康发展。在煤炭文化建设实践中,学校坚持做到"两个渗透"。一方面,通过教育与实践,把知识、技能、奉献精神、艰苦奋斗意识等渗透到学校教育各环节,贯穿于师德师风建设和人才培养全过程,融入人才培养目标和人才培养模式之中,着力培养高素质技术技能人才。另一方面,以生产实践和社会服务为载体,在推动区域经济社会发展中培养锤炼学生。通过组织广大学生到厂矿企业、革命老区、艰苦行业的生产一线和偏远的贫困山村实习就业,培养学生甘于奉献、吃苦耐劳的精神,艰苦朴素、求真务实的人生态度,以巩固特色文化建设成果。

坚持煤炭文化育人指向。煤炭文化建设是学校人才培养的重要组成部分,对学生的全面发展起着重要的影响作用。在徐州煤炭建筑工程学校时期,学校人才培养以服务煤炭行业为主要目标,毕业生大多分配到艰苦行业就业,这种特殊历史沿革造就了学校师生甘于奉献、艰苦奋斗的优良传统。煤炭文化影响教育了一批又一批建院学子,已经成为凝聚、激发和引导师生员工为实现学校发展目标和教育理想,自强不息、努力奋进、立志成才的重要精神力量。学校从新生入学教育开始就采取多项措施,将煤炭文化教育与世界观、人生观、价值观教育相结合,让学生了解煤炭行业特色和学校艰苦办学历史,加深学生对煤炭事业的感情、对学校的感情和对艰苦奋斗精神的认识,并将此贯穿于学校教育教学始终,努力引导学生奋发成才。在煤炭文化引导下,学生综合素质不断提高,并立下为国奉献、为民服务之志,自觉把个人成长成才融入中华民族伟大复兴的事业之中,以"基础扎实、动手能力强、吃苦耐劳、不怕困难"的标签享誉业内,深受用人单位欢迎。

建筑文化的精髓

建筑是文化的载体,质量是建筑工程的生命,责任重于泰山。《中共中央国务院关于开展质量提升行动的指导意见》中就强调要坚持以质量第一为价值导向,牢固树立质量第一的强烈意识。

1999 年,学校经教育部批准升格为徐州建筑职业技术学院。升格以来,学校坚持"优化结构,充实内涵,提高质量,彰显特色"的工作方针,坚持高职教育发展方向不动摇,坚持建筑类专业特色不动摇,坚持校企合作道路不动摇,积累形成了特色鲜明的建筑文化。

学校坚持弘扬以质量第一、责任第一、品牌第一为根基的建筑文化,紧扣以"大国工匠""现代鲁班"为代表的职业教育杰出人才培养主题,倡导师生形成建筑文化价值取向与自觉行为规范。

李克强在《2017年国务院政府工作报告》中强调：质量之魂，存于匠心。要大力弘扬工匠精神，厚植工匠文化，恪尽职业操守，崇尚精益求精，培育众多"中国工匠"，打造更多享誉世界的中国品牌，推动中国经济发展进入质量时代。学校的建筑文化精髓与之高度契合。

文化建设一定要结合学校自身实际，协调好文化建设与各个方面的关系，使之与学校各项工作相得益彰、相互促进。为推进建筑文化筑美育人，学校在教育教学、日常管理、校企合作、营造氛围等方面开展了积极的探索实践。

在教育教学中融入建筑文化。建筑文化之本在于质量。一个优秀的企业，必定有其先进的质量理念和规范的质量行为准则。① 学校将建筑文化之根基"质量第一"理念贯穿于高素质技术技能人才培养全过程，突出立德树人，弘扬工匠精神。在教学课堂中融入"做人讲原则，做事讲规范""质量重于泰山""质量第一""提高质量，从我做起"等从业守则，把"担当质量提升的责任""先进质量管理方法""质量风险分析与控制"等作为主题班会课内容，将练思想、练作风、练技能的"三练"教育思想贯穿于实践教学环节，使学生在潜移默化中"加强质量意识，端正质量态度，规范质量行为，树立质量风气"，并逐步内化为一种品质，为未来事业发展打下坚实基础。厚植卓越质量文化，立足教师的"教"和学生的"学"，辅之以"管"，加强对主要教学环节的实时监控，注重规范人才培养的过程管理，有效保障教学高效有序，规范教学过程管理。

在日常管理中彰显建筑文化。校园文化活动是校园文化的重要载体，也是发挥校园文化育人功能的主渠道。学校定期开展建筑文化主题活动，例如开展"厚生讲堂""专业技能大比武""企业文化论坛"等，让学生在参与活动的过程中切实感悟"设计质量是基础、施工质量是根本、监理质量是保证"。在日常管理中，通过严格管理、明晰标准、督查反馈，锤炼学生精益求精的工作作风，倡导学生秉持知行合一、德技双馨的理念，教育学生建筑质量要从一根根钢筋的核对、一个个钥匙的清点、一块块板材的统计做起，不放过任何一个

---

① 苏鹤：《提升建筑企业质量文化的措施》，《建筑》2009年第24期，第50页。

细节,把每一项具体工作理清悟透、做细做实,拒绝马马虎虎,全力消除"差不多"现象,严格执行"建筑文化"质量标准,培养学生能够擎起经得住风雨和历史检验的万丈高楼的能力。

在校企合作中认同建筑文化。建筑文化的培育弘扬离不开建筑企业的深度参与。在人才培养和技术服务双轮驱动下,通过企业进校园、工程师进课堂、工程案例进课程、教师进项目、学生进工地的"五进",推动校企资源互通、人员流通、文化融通的"三通",实现人才、技术、文化、管理的"四融合",从而打造形成"五进三通四融合"的建筑特色校企合作模式,促进企业与学校合作,实现了由松散到紧密,由单一人才招聘到合作办学、合作培训、合作研发、合作发展的全方位对接,提升了人才培养针对性和适用性。学校定期组织学生到建筑企业参观考察、顶岗实习、实验实训,与建筑企业共建共享建筑文化节,让学生近距离了解认同建筑文化。例如龙信集团是江苏省一家建筑类特级资质企业,该企业坚持诚信为本、质量兴业的方针,秉承孜孜以求、构筑永恒的企业精神,学校通过和龙信集团的合作,让学生零距离学习"精心设计、精心施工、精品工程"的企业文化,培养一批批高度认同建筑文化的优秀学子。

鲁班技能节开幕式

在技能大赛中传承建筑文化。被后世喻为"百工圣祖"的鲁班所体现的创新创造、精益求精的精神品质是中华民族集体智慧和创造的结晶,是推动中华民族创新发展的不竭动力。学校每年定期举办"鲁班技能节",就是为了继承鲁班之志、传递鲁班之慧、运用鲁班之能,弘扬大国工匠精神,促使学生成为一个脚踏实地、勤勤恳恳、兢兢业业、尽职尽责、精益求精的人。鲁班技能文化节既是为了营造劳动光荣、创造伟大、技能宝贵的文化氛围,更是为了吸引更多的同学参与到技能大赛中来,引导大家崇尚技术、训练技能,在大赛中展现自我、实现自我、成就自我、增强自信。目前,鲁班技能节已成为学校的一项品牌活动,设有 BIM、CAD 绘图、钢筋加工、钢筋算量、测量、力学建模、建筑安全知识竞赛、造价技能和英语口语竞赛等多个赛项。鲁班技能节把鲁班文化、工匠精神融入学生素质教育和校园文化建设中,促进了学生全面发展。

在营造氛围中感悟建筑文化。校园文化对学生具有潜在的、无形的和不可抗拒的影响,文化育人是校园文化建设的核心价值。学校用优质浓厚的建筑文化养分全方位滋养学生成长成才。例如,在校园内广泛进行国内建筑行业工程质量最高荣誉奖"鲁班奖"、工程建设质量最高荣誉奖"国家优质工程奖"、中国质量最高个人荣誉奖"全国杰出质量人"等主题宣传,大力弘扬精益求精、追求卓越的建筑工匠精神,提高学生的质量、诚信、责任意识。经过建筑文化长期熏陶,在江苏建筑职业技术学院成长起来的是一批批积极进取、富有责任、勇于担当、甘于奉献的新时代大学生。

第二节　精神文化在积淀中培育

精神文化是一种历史积淀。精神力量是一种超越的力量、一种强大的能量,能让文化产生裂变效应。大学文化包括精神文化、制度文化、物质文化和行为文化等多个方面,其中精神文化是灵魂、核心。大学精神是一所大学的精神品格,是对大学的理想、信念、价值观的高度凝练和总结,体现其内在气质,是在大学发展过程中精心培育和涵养的结果,主要表现为大学人的独立精神、创造精神、科学精神、人文精神、自由意志、包容意识等。[1] 大学精神是大学文化的核心，是一种氛围，是引导人、激励人、鼓舞人的一种内在动力。它不是空洞的，而是体现在办学理念、办学传统、办学特色、办学思想、校训校歌、学校环境、校风学风等各个方面，它以共同理想信念和共同价值取向为主要内容，承载着学校的价值取向，展示着学校的共同愿景。大学精神的倡导和践行过程，凝结着学校的历史传统，延续着学校的文化品格，关系着学校人才培养的质量，需要高校领导的重视践行，需要广大师生的支持参与，需要多方的努力与共同配合。

大学精神的建设

大学之所以有无穷的魅力、巨大的生命力，就在于它在发展过程中凝聚和积淀了一种为自身所需要、社会所必需，并且对整个社会起引领示范作用的独特精神。这种精神是学校全体师生员工在长期的办学过程中培育形成的，是大家共同遵循的最高目标、价值标准、基本信念和行为规范。

对内，大学精神树立了师生员工共同遵守的价值理念，有利于增强师生的归属感、使命感，形成凝聚力、向心力和共同的价值观；对外，则指引未来的发展方向，有利于增强社会的认同感，树立学校的整体形象及品位。

大学精神，往往通过大学的精神传统、办学宗旨、办学理念等表达出来，一般体现于校风校训、教风学风、校歌校名之中。通过这些侧重不同方面、不同形式的表达内容，大学精神得以较为集中地阐释。

校风校训、教风学风，蕴含着使命与责任，作为一种文化生态环境，其渗透、体现在学生日常学习生活的方方面面，能够陶冶学生情操、涵养人文精神，最终使学生成为大学精神的体现者、传承者、建设者。

针对具体高校而言，大学精神的表述往往众说纷纭，莫衷一是。大学精神是一种隐性文化，每个人都可以从自己所处的时代、特殊的经历、独特的视角，对校风校训、教风学风作出自己的阐释，或偏或全地反映一些侧面，得出各不相同的看法。只有做到与高校的办学定位相一致，大学精神才能真正起

[1]　张艺兵:《以文化人育英才——广西高校宣传部长谈大学文化》,广西师范大学出版社 2015 年版,第 13 页。

到凝聚人心、引领方向的作用。

大学精神既是有形的，也是无形的；不是固化的，而是发展的；既有历史文化、时代精神、教育本质、普遍规律等共性一面，也有校史校情不同等个性一面。因此，我们需要将精神文化作为大学文化建设的重心，结合自身特点，找准基点、打牢支点，集中主要精力研究大学精神的传承与构建，发挥大学精神的思想引导力和精神凝聚力，促使师生在求真、求善、求美、求乐中得到潜移默化的启迪和教育。

现实中，有的高校存在无须重视大学精神建设的观点，对大学精神建设缺位和大学精神缺失现象，需要引起足够的警惕。高校要深刻认识到，大学精神建设的必要性是由大学的地位、作用和基本功能决定的，而不是由大学的层次决定的。为此，要用大学精神滋润学生的心田，引导学生崇真、向善、求美。高校还应抓住弘扬和培育大学精神的着力点，比如科学探索精神、理性批判精神、改革创新精神、开放宽容精神、人文关怀精神等。这些都具有显著的共性特征，但具体到每一所大学精神的构建，还是要根据自身的办学目标、办学定位和发展历程、发展条件、发展环境等具体特点，突出自己独特的精神气质和价值定位，形成自成风格和特色的大学精神。

大学之大，不在于规模大小，不在于层次高低，贵在精神之大。失却大学精神，大学就不成其为大学。正如美国普林斯顿大学前校长、著名教育家亚伯拉罕·弗莱克斯纳所说："在保障大学的高水准方面，大学精神比任何设施、任何组织都更有效。"①建设好大学精神，守护好大学的精神家园，是大学增强核心竞争力和生命力的必由之路。

校风校训的浸润

人要有一种精神，一个民族、一个国家、一个组织都需要有一种精神。高校作为培养人才的场所和创造先进文化的基地，更需要培育优秀的大学精神。大学精神体现在校风校训上，就是学校办学的理念问题、师生思想的方法问题、教师工作的态度问题。校风校训以其丰富的历史传承、共同的价值认同和独特的精神魅力，成为一代代师生自觉追求的价值与理想，对于学校

---

① 汪元宏：《立德树人——一位大学党委书记的思与行》，南京大学出版社 2014 年版，第 251 页。

发展起着基本的定向、导向和激励作用。

　　校风校训是体现大学精神的重要文化因素，表现出一个学校整体的精神面貌，随着实践的丰富发展与时俱进，体现在学校管理者与教师之间、教师与教师之间、教师与学生之间，是校园内形成的一个特殊气场。这个气场一旦形成，就会极大地影响学校每一位成员的价值选择、人格塑造、思维方式和行为习惯，发挥着巨大而强烈、稳固而持久、不可替代的潜移默化作用。

春满校园亭廊掠影

　　江苏建筑职业技术学院建校 40 多年来，虽然历经磨炼，3 次变更隶属关系和领导体制，数易其名，但是几代人发扬艰苦创业、勤俭办学的优良传统，形成了"求实创新"的校风和"厚生尚能"的校训精神。这种精神经过沉淀，逐步成为学校的理想信念、价值取向和执着追求，成为学校的办学灵魂和大学文化的核心内容，体现了学校的整体价值追求和文化底蕴，发挥了熏陶和教育作用。

　　关于校风，学校在 1983 年将其确定为"团结勤奋，求实创新"，引导和造就了一代又一代莘莘学子不断成长进步。之后，为了突显核心意蕴，学校将其高度总结为四个字——"求实创新"，以增强内涵，集中指向。

　　"求实"就是讲求实事求是，客观地、冷静地观察以求得对客观实际的正确认识。广大教职工做人要真实,做事要务实,做学问要扎实;学生要诚实守信,学习要踏踏实实,既重视理论学习,更重视投身实践活动。

"创新"就是革新、创造,从哲学上讲就是人类对于发现的再创造,就是对于物质世界的矛盾的否定之否定。创新是进步的灵魂,是发展的动力,是生机的源泉。作为一个办学主体,学校需要不断创新,教职工也需要不断创新,学生更需要不断增强创新意识、创新能力和可持续发展能力,并且要把创新贯穿于学校事业发展、教育教学全过程,贯穿于一个人的人生。

求实是创新的基础、前提和要求,创新是求实的精神动力和内涵升华。这就要求学校着力培养学生的创新精神,尊重学生的个人选择,鼓励个性发展,善于挖掘潜力,努力营造独立思考、自由探索、勇于创新的良好环境,使学生在校期间养成终身受用的良好习惯和获得未来发展的多种准备。

校训是一所学校文化传统、办学理念、办学特色、道德追求等丰富内容的集中体现,是学校特有精神追求的集中阐释,是广大师生共同遵守的核心价值。校训就是一所学校珍贵的价值遗产和宝贵的精神财富,它所要回答的问题,是"以什么样的精神塑造人"。有些学校的校训别具一格,感人至深,其深厚的文化底蕴,影响一代又一代学生,形成独特鲜明的品牌形象。

作为江苏建筑职业技术学院办学精神的浓缩,"厚生尚能"校训很好地发挥了统一思想、凝聚人心、鼓舞士气、规范行为、引领办学的作用。其本身不仅包含了教书育人的功能,而且蕴含着学校对自身办学理念的一种定位,同时也是对社会做出的一种承诺。

"厚生"语出《尚书·大禹谟》的"正德、利用、厚生、惟和"。"厚"有重视、注重之意。中国职教先驱黄炎培先生认为,职业教育的目的是"使无业者有业,使有业者乐业"。"厚生"体现办学目的,是教师的使命,通过教育使学生掌握安身立命之本。从另一个角度说,"厚"还有思想成熟、基础扎实、能力增强之意,简言之就是"使生厚"。这是"办好人民满意的高职教育"这一以人为本理念在职业院校的体现。

"尚"是注重、尊崇之意,带有一定的倾向性。高等职业教育培养的是"高素质技术技能人才","尚能"是职业教育注重应用性的一种价值追求。这里的"能"不仅包括"技""艺",而且还包括"能量""能力"等,即综合职业素质和职业能力，兼顾能力本位与全面发展之间的关系。

厚生是目的，尚能是过程和手段。"厚生"须"尚能"，"尚能"方可"厚生"。只有"尚能""有能"，才能外化为"技""艺"，进而实现"厚生"。这既是对老师的要求，也是对学生提出的目标。

校训是学校精神文化的核心要素和高度凝结。"厚生尚能"校训，内含"以生为本"理念，旨在把一切为了学生健康成长作为学校工作的首要追求，把学生健康成长视为学校各项工作的根本出发点和落脚点。这就要对人才培养工作投入感情，把培养学生作为事业来做，把关爱学生作为本能来要求。要关注学生需求，善待学生，舍得在学生身上下功夫、花本钱，将"一切为了学生、为了学生的一切、为了一切学生"作为学校永恒的精神追求。

多年来，学校一直高度重视校风校训的弘扬，并将其转变为宝贵的育人资源，打造出鲜明而又独特的人才培养特色，有效促进了人才培养质量的提升。

教风学风的熏染

教风学风关系育人的生态环境，只有这两方面风清气正，才能培养出高质量的人才。"人是要有一点精神的"，一种优良的教风学风一旦形成，便会产生持续稳定的精神状态和行为习惯。加强教风学风建设，对学生的全面发展具有特别重要的意义，有利于解决"以什么样的精神状态学习""培养具有什么样精神面貌的人"的问题。

现在一些老师不能"静下心来教书、潜下心来育人"，一些学生不能精心求学、安心读书，是需要加强教风学风建设的直接原因。因此，我们要培养教师从严治教、教书育人，杜绝教师教书授课敷衍应付，努力实现"要我教"到"我要教"的根本转变；培养学生不断进取、敢于创新，发自内心地想学习，努力实现"要我学"到"我要学"的根本转变。

"立德树人"是江苏建筑职业技术学院的教风，与我国教育的根本任务完全一致，具有丰厚而深刻的内涵意蕴。概而言之，就是要培养担当民族复兴大任的时代新人。

"立德"一词最早出现在《左转·襄公二十四年》，"太上有立德，其次有立

书香校园掠影

功,其次有立言,虽久不废,此之谓不朽"①,意为个体要"身死名不朽",需要达到的最高层次是具备高尚品德,并能在个体发展过程中实现自己的理想。"树人"一词最早出现于《管子·权修》:"一年之计,莫如树谷;十年之计,莫如树木;终身之计,莫如树人。一树一获者,谷也,一树十获者,木也,一树百获者,人也。"②这一论述以"树谷"与"树木"作喻,凸显了人才培养的长期性和艰巨性。

立德树人是立育人之德与树有德之人的有机统一。"立德"要求教师要重视加强师德修养,秉持党和国家对教师的要求,知晓肩负的政治责任和社会责任,懂得身教重于言教的深刻内涵,要求教师按照党的教育方针,教育学生自觉加强思想品德修养,遵守社会公德、职业道德、家庭美德,成为对社会有用的人,成为合格的社会主义建设者和接班人。

为谁培养人、培养什么人、怎样培养人是我国社会主义教育事业发展必须解决好的根本问题。"树人"要求教师以树社会主义建设者和接班人为始终坚守,必须遵循教育规律,树立正确的教育观、质量观、人才观,通过科学的

---

① 杨伯峻:《春秋左传注》(第3卷),中华书局2009年版,第1088页。
② 黎凤翔:《管子校注》,中华书局2004年版,第55页。

方法、正确的方式,把自身的专业知识、专业技能、学习方法传授给学生,启发学生独立思考、不断成熟,帮助每一名学生顺利成人、成长、成才。

"立德"是"树人"的性质和方向,"树人"要树有德之人、有能之人,二者不可偏废,要着力培养学生的社会责任感。育人以立德为本,高职院校要把育人作为首要目标,用中国特色社会主义理论体系武装学生,把社会主义核心价值观教育融入人才培养全过程,促进学生把个人梦想和"中国梦"紧密融合在一起,把个人价值与社会价值紧密结合在一起,把个人命运与国家命运紧密联系在一起,让每一位学生都能够成为对国家、对社会、对人民有用的人才。

习近平总书记在全国教育大会的重要讲话中深刻指出:要把立德树人融入思想道德教育、文化知识教育、社会实践教育各环节,贯穿基础教育、职业教育、高等教育各领域,学科体系、教学体系、教材体系、管理体系要围绕这个目标来设计,教师要围绕这个目标来教,学生要围绕这个目标来学。凡是不利于实现这个目标的做法都要坚决改过来。这一深刻阐述不仅对我国教育整体性落实立德树人提出了新的使命要求和实践方向,也对学校加强教风建设提出了新的使命要求和新的改革思路。

学校的学风"立身笃行",源自元代著名学者许名奎的《劝忍百箴》:"立身百行,以学为基。"基,基础也。在安身立命的诸多技能中,学习是最为根本的。不管是哪行哪业,都应该以学习作为基础,"学习是人生的第一需要",作为学生,学习更是第一要务。

"立身"要求学生明确学习的目的,懂得只有搞好学习,打下了安身立命的基础,掌握了安身立命的本领,才能更好地立足社会、报效祖国,才能有资本报答父母、服务人民。

学习有多种途径,"笃行"明示学生要走实践成才之路。"笃"有忠实、全心全意、重视之意。高职院校具有应用性价值取向,专业实践能力和技术应用能力强是高职毕业生的特色与优势,是高职毕业生最核心的竞争力。党的教育方针指出:坚持教育与生产劳动和社会实践相结合。高职学生更应该注重实践,充分利用学校和社会两个资源,加强应用能力培养,使自己成为具有较强的理论功底、丰富的专业实践经历、较强的技术应用能力的高技能型人才。

"立身"是学习的目的,是一个人的基本价值追求,个人的价值实现要与祖国的需要结合起来。"笃行"是掌握立身本领的方法和途径,是高职学生成长成才的必经之路,这就要着力培养学生的实践能力。高职院校要加强社会实践教育,推动大学生广泛参加社会调查、生产劳动、志愿服务、公益活动、科技发明和勤工助学等活动,同时还要大力推进校企合作,加强学生实习实践基地建设。

教风学风是大学文化的重要组成部分和核心内容,也是一个学校办学质量、办学水平的重要体现。纵观国内外高水平大学,它们无不在具有一流研究水平的同时,更拥有一流教学水平和一流的教风学风,这已成为高水平大学的显著特征。

建设优良的教风学风,是高校建设发展的现实需要,是提高人才培养质量的客观要求,也是全校师生的热切期盼。教风学风不是一朝一夕形成的,是几代人努力积淀的结果。加强教风学风建设意义重大,需要我们长期坚持不懈的努力,我们应根据时代的新要求、教育的新理念,在传统的基础上继续创造性继承,共同营建良好的育人环境。

第三节　礼射文化在传承中生根

中国传统文化源远流长、灿烂辉煌。在五千多年文明发展中孕育的中华优秀传统文化,积淀着中华民族最深沉的精神追求,代表着中华民族独特的精神标识,是中华民族生生不息、发展壮大的丰厚滋养,对延续和发展中华文明、促进人类文明进步发挥着重要作用。中华优秀传统文化是中华民族的根与魂,蕴含着丰富的道德理念、人文精神,是大学文化建设的思想宝库,对学生的成长具有非常重要的作用,尤其在全球化时代,更需要我们以更全面、更深远的战略视野去吸收借鉴。

江苏建筑职业技术学院坚持以习射礼仪及礼射规范培养学生的德行素养,寓德育于习射;以诗词歌赋、成语典故中的礼射知识拓展学生知识面,融入学校智育;以礼射技法练习带动学生锻炼身体,达到体育的功效;以甲骨、青铜器、汉画像石、壁画、字画等艺术品中的礼射元素及纹饰,涵养学生美育;

以《周礼·考工记·弓人》为基础,探索传统制弓造箭工艺,培养学生动手能力,提升学生的劳育成效。在礼射文化传承中,突出德育实效、提升智育水平、强化体育锻炼、增强美育熏陶、加强劳动教育,全面推进德智体美劳"五育并举"的探索实践。

汲取传统文化的精华

习近平总书记指出,优秀传统文化是一个国家、一个民族传承和发展的根本,如果丢掉了,就割断了精神命脉。加强中华优秀传统文化教育,是深化中国特色社会主义教育和中国梦宣传教育的重要组成部分,是构建中华优秀传统文化传承体系、推动文化传承创新的重要途径,是培育和践行社会主义核心价值观、落实立德树人根本任务的重要基础。

中国传统文化的遗产丰富而辉煌,绘画、书法、音乐、戏曲、建筑等,都是传统文化的缩影,更是传统文化的形象表达和生动阐释。大学教育渗透着中华优秀传统文化的精华,饱含着中华优秀传统文化的基因,体现了最稳定、最持久、最具民族特色的思维方式和价值取向。例如,我们所熟知的"老吾老以及人之老,幼吾幼以及人之幼"的仁爱精神,"君子和而不同"的和合文化,"天下兴亡、匹夫有责"的爱国情怀,"言必信,行必果"的诚信品质,"人生自古谁无死,留取丹心照汗青"的慷慨正气,"富贵不能淫,贫贱不能移,威武不能屈"的人格信仰,等等,激励了一代代中国人。

高校落实立德树人根本任务,培养德智体美劳全面发展的人才,离不开中华优秀传统文化的传承,需要充分汲取民族文化的思想精华,强化中国特色、融入中国元素,提高文化的影响力和创造力,需要将中华优秀传统文化的精髓输送到大学生血液里,根植到基因中,真正做到内化于心,外化于行。为此,高校要结合新的时代条件,从多个层面传承和弘扬中华优秀传统文化,在大学生心中埋下弘扬中华优秀传统文化的种子,激荡传承创新的力量。

在学校层面,要加大统筹的力度。把传承中华优秀传统文化落到实处,需要高校统筹考虑,建立长效机制。理顺传统文化学习第一课堂、第二课堂以及生活实践之间的关系,把传统文化列入学校人才培养方案和教学计划,定期开设若干门国学文化课程。邀请国学大师为师生开设专题讲座,举办传统文化学习交流活动。对于一些有大爱、大孝以及励志故事、表现突出的学生,加以大力宣传、树为典范,号召全体师生学习。

在教师层面,要发挥主导性作用。校园文化是由教育者和被教育者双重主体以校园为空间背景,围绕教学活动和校园生活而创制并共享的,教师是主导者。在校园里,教师要把握正确的育人方向,带领学生一道进行分层次、分梯度的传统文化转化与输出设计。作为专业教师,要加强自身对中华优秀传统文化的学习和吸收,然后在教学过程中将传统文化教育与专业教学有机融合,做到教书和育人相统一。

在学生层面,要发挥主体性作用。大学生是校园文化的主体,也是校园文化的建设者、参与者。高校要通过对大学生进行中华优秀传统文化教育,使他们的心灵多受文化的熏陶滋润,更加坚定文化自觉、文化自信,成为具有中华优秀传统文化基因的高素质人才。积极鼓励大学生在课堂之外注意自觉阅读和学习中华优秀传统文化经典,用心理解,和古圣先贤对话,从而得到人生启迪。积极鼓励大学生参与校园文化建设各种活动,让中华优秀传统文化成为他们的行为规范。

习近平总书记强调,要加强对中华优秀传统文化的挖掘和阐发,努力实现中华传统美德的创造性转化、创新性发展,把跨越时空、超越国度、富有永恒魅力、具有当代价值的文化精神弘扬起来,把继承优秀传统文化又弘扬时代精神、立足本国又面向世界的当代中国文化创新成果传播出去。高校如何汲取中华优秀传统文化的精华,这事关大学生的健康成长、事关中华文明的继承发展,这既是大学文化建设的价值意蕴,也是推进大学建设发展的实践路径。

江苏建筑职业技术学院以建筑类专业为鲜明特色,健康的体魄、熟能生巧的技能、精益求精的工匠精神,是大学生将来走上工作岗位的必备素质。学校秉承筑美理念,认真领悟植根于实践的中华优秀传统文化思想精髓,深入挖掘温润而隽永的中华优秀传统文化的人文精神要旨,创新吸收、创新发展中华传统礼射文化,以礼射仪式涵养学生品德,以习射技法锤炼精湛技艺,以射艺活动铸造健康体魄。

礼射是一项有着悠久历史的传统体育运动,它是由儒家推崇的六艺之一

学生射艺社团表演

的"射"发展而来，强调对射者品德、心智和意念的锤炼。"射以观德"，通过习射可以帮助习射者追求体态与心志的正直，对增强学生体质、锻炼学生意志非常有益。

从周朝官学的礼、乐、射、御、书、数"六艺"，到现在的德智体美劳全面发展，教育的目的在于树德增智、在于强体育美，二者不可偏废。礼射蕴含丰富的爱国主义、礼仪道德和工匠精神育人元素。《礼记》曰："以立德行者，莫若射！"礼射为君子"六艺"之一，自古便是教育体系中重要一科，其教育价值为历代学者所肯定，并加以推崇。

礼射是礼为核心，射为基础，以修身修德为目的的传统射箭活动。它是儒家推崇的修身之道：射者，仁之道也。礼射还是先秦选拔人才的方法：射中则得为诸侯。古代圣贤十分重视礼射，将其视为重要的教育内容。礼射不仅可以培养学生健全之人格，更能强健学生之体魄。《黄帝内经》提及习射对心肺有着良好的调理作用。《礼记·射义》阐述习射要做到"内志正，外体直"，这有助于改善因伏案过久而导致弯腰驼背的不良姿态，同时对矫正脊柱、塑造身姿大有裨益。另外，习射对专注力提升和视力改善都有着明显的作用。

徐州作为汉文化发祥地，集南秀北雄、楚风汉韵为一体，汉代"三绝"更是徐州名片。徐州地区历来善射，邳州大墩子遗址显示，该地区在部落纷争时便用到了弓箭,发明弓箭的上古圣君少昊也生活于此。大彭氏国、徐国一度强盛,皆与弓有缘。

楚治时期,全国崇尚弓箭,第一代楚王进贡周天子的礼物就是一套弓箭。汉时,射艺兴盛,留下大量弓箭题材的汉画像石作品。自汉及明代,此地多尚武,出劲兵,尤擅骑射。《明史·乡兵》记载:徐州有箭手,其人擅骑射。清人在《兵迹》中提到"徐州箭手"这一名称。生活在徐州的历史名人善射者居多,且不论辕门射戟,白居易、刘禹锡、苏轼等曾经生活在徐州的文人皆善射,更有许多文人留下诸多徐州地区射箭诗句。

如今徐州射艺重振昔日雄风。2014年,江苏建筑职业技术学院、中国矿业大学、江苏师范大学、徐州工程学院同时成立射艺社团,并组建区域高校射艺联盟,实现射艺教学资源共享。2015年4月,徐州工程学院携手中国矿业大学、江苏建筑职业技术学院、江苏师范大学共同举办"徐州·全国高校礼射社团交流大会",大会确定了师资培训计划和大学生射艺比赛计划,为全国高校射艺发展指明方向。2015年9月,江苏建筑职业技术学院、徐州工程学院同时开设射艺课程。2015年10月,江苏建筑职业技术学院学生在全国大学生射艺邀请赛中一举夺魁,向世人重释"徐州箭手"。

礼射文化传承及实践

习近平总书记在2018年全国教育大会中强调,要培养德智体美劳全面发展的社会主义建设者和接班人,要努力构建德智体美劳全面培养的教育体系,形成更高水平的人才培养体系。完善教育体系必须坚持德育为先,德智体美劳"五育"并举,重视学生综合素质培养。江苏建筑职业技术学院秉持筑美理念,认真研究礼射文化特点,充分挖掘礼射文化的当代价值,把礼射文化融入立德树人全过程,着力构建德智体美劳全覆盖的礼射文化体系,充分挖掘其所蕴含的育人价值,把礼射文化发展成为学生德育的沃土、智育的助力、体育的载体、美育的平台、劳育的引擎,系统化引领学生的全面发展。

一、礼射文化融入德育

五育并举,德育为先。"德"是衡量一个人修养品行的重要标志,《左传》讲到"太上有立德,其次有立功,其次有立言,虽久不废,此之谓不朽"。"立

学校承办首届礼射国际学术研讨会

德"为"三不朽"之首,可见先贤对崇高道德品质的追求和重视。《礼记·射义》阐述"若立德行者,莫若射""射者,所以观盛德也""射者,仁之道也",无不体现礼射与德育的关系。江苏建筑职业技术学院将"射以观德"作为礼射文化育人的核心,在礼射课程中单独设置习射礼仪。以习射礼仪及礼射规范培养学生德行素养,引导学生从认知到行动,由行动提升认知,将"德"字大写在心中,做到内化于心、外化于行,切实提高认知,付诸行动。

浸润"发而不中,反求诸己"思想。学校遵循"发而不中,反求诸己"思想,带领学生进行礼射技法研习,通过观察学生习射过程中的表现,来帮助其认识自身不足,并主动改正。以射反求诸己,进而延伸到对自己德行、学习和生活方面的反省,使其自觉做到"吾日三省吾身",使学生的人文素质、道德修养和身体素质均得到不同程度提升。

秉持"射以观德"理念。学校礼射场照壁上用青石镌刻王阳明先生《观德亭记》,全文从习射角度阐述"射以观德",指出"为学"和"为射"当去除"躁、荡、谦、忽、傲"五心,应修"端、敬、平、专、通、纯、宏"七心,为礼射研习的学生提供直观精准的理论指导和行为指南。

培养"射也有似乎君子"素养。君子是道德品行高尚、完美人格的代表。学校将习礼学射和修德省身紧密联系在一起,在校园宣传栏开辟礼射文化专栏,将经典中关于"礼"与"射"的论述以宣传标语形式呈现,让学生切身体悟孔子"不学礼,无以立""君子无所争,必也射乎"等修身经典的文化内涵。

二、礼射文化融入智育

《中庸》强调"智""仁""勇"三德,陆九渊提出"好学近乎智"。古今教育对智育重视未曾有变,其重要性不言而喻。智育的关键在于如何激发引导学生自我求知、自我学习、自我提升,而不是单一的知识灌输。江苏建筑职业技术学院在礼射课程中加入文化课,并以晨读、会读、微科研、讲解志愿者等方式将智育融入礼射,激发学生求知欲,引领学生走向好学之路。

开设礼射文化课程。礼射课前十分钟设置文化版块,重点考查学生对礼射文化的掌握程度,主要以口述礼射成语典故、诗词歌赋、经典故事为主,在丰富学生知识储备的同时,锻炼学生的表达能力和演讲能力。学校每月举办一次礼射文化微沙龙,每期遴选一个主题,邀请对该主题有研究的专家、学者和学生参加,促进礼射文化育人教学相长。

组织晨读会读。选修礼射课程以及参加礼射社团的学生,可以参加每天的晨读,晨读内容以儒家经典为主,通过诵读经典来拓展知识领域,激发自我求知,提升人文素养。会读每周开展一次,会读经典以《三礼》为基础,对《仪礼·乡射礼》《礼记·射义》《周礼·考工记·弓人》等有关礼射篇章进行重点解读,采用实践性读书方式对经典中的记载进行实验性复原、论证,让学生在学习过程中学会辨析要义、提取核心、培养独立思考能力、树立自己的学术认知和观点。

推进微科研。拓展校内科研模式,与清华大学中国礼学研究中心、徐州汉画像石艺术馆、徐州博物馆以及在徐高校深度合作,从礼射入手,实现学生微科研跨校合作。学校主持徐州地区弓箭随葬习俗项目通过非遗评审,成为国内少有的弓箭文化类非遗项目。

培训讲解志愿者。学校建有礼射场和中国礼射文化展览馆,除了设有教学、训练功能,还兼具接待和交流任务。让学生熟练掌握礼射基本技能和相关文化是每一位讲解志愿者的必备技能。讲解志愿者的培训从学生礼射社团中选拔,讲解志愿者不仅要对每一件展品熟悉,更要了解其背后的故事和文化内涵。

第三届中国大学生射箭(射艺)锦标赛现场

三、礼射文化融入体育

乡射礼是典型的礼射活动,在周代被用于人才选拔考核。从现代体育角度看,乡射礼中带有明显的体育竞技性。射手们通过习射一决高下,但又不是完全按照射中与否来判断输赢。其核心思想是"进退周还必中礼",胜出者必须是德艺双馨、文通武备的综合型选手。礼射提倡"揖让而升,下而饮"的君子之争,这是儒家文化精华所在。体育竞技目的在于切磋提高、见贤思齐、居高不傲。礼射有助于培养学生形成正确的竞争观,有效提升学生心理素质,使其能够以良好的心态去面对未来的学习、工作和生活。

训练礼射技法。体育要素包含生理素质和心理素质。体育素质是学生成长的标志,也是正常生活学习的基础。生理素质表现为拥有健康的体魄,掌握运动知识、技能、力量、速度和持续力。心理素质包括广泛的兴趣、积极的情绪、良好的人格、承受的挫折和解决问题的能力。礼射技法练习具有对生理素质和心理素质双重提升的作用。在礼射技法交流中,学生可以分为训练型和比赛型。训练型在日常训练中表现良好,发挥稳定,但心理抗压能力不足;比赛型选手心理素质强大,平日训练压力不大,状态无法完全展开,但在特殊比赛环境下激发斗志,反而容易取得较好的成绩。

强化社团训练。学校通过每周一次的社团训练和每月一次的例赛,充分检验学生的礼射技法水平和竞争心态,确保学生的生理素质和心理素质双提升。学校礼射体育赛项的成效显著,2015年学校礼射队在全国大学生射艺邀请赛中荣获团体排位第一名。2016年以来,学校礼射队在中国大学生射艺锦标赛中均榜上有名。

暑期礼射文化拓展活动

开展校际交流。学校发起成立徐州高校礼射联盟,定期开展综合赛事,以文试和武试两种方式进行。其中武试为礼射技法交流,通过比赛成绩激励学生奋进向上。学校每年承办中国大学生射艺锦标赛徐州地区预选赛,同时与清华大学、上海对外经贸大学、河北司法警官职业学院等国内高校不定期开展线上交流赛,以礼射为媒介,实现不同院校、不同专业、不同地区的校际交流,切实推进学生技法与身体素质提升。

促进体教结合。礼射作为体育项目,要求有身体的参与,它对眼力的训练,对全身肌肉力量、协调性的训练,对思想意志的训练都有独特的手段。江苏建筑职业技术学院通过课堂教学、社团训练、举办赛事来强化礼射在体育方面的育人功效,以礼射技法练习,结合体能训练要求,体教结合引导学生形成正确的竞争观,带动学生参与身体锻炼,促进学生之间礼射竞技交流,达到强健体魄、健全人格之功效。

四、礼射文化融入美育

美育是培养学生认识美、爱好美、创造美的教育。加强美育教育,能够陶冶人的情操,提高人的人文修养和艺术素养。礼射动作本身包含内外呼应、动静相宜、刚柔并济、疾徐相间等特征,从观感上具有传统乐舞风范,能够体现传统美学特征。礼射文化更是融汇在艺术、绘画、舞蹈等多领域,以此为主线,有助于涵养学生美育,提高艺术鉴赏能力和人文修养。

将礼射文化进行可视化呈现。江苏建筑职业技术学院建有中国礼射文化展览馆,展馆充分提取渗透在各领域中的礼射文化,并按照一定逻辑排列,向学生呈现其思想观念、人文精神、道德规范。通过文献、文物、3D模型、图文介绍、新媒体设备来综合展示礼射文化。其中甲骨文中的礼射符号成为最受学生欢迎的展品,学生通过刻在甲骨上的"弓""矢""侯""射"等象形字,与弓箭形象和射箭动作进行对比,切身感受象形文字之美,并推动自身主动了解更多象形文字。

将传统纹饰融入校园环境。学校礼射场的照壁正面刻有先秦礼乐图。全图抽取自故宫藏品"采桑宴乐水陆攻战纹铜壶"表面纹饰,用优美的线条和动态的手法将礼乐社会下的礼射、猎射、军射、采桑、宴乐、征战等重要社会元素呈现给世人。礼射场长廊和亭台充分汲取汉文化营养,以汉式建筑为特点,在门窗上点缀汉代十字穿环纹,让学生置身传统建筑美学和礼射美学艺术之中,做到步步有内涵,处处皆文化。

用展演传递美学。向学生呈现礼射之美,是学校礼射文化育人的重中之重。学校礼射代表队和清华大学学生礼射研习会充分交流,分别在第一届礼射国际学术研讨会和第三届中国大学生射艺锦标赛中上演《乡射礼印象》《礼射之美》《武射箭阵》等舞蹈展演,利用优美而刚健的走位和精湛的射艺水平将礼射之美真实灵动地呈现给社会大众,经中央电视台报道后引起社会广泛好评。

五、礼射文化融入劳育

习近平总书记在2018年全国教育大会上强调,要在学生中弘扬劳动精神,这一重要讲话明确将劳动教育确定为全面发展教育的重要组成部分。江苏建筑职业技术学院以《周礼·考工记·弓人》为基础,探索传统制弓造箭工艺,带领学生参与礼射器材制作、维修工作,定期开展器物制作活动,培养学生动手能力,树立正确的劳动观点和劳动态度,养成劳动习惯,领悟劳动的伟大意义。

开设弓箭制作课程。学校在中国礼射文化展览馆中设有制弓造箭展厅，以文献、实物、新媒体等方式，全面呈现古代弓箭制作技艺流程。学校教研组根据《易经》《弹歌》记载，结合角弓制作工艺，开发出简易弓箭制作课程，让学生通过自己的双手制作承载传统文化和技艺的弓箭。

推动多学科实践。学校结合现有专业，提出"人文＋科技"多学科交融理念，鼓励多学科参与礼射项目。建筑装饰学院学生结合专业所长，参与乡射礼乐射场景宫室制作，每一根梁柱都由学生亲自测算制作，将所学知识运用到实际展品制作中。智能制造学院师生发挥专业优势，与科技公司联合研发光电自感反馈式投壶，将高科技运用到传统体育器械中，迈开礼射智能化的关键一步。

手脚并用书写成果。读万卷书，行万里路。对礼射文化的研究不仅停留在文献中，更重要的是用双脚丈量大地，去寻找礼射文物。为了让学术研究"动"起来，学校指导教师不定期组织礼射社团成员到徐州博物馆、徐州汉画像石艺术馆考察学习，带领学生认识徐州地区礼射文物，临摹其形态。专业教师利用3D打印技术制作自己研究的礼射文物，真正做到让学术动起来、手脚用起来、文化火起来。

引导自我管理。学校礼射场日常维护和草木管理采用后勤部门指导、学生参与实践方式进行，学生自己管理礼射设施，自己设计礼射相关器材。学生亲自动手制作礼射教具收纳柜，师生集体参与研发制作多功能折叠靶架，并将其运用在日常教学中，这些举措受到多所来访高校好评。

开展工匠艺人面对面活动。学校不定期邀请弓箭制作匠人讲授弓箭制作技艺要点和器物维护常识，师生将这些知识应用在礼射器材维护维修上。学生结合工科常识，发挥"自己动手，丰衣足食"的精神，探索弓箭制作工艺和维修方法，用行动诠释劳动光荣、技能宝贵，展示劳育成果。

在五育并举理念下，学校着力构建礼射文化育人体系，探索用一个点牵动一个面进而带动一个整体。推进礼射文化与红色文化相结合，组织师生观看《淮海战役》纪录片，解读宣传战中用弓箭把宣传单射向敌阵的背后故事。推动礼射文化与两汉文化、徐州本地文化融合，从徐州出土的汉画像石中抽取射手形象,开展"汉画中的徐州箭手"展示活动;挖掘《明史》记载的"徐州箭手"形象,学习其以射报国、御敌守疆的爱国主义情怀。推进礼射文化融入思政课程,将爱国主义、工匠精神、道德涵养与射箭技法学习有机融合,做到知行合一,认真体悟"射御卫邦"的家国情怀,学习"三年成弓"的工匠精神,吸收"若立德行者,莫若射"寓教于射的教育理念,践行"内外兼修、射以观德"核心思想,切实做到习近平总书记 2013 年 5 月 4 日和各界优秀青年代表座谈中提到"学如弓弩,才如箭镞",为培养高素质技术技能人才贡献力量。

礼射文化特色与影响

"问渠哪得清如许,为有源头活水来。"文化是一种精神血脉,是一种精神纽带,是一种精神基因。文化的力量是巨大的,它可以改变一个人,改变一个大学,改变一个民族。世界上的文化是多元并存的,因而显得斑斓多彩。民族的文化是与时俱进的,是生命力极强的,它滋润着每一颗撒在大地的种子,开花结果,绵延至今。

近年来,江苏建筑职业技术学院积极拓展育人平台和载体,努力让学生领悟传承中华优秀传统文化的魅力,特别是在加强礼射文化教育、开展礼射文化交流、推广礼射文化影响、引领礼射文化创新发展和创造性转换等方面,持续开展了系列实践探索,积累了大量工作经验和建设成果,形成了鲜明的自身特色,处于全国高校礼射文化研究与传承的前列。

坚持传承与发展并举,开拓筑美的新阵地。学校传承礼射文化中的忠诚爱国、正直贤明、诚信友善、尊长敬贤、明礼崇德等传统观念,向学生普及礼射知识,教育学生树立"射以观德"认识,养成"反求诸己"思维,养成"谦谦君子"习惯。学校将"华夏立国,射御卫邦"等历史故事融入学生爱国主义教育,将"三年成弓"品质追求和"徐州射手"典故内涵融入学生"工匠精神"塑造,将"射以观德""寓教于射"的育人传统融入学生行为习惯养成和品德修养中,强化"以射健身、以射品行、以射育德"理念,涵育学生"强身报国、精技强能、追求卓越、敢为人先"情怀,开拓形成筑美新阵地。

坚持理论与实践并重,探索筑美的新路径。学校高度重视文化育人、以文化人工作,把礼射纳入筑美核心文化,把礼射项目优势转化为育人优势。

学生射艺社团日常研习

牵头组建徐州市礼学学会,邀请国内外知名专家学者开展礼射理论探索,占领礼射文化理论高地。此外,学校党委统一部署,由宣传部、教务处、学工处、团委、公共基础学院共同参与,分别承担礼射文化品牌打造、学术研究、课程建设、社团建设、运动队建设、赛事活动筹办工作,通过习射实践来规范学生自身动作、仪态、言行等外在行为表现,体悟礼仪内涵。把礼射引申至学生学习生活中,树立莘莘学子文明形象,探索了筑美育人全新路径。

坚持研究与交流并行,打造筑美的新品牌。学术研究是构建礼射文化体系的重要组成。法古开今,古为今用,是礼射文化学术研究的目标。学校与清华大学等高校及科研单位保持密切交流,积极推进礼射相关的学术调研考察,鼓励学生从学术角度对礼射进行研究。在学报开辟礼射文化专栏,吸引国内外学者投稿,共同推动学术发展。在深度研究的同时,学校注重交流推广,牵头组织礼射国际学术研讨会、全国礼射(射艺)锦标赛等礼射交流活动。通过举办研讨会、比赛、集训、展演、体验等活动,向学界及社会积极展示礼射文化,把以射立德、以射正德、以射观德的筑美理念向社会交流推广。

"礼射文化非常有特色"日益成为师生、校友和同行对学校的深刻印象。学校礼射文化传承与推广获得若干项第一:第一个团体排位第一(中国大学生射艺比赛史上),第一个校园礼射场,第一个礼射文化展览馆,第一个举办礼射国际学术研讨会的高校,第一个在学报中开设礼射专栏的高校,第一个举办大学生射艺锦标赛的高职院校,第一个清华大学中国礼学研究中心礼射研习基地,第一个弓箭文化类非遗保护高校,第一个连续 4 年举办校园礼射暑期集训的高校……

第三章 凝以美之魂

大学向来被视为文化的发源地、滋养地和辐射地。大学文化是一所大学的灵魂、品质和性格,是一种精神层面的存在和追求,它的基本内核是价值观,潜移默化地改变着大学中每一个个体的思维方式和行为模式,承担着文化育人的使命。

大学的教育过程,实质上是一个有目的、有计划的文化过程。所谓教书育人、管理育人、服务育人、环境育人,说到底都是文化育人。[①] 高校文化育人的核心,就在于引导学生做出正确的文化选择,帮助学生树立正确的世界观、人生观和价值观。社会主义核心价值观是新时期全体社会成员共同的价值追求与价值目标,理应成为文化育人的核心与灵魂。

培育与践行社会主义核心价值观是落实立德树人根本任务的重要途径。高校是培育社会主义核心价值观的重要力量,如何让社会主义核心价值观内化为全体师生共同的价值追求,外化为师生的自觉行为和生活方式,是"筑美"的内在要求,也是当前高校人才培养过程中面临的重要课题。

第一节 以社会主义核心价值观为根本导向

大学因为学生而存在。只有培养出一流人才的高校,才能够真正成为一

---

① 袁贵仁:《加强大学文化研究推进大学文化建设》,《中国大学教学》,2002 年第 10 期,第 4～5 页。

流的大学。对于一流人才,社会上有很多不同的评判标准,但德才兼备、以德为先始终是第一位的。习近平总书记强调,没有崇高理想和良好品质,知识掌握再多也无法成为优秀人才。在当代中国,这个"德"就是社会主义核心价值观。

党的十八大正式提出,要倡导富强、民主、文明、和谐,倡导自由、平等、公正、法治,倡导爱国、敬业、诚信、友善,积极培育社会主义核心价值观,分别从国家、社会和个人三个层面高度概括出社会主义核心价值观的基本内容。社会主义核心价值观是兴国之魂,是社会主义先进文化的精髓,决定着中国特色社会主义发展方向,必须把社会主义核心价值观融入国民教育、精神文明建设和党的建设全过程。

坚持社会主义核心价值观的引领

在文化之中,核心价值观是最深沉、最本质的东西,它决定着文化的性质与方向。在当代中国,我们应该弘扬和践行的核心价值观,就是党的十八大提出的富强、民主、文明、和谐,自由、平等、公正、法治,爱国、敬业、诚信、友善。

人民有信仰,国家有力量,民族有希望。核心价值观是一个国家、一个民族的精神旗帜,是人民的精神家园。习近平总书记在全国高校思想政治工作会议上强调,要坚持不懈培育和弘扬社会主义核心价值观,引导广大师生做社会主义核心价值观的坚定信仰者、积极传播者、模范践行者。"核心价值观"之所以"核心",在于它传承了中华优秀传统文化和人类文明优秀成果,具有强大的正能量和导向引领作用,同时也能得到最广大群众的普遍认同,是全社会精神的真正"最大公约数",能最大限度地凝聚共识、消弭歧见。

大学生的价值取向决定了未来整个社会的价值取向,因此,抓好他们价值观的养成就显得尤为重要。大学是立德树人的地方,必须坚持育人为本、德育为先的原则,围绕立德树人的根本任务,把社会主义核心价值观落实到教育教学和管理服务的各个环节,积极探索大学生社会主义核心价值观的培育与践行路径。

大学校园是筑梦追梦的摇篮。大学生处于价值观形成的关键阶段,有着强烈的成长成才欲望,又有着价值选择、理想信念的迷茫和困惑,培育和践行社会主义核心价值观是当前校园文化建设的迫切要求。如何对学生进行社会主义核心价值观教育,筑美于无形,以文化人、以文育人的路径选择尤为重要,而其核心是践行社会主义核心价值观。

党的十九大报告指出,社会主义核心价值观是当代中国精神的集中体现,凝结着全体人民共同的价值追求。高校要以培养担当民族复兴大任的时代新人为着眼点,用社会主义核心价值观引领校园文化建设、构筑校园文化之魂,把社会主义核心价值观渗透到人才培养各方面,坚持马克思主义的一元化指导地位,加强以爱国主义为核心的民族精神和以改革创新为核心的时代精神的教育和学习,坚持以社会主义荣辱观规范师生的行为,将社会主义核心价值观融入教育教学各环节,内化为教育手段和教育内容的创新解构,外化为大学生的行动自觉和行为习惯。

社会主义核心价值观的生命力在于实践,大学生核心价值观的培育和践行,必须坚持教育和实践一起抓,以教育引导实践,以实践深化教育。推进社会主义核心价值观入脑入心,高校可以策划"信仰的力量""为实现中国梦而读书"等活动,让学生通过不同形式表达自己的所学所获、所思所悟。将社会主义核心价值观教育融于学生日常,利用微信、微博、抖音、快手等新媒体平台,发起社会主义核心价值观海报设计、向祖国表白、文明校园创建等系列活动,通过网络互动与选评、社区公共区域覆盖,激发学生对于社会主义核心价值观的认同。组织学生开展暑期社会实践,使学生在实践中了解国情、感知社情、体察民情。按照贴近学校实际、贴近校园生活、贴近学生特点的原则,推选优秀学生先进典型,开展"优秀大学生报告会""发现身边的美"等活动,讲述学生身边人的感人事迹,使社会主义核心价值观不断深入人心。

社会主义核心价值观与高校的人才培养目标高度契合,是德育工作的"源头活水",具有凝聚、导向、规范、激励、调适、辐射的功能。加强社会主义核心价值观的引领,推动社会主义核心价值观内化于心、外化于行,把师生的个人理想与社会主义核心价值完美结合,高校思想文化才能成为先进思想文化的创造者和引领者,进而在全社会更好发挥影响、示范和带动作用。

使社会主义核心价值观落地生根

高校处于多元思想文化交流、交融、交锋的前沿,是各种思想文化激烈碰撞的场所,社会发展的各种阶段性特征都会在高校校园有所体现,都会在高校师生的思想领域有所反映。高校加强文化建设,根本目的就是影响人,进而塑造人,塑造人的精神、气质和品格,高校有责任给大学生提供积极向上的价值观。

习近平总书记指出,如果一个民族、一个国家没有共同的核心价值观,莫衷一是,行无依归,那这个民族、这个国家就无法前进。社会主义核心价值观是新时期全体中国人民共同的价值追求与价值目标,是高校文化育人的核心与灵魂。

大学生核心价值观教育不是单一的、孤立的思想教育工作,而是全员、全过程、全方位的育人工作体系。高校弘扬社会主义核心价值观,弘扬以爱国主义为核心的民族精神和以改革创新为核心的时代精神,关键在于从学校实际情况出发,把培育与践行社会主义核心价值观融入人才培养全过程,使社会主义核心价值观落地生根。

要融入专业课程的教学。培养德才兼备、全面发展的社会主义事业建设者和接班人,高职院校应自觉将社会主义核心价值观融入教育教学全过程,使专业教育理念与核心价值观有机结合,使大学生专业素质的养成、职业价值观的形成和思想道德的修炼有机结合。充分发挥专业课的价值传递功能,把专业知识和价值观念引导结合起来,将核心价值观的要义贯穿于专业教育的各个环节,将核心价值观的要求细化到专业教育的课程内容之中。

要融入主题活动的开展。广泛动员师生积极深入开展主题鲜明、形式多样、影响深远的系列活动,以"中国梦"和社会主义核心价值观主题宣传教育活动为核心,坚持用社会主义核心价值观凝聚师生共识,不断强化思想政治对于校园文化的引领作用,引导大学生为实现国家富强、人民幸福的伟大中国梦贡献青春力量。深入开展"不忘初心,牢记使命"主题教育,创新方式讲党课,立足岗位做贡献,切实加强党员党性锻炼,提升党性修养。组织学生开展以践行社会主义核心价值观为主题的暑期社会实践活动,鼓励学生走出校园、走入社区、走进乡村开展志愿服务。

要融入校园文化的浸润。社会主义核心价值观不是无源之水、无本之木，它是在传承中华优秀传统文化精髓和吸收借鉴人类文明积极成果与价值共识基础上形成的重大理论创新成果。高职院校要采用学生喜闻乐见的形式，教育引导学生立足中华优秀传统文化，感悟民族精神和时代精神，让爱国主义精神牢牢扎根心田、立志听党话、跟党走，立志扎根人民、奉献国家，让学生在喜闻乐见中愉悦接受。学校可以开展"青春榜样""身边的先锋""校园之星"等评选活动，积极宣传学生当中践行社会主义核心价值观的鲜活事例。

要融入自我教育的实践。大学生正处于世界观、人生观、价值观形成的关键时期，他们思想观念趋于成型，但仍具有较大的可塑性。特别是在新媒体时代，大学生的学习、生活和实践，迫切需要主流价值观念的引领。高职院校践行社会主义核心价值观的一个有效方法，就是鼓励大学生积极投身于社会实践，让他们在社会实践中体验生活，经受锻炼，增强社会责任感，使社会主义核心价值观真正变为自觉行动。要通过社会实践，增强大学生的生活体验和感悟，提升道德情操和精神境界。

要融入实际问题的解决。高职院校要把社会主义核心价值观培育和解决学生的实际问题结合起来，从关心"人"和"人的成长"开始，把社会主义核心价值观的基本要求和学生成长成才需要有机结合起来，找准与他们思想的共鸣点，把社会主义核心价值观转化为学生的情感认同和行为习惯。要融入师资队伍建设，把培育和践行社会主义核心价值观与师德建设相结合，提高教师队伍的思想政治素质，实现教书与育人相结合、言传与身教相结合。

要融入思政课堂的阵地。把社会主义核心价值观的要求变成学生日常的行为准则，进而形成自觉奉行的理念和价值追求，是思想政治理论课教学的题中之义。高职院校要创新思想政治理论课的教学方法和手段，以学生关心的社会热点为切入点，直面社会的舆论场，把社会主义核心价值观与形势政策课程相结合，切实提高课堂吸引力。思想政治理论课的讲授，要能够把道理讲足说清，阐发透彻，能够体现社会主义核心价值观的丰富内涵、体现对古今中外价值观的批判继承、体现马克思主义中国化的最新理论成果、体现对当代社会意识形态和人民关心的热点问题的深刻剖析。

作为一种重要的教育类型,职业教育具有职业性、实践性、开放性和实用性等独特的文化特征。高职院校必须紧紧抓住青年价值观形成和确立的关键环节,积极推进社会主义核心价值观教育,使其内化于心、外化于行、固化于志,引导学生认真扣好人生的第一粒扣子,这样才能承载培养高素质技术技能人才的历史使命,才能真正地"筑美"。

第二节　思想政治工作的滋养

百年大计,教育为本。从全国高校思想政治工作会议到全国教育大会,再到学校思想政治理论课教师座谈会,习近平总书记围绕扎根中国大地办教育、加快推进教育现代化、建设教育强国、办好人民满意的教育,努力培养德智体美劳全面发展的社会主义建设者和接班人等方面作出一系列重要论述。

思想政治教育的根本目的是提升人的思想政治素质,促进人的全面发展,是一项塑造心灵、提升品质的工程。思想政治教育工作就像高校办学的大动脉,牵一发而动全身,这条大动脉既不能硬化更不能堵塞,始终保持强有力的脉搏跳动。解决好"培养什么人、怎样培养人、为谁培养人"的根本问题,高校必须牢牢抓住思想政治教育工作这个根本保证,腰杆硬、底气足地把思想政治教育工作贯穿于教育教学全过程。

提高思想政治工作的站位

态度决定高度,格局决定结局。当前,国际国内各种思潮交互涌动,不同价值文化交锋碰撞,意识形态领域的斗争一刻也没有停止。思想政治工作是高校各项工作的生命线,高校思想政治工作面临的形势是复杂严峻的,任务也非常繁重。诚然,高校思想政治工作近年来取得了很多成效,但仍然存在一些亟待解决的问题。具体到高职院校而言,以下几个方面的问题比较突出。

重视程度不够削弱力度。习近平总书记指出,我们党立志于中华民族千秋伟业,必须培养一代又一代拥护中国共产党领导和我国社会主义制度、立志为中国特色社会主义事业奋斗终身的有用人才。作为培养高素质技术技能人才的高职院校,不仅要强化基础、拓宽专业、提高技能,更要注重学生的思想政治教育。但是由于认识程度、思想观念、管理模式、体制机制等方面的原因,高职思想政治教育还存在诸多问题。由于缺乏学科支撑、专业建设,高职院校往往重视专业群的建设,而忽略思想政治教育方面的人力、物力和财力保障。特别是在队伍建设上,思政课的专职教师、思想政治专职辅导员、党务专职干部的数量缺口仍然比较大。

生源高度多元性增添难度。思想政治教育是一种个性化很强的教育活动,需要因材施教。高职院校的生源比较复杂,有应往届高考生、中职对口升学生,还有退役军人、下岗失业人员、农民工和新型职业农民,等等,这些人的社会经历、个性特点、知识文化素质均有较大的差异。生源的多元性与复杂性,必然使他们带着不同的认识水平、不同的文化痕迹、不同的思想观念,也必然带来高职院校思想政治教育的特殊性。这些不同文化基础、不同个性类型的学生在学习态度、学习动机、职业理想和成就抱负等方面差异较大,客观上增添了思想政治教育的难度,增添了思想政治教育贴近实际、贴近生活、贴近学生方面的难度。

教育形式较单一影响效度。高职院校在思想政治教育的形式上存在相对单一的现象,存在方法手段陈旧落后、机械呆板的状况,特别需要遵照"增强思想性、理论性和亲和力、针对性"。比如,有的高职院校思想政治理论课实行合班教学,教学效果相对比较差,忽视了高职学生的主体性,容易引起学生的逆反心理和抵触情绪;有的高职院校的思政课教师对马克思主义理论的掌握和运用水平有待进一步提高,特别是深入学习掌握习近平新时代中国特色社会主义思想的理论体系方面还很不够,讲课内容脱离学生实际,使学生感到这种理论教育既"远"又"空",缺乏吸引力和感染力。

高校思想政治工作的目标,就是要让学生成为德才兼备、全面发展的人才,成为中国特色社会主义合格建设者和接班人,能够担当起民族复兴的大任。作为职业教育类型引领者,高职院校应紧紧围绕人才培养定位,打好思想政治工作"组合拳"。

站位有高度。办学方向始终是立校之本、办学之要。抓好思想政治工作,其实最重要的就是要在事关办学方向的问题上站稳立场,将其作为学校各项工作的生命线,紧紧地抓在手上、扛在肩上。高职院校开展思想政治工作，要立足于新时期社会主义事业发展对建设者和接班人提出的深刻要求，将其作为深化综合改革的重要组成部分，作为落实立德树人的重要举措来抓，从制度建设、队伍建设、体系建设入手，在规范化、系统化和集成化上着力，努力构建务实有效的"大思政"育人格局。要从日常工作做起，使学校的每一名教职员工、每一个工作环节、每一个工作岗位都担负起学生教育的职责和义务，都作为思想政治工作的工作站，能够按照以理服人、以情动人、以美感人、以文化人、以行立人的标准，织紧织密学校全员全过程全方位的育人网络，提升思想政治工作的实效性。

目标应明确。高职院校要将立德树人根本任务与培养高素质技术技能人才的目标定位紧密结合起来，以此来规划和统领思想政治工作的目标和任务。高职教育既不同于技能型的中等职业教育，也有别于学科型的普通高等教育，在培养目标、专业设置、服务面向等方面都有着自己鲜明的特点，但其最鲜明的特点还是职业性，这是区别于其他类型教育的最显著特征。高职院校要紧紧抓住"职业性"这一鲜明特征，以增强高职学生的职业能力、职业道德、职业素养和职业精神为主要任务，把社会主义核心价值观教育与职业理想教育、职业道德教育、职业纪律教育等紧密结合起来。

特色需彰显。高职院校要强化思想政治教育实践性特色，确保不偏向、不断档、不断层。高职教育面向市场设置专业，依托行业、企业和社会力量办学，广泛的社会参与性扩大了思想政治教育的空间。除校内常规教育活动外，校外实训基地、顶岗实习企业、社会实践基地的指导师及有关人员，也可以在专业实践指导中对大学生施加各种积极的影响。因此，高职院校要在加强思想政治理论课教学，开展日常思想政治教育的同时，推动教学与实践相结合，在实践教学领域里广泛开展各种思想政治教育工作，把职业道德、职业伦理、职业纪律、职业精神等，都渗透到顶岗实习、实验实训和毕业设计等各个实践教学环节，使学生能够真正做到在教育中实践，在实践中进行自我教育。

加强和改进思想政治工作是一项长期艰巨的任务，需要广大党员干部和全体师生员工的长期努力和艰辛付出，将工作理念细化成工作举措，落实为工作实践，体现为工作成效。高职院校在某些领域、某些层面存在短板的问题，需要我们不断提高政治站位，把工作的着眼点放在促进学生全面发展上，把工作的着力点放在增强实效性上，通过长期抓、反复抓、系统抓，真正把工作落到实处。

探索思想政治工作的路径

加强思想政治教育，实现全员全过程全方位育人，绝不是思想政治教育的碎片化叠加，而是要从人才培养目标出发，以学生为中心，以立德树人为导向，通过顶层设计，将思想政治教育的知识点和各个要素根植于培养方案的各门课程、各个实践环节中。也就是说，开展思想政治教育不仅是思政课的事，也是专业课、综合素养课的事，需要大家一起做，才能起到效果。

进入新时代，对于以培养高素质技术技能人才为目标的高职院校而言，如何落实立德树人的根本任务，如何开展思想政治教育才更有成效，牢固树立以学生为中心的筑美理念，因事而化、因时而进、因势而新是我们必须遵循的基本原则。

观念决定思路，思路决定出路。总体上来说，加强高职院校思想政治教育要实现五个协同推进：思政课程与课程思政协同推进、第一课堂与第二课堂协同推进、专业培养与五育并举协同推进、育人环境与育人文化协同推进、校内育人与校外育人协同推进。同时，高职院校还要不断探索新形势下做好思想政治工作的科学方法和有效途径，通过与专业教学、校园文化建设、实际问题解决、社会实践活动开展、先进企业文化等相结合，把思想政治工作"做到家""入心田"。

与加强学生专业教学相结合。在高职教育普遍推行工学交替、教学做合一的教学模式下，坚持思想政治教育与专业教学相结合，是促使学生思想道德素质、科学文化素质、心理素质、身体素质等几个方面协调发展的有效方法。要根据高职学生专业的不同，开发不同课程的德育资源，挖掘和提炼各门课程中的思想政治教育因素，更有利于发展学生的思想道德素质。要积极利用产教融合、校企合作的优势，依靠高职专业委员会的成员单位、校外实践基地，把思想政治教育辐射到教学中去。要针对工学结合教学模式比较分散、灵活的特点，增加教学的灵活性和针对性，使专业教学更加贴近学生学习、更加贴近学生工作、更加贴近学生生活，强化思想政治教育的效果。

与加强校园文化建设相结合。校园文化建设是思想政治教育工作的有效载体,是无声的思想政治工作,发挥着引导人、充实人、熏陶人、影响人的重要教育作用。在思想政治教育实践中,要遵循高职教育的规律,使校园文化建设与学校特点相结合、与学生实际相结合,使校园文化体现出职业性、行业性和实践性特点。把思想政治教育目标和内容渗透到校园文化建设中来,使思想政治教育的触角延伸到校园的各个角落。不断提升高职校园文化建设的格调和品位,使校园文化活动真正成为高职学生自觉推进、自主管理、自我教育的有效实践,并在实践中锻炼提高自己,使高职学生在思想政治上达到自我教育的目的。

与解决学生实际问题相结合。解决学生最关心、最直接、最现实的问题,是思想政治教育工作的出发点和落脚点。高职思想政治教育必须坚持以人为本,尊重学生的人格、个性、思维特点和成长规律,切实帮助高职学生解决实际问题,既要做到教育人、引导人、鼓舞人、鞭策人,又要做到尊重人、理解人、关心人、帮助人。高职学生来自农村和经济较落后地区的比例较大,需进一步完善"奖、贷、助、减、免"资助体系,帮助家庭经济困难的学生顺利完成学业。认真研究和解决高职学生就业工作中遇到的困难和问题,为学生提供就业信息,推荐就业岗位,使学生有更好的发展前途。根据高职学生心理现象发生、发展和变化的规律,充分了解他们的需要、情感、意志、个性等心理特点,帮助他们克服心理压力,形成良好的个性、健全的人格、健康的情感、乐观的心态和坚强的意志。

与开展社会实践活动相结合。社会实践是高职教育的重要组成部分,是连接高职院校和社会的桥梁,是引导高职学生健康成长的重要途径,可以让学生经受锻炼、汲取营养、增加知识、增长才干。要积极组织开展形式多样、丰富多彩的社会实践活动,使思想政治教育走出课堂、走向企业、走向社会、走向实践,使学生通过社会实践学习知识、领悟理论、改造思想、磨炼意志、提高素质。依托专业优势,体现专业特色,积极探索和建立社会实践与专业学习相结合、与服务社会相结合、与勤工助学相结合、与择业就业相结合、与创业实践相结合的管理体制和工作机制。加大社会实践投入和思想政治教育社会实践基地建设的力度,让学生在具体真实的职业环境中体会和感受有关的职业道德知识和职业道德规范,不断增强对职业道德的理解和认同,从而使学生在实践中逐步养成立业为国、执业为公、恪尽职守、服务为人的良好职业道德。

与吸收先进企业文化相结合。企业文化是一个组织中所有成员共享并作为精神层面的东西传承给组织新成员的一整套共同遵循的价值观念、职业道德、行为规范和准则的总和,对高职学生思想品德的塑造,对职业品格、职业素质的养成具有直接的作用。在制订教学计划、教学大纲、安排教学内容、选取教学方法中,要充分体现职业岗位的特点,把行业和企业需求的各种素质要求贯彻于各专业的教育教学环节中。利用思想政治教育的渗透性功能,把企业所崇尚的创新意识、质量意识、效率观念、竞争意识、服务意识以及创业、敬业精神渗透到学校的校风、学风、教风等办学理念中去,用企业的核心价值观、企业愿景、企业信条、企业伦理与企业道德等企业文化对学生进行熏陶和感染,充分发挥企业文化对学生职业行为的导向、凝聚、激励以及约束功能,切实提高思想政治教育的实际效果。

近年来,江苏建筑职业技术学院着眼于协同育人机制,坚持围绕学生、关照学生和服务学生,尊重思想政治工作规律、教书育人规律和学生成长规律,采取多个层面的联动举措,不断提升思想政治教育的引导力、亲和力和吸引力,努力营造有利于学生全面健康成长的良好氛围,全员全过程全方位育人的良性生态正在逐步形成。

突出思想的引领。思想是行动的先导,先进的思想激励人、鼓舞人、引导人。思想的影响、价值观的塑造,具有长期性、复杂性、系统性,要坚持用马克思主义和马克思主义中国化的最新成果武装师生头脑,掌握马克思主义的看家本领。大学之为大,就是在授业解惑中引人以大道,启人以大智,使人努力成为栋梁之材。大学阶段,不只是学知识长才干的过程,也是一个"明德成人"的过程。大学生自身在逐步社会化的过程中,需要具备正确的观察社会、分析问题的立场和方法。而这样的立场和方法,不是自然而然生成的,而是需要经过长期的培养才能逐步达成的,这就是理论武装的过程,就是思想政治教育的过程。

强化组织的领导。开展思想政治工作,不仅是党委和党务工作者的责任,也是行政部门和全校教职员工的责任,应该是全方位的。要坚持全员全过程全方位育人,形成党委统一领导、党政齐抓共管、职能部门组织协调、二级单位具体实施、师生员工共同参与的工作格局,强化"大协同"理念,引导全体教职工都注重"育人",种好自己的责任田,实现育人的共同担当。要将加强思想政治教育纳入学校事业发展的总体规划,把好方向,重点培育,扎实推进。发挥党委中心组的引领辐射作用,做到学习紧跟、认识紧跟、行动紧跟,不断打牢思想政治基础。

加强队伍的建设。习近平总书记强调,教育者要先受教育,传道者自己首先要明道、信道。加强和改进学校思想政治工作,首先要从教职工抓起。坚持把教师的政治素质放在首位,重点完善教师评聘和考核机制,确保在教师的准入、培训、考核、评价、晋升等环节把好政治素质关。注重发挥榜样的作用,大力选树师德师风典型,努力营造崇德修德、甘于奉献的良好氛围,激发立德树人、为人师表的荣誉感和责任感。推进思想政治理论课教师、辅导员、党务工作者、名师名家、关工委离退休老同志等五支队伍深度融合,做到思想联通、人员联动、行动联手、课程联合,汇聚集体智慧和强大合力,形成全员育人的共同体。

形成思想政治工作的体系

大学生是青年中的佼佼者,谁抓住了大学生,谁就抓住了未来。大学生正处在人生成长的关键期,在知识体系、价值观念、情感心理等方面的可塑性非常强,但又容易受外界影响,需要加以正确引导。

高职院校做学生的思想政治工作,必须更加贴近他们的思想实际,采取他们更乐于接受的、符合时代特点和年龄特征的教育方式,构建生动活泼的思想政治教育载体,让思想政治教育融入学生日常教育管理,因事而化、因时而进、因势而新,不断增强针对性、感染力和实效性。

教育人是一个长期又复杂的系统工程。江苏建筑职业技术学院从体制机制完善、项目带动引领、队伍配齐建强、组织条件保障等方面进行系统设计,努力实现各项工作协同协作、同向同行、互联互通。在项目带动引领上,不断整合育人要素,完善育人体系,探索形成了具有可示范、可引领、可辐射、可推广、可持续意义的"十育人"实践举措,推动形成了"一校数品"的生动局面。具体而言,学校全面统筹办学治校各领域、教育教学各环节、人才培养各方面的育人资源和育人力量,通过"十育人"体系的构建,努力打通育人"最后一公里"。

在课程育人上。课堂是人才培养的主渠道和主阵地,是学校落实党的教育方针的主要抓手。课程育人也就是理论育人,即以课堂、课程、课本等理论教育的方式,进行思想、政治、道德等知识的传授,通过课堂让大学生们在学习专业知识的同时了解国情、社情。学校以推动"课程思政"为目标,在一批示范专业和品牌课程中开展试点,深入挖掘遴选课程中所蕴含的思想政治教育元素,融入课堂教学各环节,特别是在课程设置优化、教材讲义修订、知识点考核设计、育人效果评价等方面,形成了体系化的教学改革成果。课堂遍布校园,教师无处不在,学校构建高校大思政格局,努力做到课程门门有思政,教师人人讲育人。

在科研育人上。强化"科研的核心是育人"的共同认知,将其贯彻教师科学研究的全过程。学校在顶层设计环节,将教育引导、价值引领贯穿于科研项目选题设计、立项、研究、成果转化的全过程,在项目管理、成果评价中突出思想政治教育指标体系的落实。优化科研育人计划,定期在学生中开设学术诚信、创新意识、团队协作等方面的专题讲座。

在实践育人上。习近平总书记强调,社会是个大课堂。青年要成长为国家栋梁之材,既要读万卷书,又要行万里路。学校每年定期遴选实践育人项目,并且按照良好的育人成效目标去精心设计,以期形成较大的社会影响。组织学生开展社会调查、生产劳动、社会公益、志愿服务、科技发明、勤工助学等社会实践活动,为学生参与社会实践搭建更多的平台、提供更多的机会。

在文化育人上。陶行知先生讲"要把教育和知识变成空气一样,弥漫于宇宙,洗荡于乾坤,普及众生,人人有得呼吸"。校园文化对学生的熏陶和影响作用十分巨大,学校采取立项形式,构建文化育人体系,丰富校园文化建设内涵。注重以文化人、以文育人,努力打造良好的育人环境和文化氛围。深入挖掘和利用校内外的优秀文化资源,广泛开展形式多样、健康向上、格调高雅的校园文化活动。大力推进美丽校园建设,让墙壁"说话",让花木"育人",

让学校的一山一水、一草一木、一楼一园都发挥育人作用,培育起高校育人的肥沃土壤。

在网络育人上。大学生是互联网的"生力军"。微博、微信、抖音、快手等新媒体已成为大学生学习、交流、认知的重要途径。学校应推进思想政治教育传统优势与网络信息技术的高度融合,拓展网络阵地、优化网络内容、培育网络文明、提升网络安全、健全网络评价机制,积极营造和形成网络正面舆论场强大声势,提升学校校园网和各类新媒体的影响力。在网络平台建设上,应着力打造"H5"、视频、动漫等师生喜闻乐见的优质作品,形成师生黏合度高、覆盖面广、社会影响较大的网络平台。

在心理育人上。学校努力构建教育教学、实践活动、咨询服务、预防干预、平台保障"五位一体"的心理健康教育工作格局,形成体系化实施机制,纳入学校人才培养考核评价机制。采取积极举措,有效预防和疏解大学生心理问题,培养他们理性平和、积极向上的阳光心态。

在管理育人上。学校把规范管理的严格要求和春风化雨、润物无声的教育方式结合起来,促进教育治理能力和治理体系现代化,大力营造治理有方、管理到位、风清气正的育人环境。调整思想政治教育方式,推动单一化向立体化转变,推动工作队伍由泛兼职化向职业化转变。

在服务育人上。学校把解决实际问题与解决思想问题结合起来,围绕师生、关照师生、服务师生,把握师生成长发展需要,在关心人、帮助人、服务人中教育人、引导人。推动思想政治教育工作由经验事务层次向科学规范层次转变,在工作机构上形成"小机关、多中心"的体制格局。

在资助育人上。学校按照经济扶贫、精神解困、服务育人的思路,坚持将思想政治教育融入帮扶工作全过程,注重在关心、帮助学生的过程中教育、引导学生。要进一步完善学生资助体系,不断提高资助精准度和育人实效。要加强大学生职业生涯教育,引导和支持他们到祖国最需要的地方建功立业。

在组织育人上。学校将项目培育与实施"高校基层党建对标争先计划"、遴选培育党建工作标杆相结合,建强育人阵地,创新育人形式,努力促进师生全面发展。将入党积极分子培训、入党宣誓、组织生活等与大学生思想政治教育有机结合起来,发挥好学生党支部的育人引领作用。加强对各类学生社团的管理、引导、服务和联系，支持他们开展积极向上、健康有益、丰富多彩的课外活动，着力培养学生的综合素质和能力。

学校"十育人"体系的每个板块，都强调优化内容供给、改进工作方法、创新工作载体，努力营造育人新生态，努力做到胸中有全局、手中有典型、工作有起色，努力形成育人工作合力。相信假以时日，一定会集全校之力，打造出"叫好又叫座"的育人品牌。

思想政治工作"一枝一叶总关情"，需要"刚柔相会气均匀"地持续开展工作。高校思想政治工作是一个系统工程，一定要坚持强化基础、抓住重点、建立规范、落实责任的工作思路，抓住重点领域和关键环节，力求重点突破和协同推进，从而将思想政治工作不断引向深入。

打好思想政治工作组合拳

党的十八大以来，习近平围绕新时代高校思想政治工作改革创新的重大理论和实践问题，创造性提出一系列颇具时代特色、理论特点与个人特质的新战略、新观点、新论断。高校要从整体上系统谋划、设计部署，把立德树人作为教育中心环节，把思想政治工作贯穿人才培养全过程。江苏建筑职业技术学院在"三全育人"总体工作格局下，以体系化、协同化、特色化为抓手，坚持价值塑造、能力培养、知识传授"三位一体"，努力培养担当民族复兴大任的时代新人，打出一套思想政治工作组合拳。

一、加强"体系化"顶层设计

系统构建思政育人格局。毛泽东说过，没有全局在胸，是不会真的投下一着好棋子的。学校从育人理念、育人体系、育人形态着手，夯实基础、强化责任，努力构建一体化思政工作体系，努力形成全员全过程全方位的育人格局。制定立德树人任务清单，设立思政精品项目，围绕如何加强和改进新形势下学校思想政治工作，组织开展系统的、理论与实践相结合的针对性项目研究。分批次立项课程思政，结合不同课程特点、思维方法和价值理念，深入挖掘课程思政元素，建立全校课程思政案例教学资源库，推进课程思政与思政课程同向同行，形成育人合力。

全面加强教师思想建设。激发全体教师"为党育人、为国育才"主体活力,推进形成每名教师都是思政教师,每名教师都有思政课的育人格局,努力形成育人合力。深入推行教学导师制,实施"一对一"结对培养,加强思政课专职教师"思政+"与其他专业教师"+思政"的教学能力。通过结对培养,骨干教师在教学内容、教学方法、教学设计、教学难点等方面对全体教师进行全面指导,切实提高其业务能力和教学水平。建立"培训+轮训"模式,利用假期对全校教职工开展思想政治理论集中培训,通过专题辅导、示范观摩、教学设计等形式,加深教师对课程思政内涵、目标及原则的理解,提升教师加强思政教育的自觉。

持续深化思政队伍建设。学校领导带头联系思政课教师、带头讲好思政课,专题研究推进思想政治理论课教学改革。全面推进"金泉工程",创新激励机制,坚持老中青"传帮带",将育人经验传承创新。持续配齐建强思政课专任教师和专职辅导员,积极打造高素质、专业化思政工作队伍。近年来,学校思政课教师荣获首届全国高校思想政治理论课教学展示活动特等奖、江苏省高校教师教学能力大赛一等奖、江苏省高校"形势与政策"教学竞赛"教学能手"等多个奖项。学校专职思想政治辅导员获得全国红色故事讲解员大赛志愿组"金牌讲解员"等称号。

二、开展"协同化"课堂教学

开展线上教学"主课堂"。加强线上教学重点领域、重点课程、重点任务等整体设计,着力推进课程思政建设。新冠肺炎疫情防控期间,全校教师开启线上教学与线下教学协同模式,教师充分利用线上教学主阵地,强化思政教育与专业教育深度融合意识,将新冠肺炎疫情防控中体现出的中国速度、中国力量、中国精神等融入课程建设,使思政元素与专业知识内容交织交融,生动展现中国特色社会主义制度的显著优势。

开设思政系列"大课堂"。组织校级讲师团,策划"四个自信"系列讲堂,系统解答"中国为什么行""中国共产党为什么能",分批次为全校学生同上一堂思政课。策划系列思政精品视频,从中国现当代史上某一片段入手,联系当下抗疫中的现实场景、图片、视频,来阐述其内在联系,凸显当代社会治理体系、中国特色社会主义制度等方面优越性。目前学校已推出《红手印的故事》《血脉相连》《致敬英雄》《青春"战"放》《中国这"三天"》等系列内容,富含

当前位置：首页 > 教育部司局机构 > 思想政治工作司

江苏建筑职业技术学院以"三化行动"为抓手培育时代新人

高校思想政治工作简报〔2020〕第23期 总第189期

【加快构建高校思想政治工作体系】编者按： 近期，教育部、中央组织部、中央宣传部、中央政法委、中央网信办、财政部、人力资源和社会保障部、共青团中央等联合印发了《教育部等八部门关于加快构建高校思想政治工作体系的意见》，提出要健全立德树人体制机制，加快构建目标明确、内容完善、标准健全、运行科学、保障有力、成效显著的高校思想政治工作体系。为加强典型宣传，营造狠抓落实的工作氛围，教育部思想政治工作司特开设专栏，专题介绍各地各高校在落实文件要求、加强思想政治工作体系建设中的经验做法，推动工作部署落地见效。

江苏建筑职业技术学院把立德树人作为教育中心环节，把思想政治工作贯穿人才培养全过程，以体系化、协同化、特色化为抓手，坚持价值塑造、能力培养、知识传授"三位一体"，努力培养担当民族复兴大任的时代新人。

教育部思政司高校思想政治工作简报〔2020〕第 23 期刊载学校做法

思政元素，成为广受学生好评的思政金课。

开辟平台媒体新课堂。网络思想政治教育是高校育人的重要载体和有效手段。学校积极探索"微时代"背景下思想政治教育新路径，坚持顶层设计、正面引导、资源整合、榜样选树，示范引领，切实加强学生思想政治引领。在学校官方微信、官方微博、官方抖音等平台，分类设置"我们在战疫""校园超有 young""缤纷毕业季""校园正能量""尚能下午茶""职教新鲜事"等话题，形成网络思政矩阵，构建从一枝独秀到百花齐放的思政教育生态体系，让思政教育在网络空间鲜活起来。

三、开展"特色化"实践育人

推动社会优质资源向育人汇聚。立足区域特色丰富育人内容，探索推进"开门办思政"。将社会实践作为思想政治教育重要环节，与淮海战役烈士纪念塔管理局共建"爱国主义与革命文化教育实践基地"，与徐州市泉山区翟山街道、贾汪区马庄村等共建"马克思主义大众化学习实践基地"，在政策理论共学、基层党建共联、理论培训基地共用、实践教学基地共建等方面开展全方位合作，实现社会优质资源共建共享。

挖掘红色文化丰富育人内涵。开展"初心筑梦"咏诵会、青年红色之旅、青年马克思主义者培养工程、高雅艺术进校园、弘扬淮海战役精神等活动，让红色基因融入学生成长全过程。成立国旗护卫班、红色文化宣讲团等红色文化学生社团，让红色实践融入价值教育全时空。组织开展以"我和我的祖国"为主题的爱国主义教育活动，激发情感共鸣，将红色基因植入每一名学生内心深处。发挥仪式教育作用，每月举行升国旗仪式和国旗下讲话，将其作为对学生进行爱国主义教育的重要途径。

红色经典《人民·母亲》走进校园

发挥大学生社会实践育人作用。把思想价值引领贯穿于社会实践全过程和各环节。探索"互联网＋"社会实践模式，注重发挥志愿服务在学生思想政治教育中的育人作用，探索可辐射、可推广的先进经验和典型做法。统筹推动学校阵地与社会基地、校内课程与校外实践、校内教师与校外导师的衔接互动，激发学生学习新思想、践行新理念的内生动力。深入拓展志愿服务工作，围绕"志愿＋专业""志愿＋文化""志愿＋科技""志愿＋国际"四大板块，打造志愿服务品牌项目。

第三节　学生党建创新的引领

高校党建工作的是文化育人取得成效的基础和关键,是贯彻党的教育方针、培养建设中国特色社会主义合格接班人的重要途径。学生党建是高校党的建设的主要组成部分,加强学生党建工作,把大学生培养成为党和国家需要的人才,这是一项重要的战略工程,也是筑美理念实施的引领工程,对于确保我们党胜利完成执政兴国的历史使命具有重大而深远的意义。

学生是高校的主体,高质量培养和发展学生党员,开展适应新时代学生并且具有成长意义的学生党建工作,可以回答"培养什么人、怎样培养人、为谁培养人"这些根本问题。当前,世情、国情、党情、教情正在发生深刻变化,对高职院校党建工作也提出了新的更高要求。作为高职院校,要紧紧围绕人才培养这一根本任务,坚持从实际出发,以改革创新精神不断提升基层党建工作水平,切实增强基层党组织的凝聚力和战斗力,打造富有学校特色和时代精神的筑美环境。

提高学生党建工作的质量

习近平总书记指出:加强党对高校的领导,加强和改进高校党的建设,是办好中国特色社会主义大学的根本保证。这是新时代高等教育办学与党建的方向指引,其关键在于如何提高党的建设质量,如何让高校党建创新更有实效。

高职院校是育人的场所,是社会主义合格建设者和接班人的输出口,只有在党的领导下,坚持以生为本,才能培养高质量的学生。大学时代是人生最美好的"黄金时代",是充满激情与理想的时代,大学生作为这一时代的主体,精力充沛,对未来充满希望,对生活充满热情。

提高高职院校学生党建工作的质量,推动党建工作更加贴近学生、贴近实际,对于落实立德树人根本任务,培养德智体美劳全面发展的中国特色社会主义事业合格建设者和可靠接班人,对于帮助学生坚定理想信念,激发学生积极进取意识,激励学生为实现中华民族伟大复兴的中国梦而努力奋斗,具有积极的现实意义。

强化学生党建的协同创新。做好学生党建工作是一项系统工程,需要推动党建工作协同,强化"一盘棋"思想,定期召开学生党支部书记联席会、交流会、协调会等工作推进会,切实加强学生党建工作的整体规划和统筹部署。选派学生党支部与合作企业的党支部之间进行结对共建,选派优秀党员教师与合作企业的党员职工之间进行深度交流合作,选派学生党员与合作企业的党员之间进行结对帮扶,通过结对建设使校企双方的党建交流更加深入。探索建立"校企党支部文化活动室""校企党员文化书架""校企党员之家"等活动场所,购置党建方面的报刊、书籍、画册、视频等资料,最大限度地方便校企双方党员借阅与学习。

跳出就党建抓党建的模式。按照复合型高素质技术技能人才的成长规律,坚持以学生为中心,把党建工作与学生实际相结合,防止党建工作与教学工作存在"两张皮"的现象。学校将学生党建工作渗透、覆盖到日常教学、校企合作、工学结合、跟岗实习、随岗实习和顶岗实习等在内的人才培养全过程,使之与教学工作紧密相连、相互融通、相互渗透、相互提高,在人才培养的具体实践中创新学生党建工作。

开展凸显价值的党建实践。党建实践要把握方向引领,系好学生人生第一粒扣子。充分发挥体验式教育的作用,通过定期开展党建主题教育活动,组织学生党员走出校门、走进社区、走入企业,引导学生党员把对党的热爱转化为具体的实际行动,引导学生以实际行动向党组织靠拢。开展凸显价值的主题教育活动,在服务"三农"、服务区域经济社会发展的实际行动中突出党建创新的主题,丰富党建创新的内容。加强党员仪式教育,学生党支部通过一张"政治生日"贺卡、一场集体座谈、一篇生日感言、一次谈心谈话等开展仪式教育,为每位党员过好"政治生日"。

拓展学生党建工作的平台。构建学生党员发挥先锋模范作用平台体系,在学生公寓楼开辟学生党员活动室,实行学生党员挂牌制度,开展学生党员主题活动。通过在学生公寓区开展"五早",即早睡、早起、早练、早读、早餐建设,使学生公寓区形成崇尚先进、学习榜样、争当标兵的良好氛围。建立学生党员服务队、学生党员责任区、学生党员示范岗等,发挥学生党员在班团组织建设、班风学风建设、学生园区建设、和谐校园建设中的骨干带头作用。

推进顶岗实习的党建创新。"学校不好管、企业不会管",这是目前顶岗实习期间学生党建工作的客观实际。学校建立校企联合党支部,让在企业进行实习、实训的学生党员积极参与到企业党组织的活动中去。通过参加企业的党组织活动,让学生党员更好地融入企业的氛围、充分地了解企业的文化,深入地了解企业员工的社会观、价值观、职业观和人生观,从而提高职业生涯规划能力、就业创业能力,塑造职业理想与职业尊严。

高职院校是对党输送新鲜血液的重要基地,必须解答好"培养什么样的人、如何培养人以及为谁培养人"这个根本问题,切实提高学生党建工作的质量,打造一批政治理论素养高、专业技术水平高的学生党员队伍,为实现中华民族伟大复兴的中国梦而努力奋斗。

走出一条学生党建新路子

高职院校作为高端技术技能人才的培育者、经济社会发展的助推者、中华优秀传统文化的传承者,在实现中华民族伟大复兴中国梦的征程中地位不可替代。加强党的建设,培养造就大批中国特色社会主义事业合格建设者和可靠接班人,是高职院校的光荣使命与责任担当。

高职学生党员直接流向生产、建设、管理和服务第一线,其思想观念、能力素质、作风形象,直接关系到社会最基层党组织战斗力的发挥,关系到党的工人阶级基础的巩固。江苏建筑职业技术学院作为一所具有优良军校传统的国家示范性高职院校,坚持以加强学生党员队伍建设引领人才培养,积极创新工学结合人才培养模式下的高职学生党员队伍建设,走出了一条加强学生党建工作的新路子。

一、构建大学生党员发展的新机制

高职学生在校时间一般为三年,生源结构多样化、差异化明显,这既是高职院校学生党建工作面临的客观问题,也是创新学生党建工作的基本立足点。学校着眼高职学生实际和成长特点,健全工作机制,规范工作程序,有力保障党员发展工作质量。

落实工作责任。成立学生党建工作领导小组,由学校主要领导担任组长,统筹推进学生党建工作。着眼于工作的制度化、规范化,完善党员发展制度与工作模板,使党员发展的各个阶段都有法可依、有章可循,实现规范操作与有效管理。把新生入党教育作为各基层党组织的基本任务,通过主题班会、专题讲座、党员现身说法等多样化方式,面向全体新生开展党的基本知识教育。基于培养目标达成度导向,反向设计大学生思想入党培养体系结构,制订培养计划,建立全过程培养工作规范。加强党课培训,构建入党积极分子、发展对象、预备党员、党员及党员骨干"五级"培训体系,实现党课培训全覆盖。

严把发展关口。严格执行入口要严、出口要畅、中间环节要加强的学生党建工作思路,坚持拓宽源头,早选苗、早启蒙、早教育、早培养,针对学生的特点,了解学生的现实需求,把学生入党的真实意愿和党员发展的相关要求紧密结合起来,引导学生积极向党组织靠拢。发展党员的过程中,坚持把政治标准放在首位,同时考查学生在学习、生活和工作中是否发挥先锋模范作用。坚持教育培训全覆盖,依托校院两级党校主阵地,实施申请入党人、入党积极分子和预备党员的三段式培训,引导学生树立科学的理想信念,端正入党动机。

建强党建队伍。学生党建需要强有力的队伍保障,才能保证学生党员工作有条不紊、高质量地完成。学校每个二级学院都配备一名以上组织员或党务秘书,负责做好党员发展工作。聘请离退休老同志担任特邀党建组织员,指导学生专业学习,关心学生政治进步。成立党员教师"专业导师团",建立党员教师"专业工作室",较好地解决了学生党建工作与专业教育"两张皮"的问题。选树身边的优秀典型,开展向优秀共产党员学习活动,使师生党员见贤思齐、学有榜样、做有对照。组织党支部书记培训班,通过专题讲座、案例分享、现场观摩、发放资料等形式,提高党支部书记党务工作能力。

二、搭建校企双主体党建育人的新平台

当前大学生以 00 后为主体,学生党员群体也不断发生变化,党员教育要紧跟时代潮流,充分运用新的理念和方法,引导学生党员增强党性、提高素质。特别是在工学结合、校企合作的人才培养模式下,高职学生校外实习时间一般在一年左右,这既是传统学生党建工作的真空期和盲区,也是新形势下创新学生党建工作的广阔空间。

近年来,学校坚持以生为本的理念,把学生党建工作深度融入"工学交替、校企合作,双主体育人"人才培养模式改革过程中,根据学生跟岗、随岗、顶岗三段式校外实训的特点,建立学生党员实习期间学习、教育和管理制度,实施学生党员校外实习"三站式"教育管理,全力拓展学生党员队伍建设平台,提升学生党员教育管理实效。

组建驻地工作站。依托江苏建筑职教集团内的建筑企业、徐工集团、中煤能源集团等优质企业,在企业组建"驻地"党建工作站。在学生"工作学期""预就业"期间,将理论教育融入专业学习、思想教育融入职业情境、党性教育融入岗位实践,通过校企双主体的齐教育、共培养、同考察,切实把党的工作延伸到企业、拓展到校外。

成立流动工作站。根据学生实习分布相对分散的状况,在学生党员相对集中的区域成立临时党支部或党小组,并选派党员专业教师担任学生党建工作指导员,定期进站辅导;在加强专业指导和实习检查的同时,开展积极分子、学生党员的培养、考察和管理工作,努力实现党的组织和工作的有效覆盖、有效管理。

建立网上工作站。将党支部延伸到网络,实现网上网下一体化管理。充分运用现代信息手段,建立学校顶岗实习网上综合管理系统,加强对入党积极分子、学生党员的监督管理,组建"红色网站""网上党校"、党员 QQ 群、党员微信群、微博等交流平台,打破时空限制,实现党建覆盖无盲区、培养考察不间断。

三、探索党员发挥作用的新途径

先进和优秀从来就不是空泛的,必须与实际相结合,体现在学生党员行动之中。针对高职学生文化基础相对薄弱,但技能要求比较高的特点,学校着力搭建形式多样的学生党员实践载体,充分发挥学生党员的积极作用。

亮明身份做示范。在公寓区打造思想教育引领、宿舍文化引领、文明行为引领、安全稳定保障和自我管理服务五大平台。建立党员责任区、党员联系班级、党员导学等制度,组织引导学生党员挂牌亮身份,带头刻苦学习专业知识,提升实践技能,弘扬文明新风,做成绩优良、品行高尚的校园先锋。举办优秀毕业生党员成长成才访谈、优秀学生党员事迹报告会等活动,加强价值引领与思想引导。

强化服务当标兵。在教育管理中,通过选拔学生党员担任助理班主任,开展学生党建进公寓、进社团等活动,设立学生党员之家、开展志愿服务、深入社区和敬老院、关心留守儿童等,让学生党员在实践中提高服务意识。通过给学生党员提要求、交任务、压担子,引导他们在服务师生、建设和谐校园过程中发挥先锋模范作用。

提高技能创品牌。培育具有工匠精神的高素质技术技能人才,既是高职院校人才培养的重要目标,又是高职教育发展的客观要求。高职学生将来要为国家和社会服务,学生党员是其中的优秀代表,更要锤炼本领,精于专业,发扬工匠精神。在技能实践中,学校组织顶岗实习党员开展"争做党员先锋、服务企业发展劳动技能大比武"等主题实践活动,学生党员以自身的高素质、高技能赢得企业的认可,成为校企合作的桥梁和"名片"。

第四章　立以美之根

学校文化的支撑,就像建筑物的地基一样。当建筑物建立起来之后,你看不见它的柱子、横梁与钢筋,但是少了它们,建筑物将会倒塌。文化就发挥这种作用,要把它提到一个新的高度来认识。"筑美",是一种理念,也是一种文化,其出发点就在于人的发展。高校要以校园文化建设为载体,着眼于精神文化建设,全心全意服务于学生的全面发展。同时,高校还要深刻认识到,筑美的实现必须以制度建设作为根基。加强制度建设是固本之举,也是筑美的重要保障。高校要回答好"办什么样的大学""如何办大学""培养什么样的人""如何培养人""以什么样的精神塑造人"等问题,必须以健全完善各项规章制度、创新管理体制机制为重点,不断规范学校内部治理体系,将各种育人资源和育人力量进行融会贯通,推动全体教职员工把工作的重点最终落脚于筑美的全过程,落实到筑美的成效上。

第一节　健全现代大学制度

高职教育是一种社会多元主体参与、内部资源与外部资源互为交融的开放式无边界组织模式,需要以创新、完善体制机制建设为保障,推进产教深度融合、校企全程合作,体现高职教育"高"与"职"的双重属性,彰显其作为类型教育的跨界特点。越来越多的高职院校日益认识到,提升学校的治理能力和水平,要有一整套紧密相连、相互协调、完备规范的制度体系作为支撑,必须从处于学校"宪章"和"基本大法"地位的大学章程抓起。这对于全面提升人才培养质量,保障推进筑美实践,具有十分重要的现实意义。

<h2 style="text-align:center">树立权威性是关键之举</h2>

制度建设在学校管理中具有举足轻重的作用,加强学校制度建设是实施依法治教、完善中国特色现代大学制度体系的具体举措,是学校依法自主办学的必然要求。

大学章程上承国家教育法律法规,下启学校规章制度,是大学办学的纲领性文件,是大学治理理念、治理结构的集中体现,是规范高校与政府、社会及其内部关系的基本准则。"良法"是"善治"的前提。高职院校推进大学章程制定,建立现代大学制度,必须始终坚持大学章程的权威性总纲,既要做好顶层设计工作,也要"接地气",及时吸纳基层创新,同时还要予以持续丰富完善。

一、强化顶层设计

系统观念是根本性、基础性的思想方法和工作方法,是增强发展的整体性、协同性的必由之路。大学章程的制定过程,不仅是对高校制度体系进行全面梳理、整体规划、系统设计的过程,也是系统化推进高校改革发展的重要环节。高职院校办学历史不长,需要通过大学章程的制定对自身的总体定位、奋斗目标、办学理念、办学特色等内容进行思想统一,需要对决策机制、运行体制、治理结构、民主管理、专业建设、校企合作、人才培养模式等内容进行总结提升。[①] 这些"上层建筑"在顶层设计阶段的系统性、整体性、协调性,将直接关联高职院校的长远发展。

高职院校在大学章程制定中,必须强化做好顶层设计工作。首先,要贯彻国家法律法规精神。高职院校章程制定既要依据《中华人民共和国教育法》《中华人民共和国高等教育法》《中华人民共和国职业教育法》《高等学校章程制定暂行办法》等法律或文件精神,也要及时将"加快现代职业教育体系

---

① 许青云:《新建本科院校大学章程建设的思考》,《国家教育行政学院学报》2013年第6期,第14～18页。

建设,深化产教融合、校企合作,培养高素质劳动者和技能型人才""加快推进职业院校分类招考或注册入学""试行普通高校、高职院校、成人高校之间学分转换,拓宽终身学习通道"等理念与要求纳入文本中来,体现大学章程的权威性与先进性。其次,要体现高职教育办学规律。高职院校章程制定要将高职教育的最新理论成果、实践成果、制度成果吸纳进来,章程文本要能够体现培养生产、建设、管理和服务第一线需要的高素质技术技能人才的培养目标;体现以服务为宗旨、以就业为导向、走产学研相结合发展道路的具体要求;体现校企合作、工学结合的人才培养模式;体现行业、企业、政府多方参与人才培养的办学体制。

二、吸纳基层创新

近年来,国家在引导提高高职教育办学水平、办学质量上做了大量工作,极大地激发了高职院校的建设热情和创造活力。一大批高职院校在创新校企合作办学体制机制、改革人才培养模式、提高人才培养质量、增强社会服务能力、跨区域共享优质教育资源、强化内涵建设、打造学校品牌等方面走出了新路。

如何总结提炼办学经验,弘扬办学特色,将高职院校在实践探索过程中取得的诸多突破与创新以"宪法"的形式固定下来,促成高职院校具有鲜明高职特色的现代大学制度的建立,应该成为大学章程制定重点关注的课题。高职院校要对已有的办学经验进行总结提炼,结合自身的改革发展实践,将政府主导、行业指导、企业参与的办学机制,工学结合、校企合作、顶岗实习的管理模式,产教融合、分类招考、现代职教体系构建等一些好的理念与做法即时转化、内化、固化为大学章程的内容,这在当前各高职院校同质化倾向相当严重的大背景下,显得尤为重要。

三、持续健全完善

大学章程制定是一个由浅入深的探索过程,不可能一蹴而就,它要随着学校的改革发展、各方面意见的反馈而不断丰富完善。与本科院校不同,高职院校章程的制定需要有一个难题难点的攻关期、一个试行和逐步完善期,这也是一个促进反思和形成共识的时机,之后仍需不断吸收改革探索成果。为此,高职院校要坚持摸着石头过河的理念。特别是当前,高职教育正处于全面深化改革的攻坚期,章程的制定也应以辩证发展的观点去正确看待,及时将校企深度融合、现代职教体系建设、开放式办学等改革发展成果通过合法程序吸纳进章程文本。

伴随高职教育进入加强内涵建设、提升办学质量的新阶段,加强大学章程建设成为高职院校完善治理结构、建立现代大学制度和提升治理能力的重要载体。高职院校只有在教育教学、师资队伍、人事体制、专业布局、治理体系和资源配置等方面进行优化布局,未来的发展才更具潜力和动力。

为推进治理水平的稳步提升,学校在健全现代大学制度上进行了积极探索,通过管理制度的创新,不断激发育人的活力。在内部治理体系健全上,谋划推进学校、行业、企业、社区等共同参与的办学机制,促进学校治理能力现代化。在校院两级体制改革上,按照学院为实体、权责匹配的基本原则,有效激发二级学院办学活力和内生动力,努力形成权责清晰、目标明确、制度规范、考核标准完善、激励体系健全、充满活力、富有效率、科学发展的校院两级管理体制机制。在专业群建设优化上,探索以专业群建二级学院的新思路新探索,推进专业群实体化运作,面对高职百万扩招所带来的生源变化,重构学校教材体系、课程体系、实践教学体系,按照育训结合、长短结合、内外结合要求,加大高质量职业培训的力度。

可操作性是生命力之本

大学章程贵在执行,因此,应具有很强的可操作性。高职院校大学章程建设要坚持原则性与可操作性有机结合,使章程内容具有明确的权力边界和操作程序,能够与国家法律法规和学校各项规章制度进行有效衔接,通过内外结合、统筹推进,切实增强章程文本的可操作性。

一、完善内部的治理结构

完善高校内部治理结构是推进现代大学制度建设的重要内容,主要是要配置好高校内部的各种权力资源。完善治理结构才能打好现代大学制度建设的根基,提升高校的治理能力。大学章程必须对学校基本制度体系进行科学构建,使其全面反映学校的管理体制和运行机制,传承学校的办学目标、办学理念、特色定位、优良传统和主要任务;必须对学术权力和行政权力的关系以及学术组织内部的关系进行科学界定。

相较于本科院校而言,高职院校的办学历史较短、办学规模较小、管理层级较少,导致学校行政权力的控制力、影响力更大一些,学术力量更薄弱一些。这就要求高职院校章程必须科学构建符合自身校情的基本制度体系,促使学校办学活动沿着规范的法制化轨道运行。比如,在学术治理结构中,本科院校通常成立学术委员会、教授委员会、校务委员会等,但多数高职院校在管理机制上缺乏教授民主参与机制,教授数量不太充足,结构也不尽合理。因此,高职院校绝不能照搬照抄、简单借鉴本科院校章程内容,必须在契合自身实际的基础上进行制度创新,科学构建基本制度体系,不断完善优化学校内部治理结构。

在大学章程确定的基本制度体系构建基础之上,还需要制定一系列具体的制度与之相配套。高职院校的制度文化建设一般缺少历史积淀,容易出现制度设计缺乏科学性论证、制度内容缺乏合法性审查、制度之间缺乏一致性协调、制度执行缺乏有力保障和监督等问题。高职院校要通过大学章程制定,认真清理、评估、修改、完善校内各项具体规章制度,对党委会议事规则、校长办公会议事规则、"三重一大"实施办法(即重大事项决策、重要干部任免和重大项目投资决策)、教代会制度等规章进行修订完善。学校各单位各部门也要以大学章程制定为契机,对已有规章制度进行全面梳理,严格工作规范和办事流程,提高管理的制度化和科学化水平。

二、正确处理好外部关系

大学章程制定的过程,既是理顺管理体制、科学管理大学的过程,也是大学不断落实和扩大办学自主权的重要过程。长期以来,高职院校办学缺乏相对自主的环境。基于这一背景,高职院校要充分利用大学章程制定契机,逐步改变这一现状。一方面,高职院校在大学章程制定过程中,要落实和扩大学校办学自主权,重点明晰学校和政府之间的权责关系,凡是涉及与举办者权利、义务关系的内容,要与举办者、主管教育行政部门及其他相关部门进行充分沟通、协商。另一方面,政府部门应切实转变工作职能,认真履行应尽职责;要立足于高职教育的健康可持续发展,着力健全公平透明的经费拨付机制、人才引进权力下放机制、招生指标分配调整机制和校企深度合作促进机制等;要放手让高职院校根据市场需要和教育规律去加强人事管理、完善教师评聘、调整专业设置,让高职院校的改革活力竞相迸发、创新源泉充分涌流。

校企合作是我国高职教育改革、建设和发展中的重要特征,是培养高素质技术技能人才的有效模式。相比较本科院校而言,高职院校的发展更加离不开行业、企业和校友的支持,更加需要社会力量参与办学。近年来,高职院校在校内外实训、实习基地建设,专业、课程、教材建设,双师型教师、企业订单班人才培养,毕业生就业市场开拓,职教集团作用发挥,协同创新中心实施等方面与行业企业的合作越来越广泛和深入,对校友资源的挖掘使用越来越充分,这迫切要求高职院校在大学章程制定中将这部分内容以制度形式固定下来,以便更好地促进高职院校外部治理结构的形成。

办学主体的权益要保障

大学章程应当对大学的办学理念、办学特色进行凝练与升华,体现大学的个性与特色。高职院校章程制定要紧密结合校史校情、秉承优良传统,将坚持以生为本、保障师生权益等核心办学理念纳入大学章程文本中。

一、坚持以生为本的理念

近年来,高职学生的主体意识、个体意识、民主意识、理性思考与选择能力在不断增强。这既是时代之需,也是现实使然。这必然要求高职院校在大学章程制定中对学生主体地位进行尊重和保护。然而,在高职院校的现行权力运行体系中,学生的权利往往处于真空地带,话语权也常常被无端忽视。高职院校在大学章程制定中必须发出自己的"好声音",从组织架构上保障学生的自治能力,科学设计学生参与学校治理的具体路径,促使学生不断明确自身责任、权利和义务,增强社会责任感、创新精神与实践能力。

高职院校要通过完善治理结构、合理配置各种权力关系,把出发点与落脚点坚定不移地放在学生身上,充分发挥学生的主观能动性,切实尊重学生的主体地位、发展权、知情权和申辩权等权益,让他们获得最适合的教育与最优质的服务。

二、切实保障教师的权益

大学章程与教师的教学、科研、社会服务、人事管理、生活以及个人发展息息相关,大学章程制定必须切实保障教师权益。高职院校由于其自身发展的局限性、受国家经济实力的制约和自身可持续发展的需要,走专职和兼职教师相结合的道路是师资队伍建设中的一个长期战略选择。在大学章程制定中,高职院校必须尊重这一特殊校情,对专兼职教师的权利与义务进行明确规定。只有使专兼职教师真正成为章程的受益者、制定者和守护者,大学章程才会具有强大的生命力。

教代会是教师参与民主管理、民主监督的重要形式,部分高职院校在学校管理运行中存在教代会召开"走过场""形式主义"等问题,存在教师民主参与意识不强现象。要改变这些现状,就必须在大学章程中明确教师参与民主管理的范围与议事规则,健全教师权利保障与救济机制,落实民主监督制度,积极推进教师参与民主决策和管理监督,从而逐步实现高职院校依法治校的良好局面。

三、各利益主体的平等参与

高职院校章程要增强约束力和公信力,必须使各利益相关方平等参与章程制定全过程,使各利益主体的合理诉求能够得到充分表达。职业教育提倡各利益主体参与民主治校,高职院校要借助大学章程制定,努力建立一个包括各利益相关方民主参与、民主监督、民主管理的决策体制与机制。要明确教职工、学生、举办者、管理者、合作行业企业、校友的权利与义务,让他们都有积极参与民主治校的权力,真正实现学校权力制衡和民主监督。①

在章程制定的过程中,高职院校就要充分调动各利益主体民主参与的积极性。章程的制定绝不仅仅是少数领导和行政部门的事情,也必须有教师的广泛参与。要充分发扬民主,召开不同层面的座谈会,广泛听取师生对大学章程制定和学校内部管理体制改革的意见和建议,把大学章程制定的过程深化为增强全校师生民主管理意识、凝聚共识、增进和谐的过程。

---

① 任君庆:《如何制定高职院校章程》,《职业技术教育》2013 年第 27 期,第 25 页。

四、遵守合法规范的程序

程序是民主和正义的保障，只有遵循科学规范的基本程序，才能确保合理合法的实体结果。从大学章程制定程序上来说，遵循基本程序是保障大学章程合法性的重要前提，是保证大学章程内容能够得以贯彻落实的基础条件。

大学章程制定过程也是高校内部"立法"的过程，必须遵守合法、规范的程序。在大学章程制定过程中，应注意从专题讨论、起草组织、征求意见、审议表决、监督公示等环节上进行严格把控，努力做到体系科学、程序严谨、制度完备。① 其中有三个关键环节比较重要，高职院校必须严格遵守。一是起草之前必须吃透文件精神。高职院校要深入开展学校章程制定与内部管理体制改革的学习与讨论，从原则、内容、程序和效力上准确把握大学章程的内涵，深刻理解现代大学制度的基本理念和内涵。二是起草人员组成必须科学合理。高职院校要成立章程起草小组，成员包括学校领导、管理人员、教师、学生、校友、法律专家、企业家等多个层面的人员。只有具备不同学科背景、年龄结构、职称学历、资历经验的起草人员参与到章程制定过程中，高职院校的章程才能充分表达各方利益诉求，才能得以切实执行。三是起草过程必须严谨客观。高职院校章程起草时，要组织人员深入行业企业、兄弟院校、各基层单位进行走访调研，开展分析论证工作。要始终坚持立足于校情校史，切实尊重学校办学传统。要充分借鉴本科院校大学章程制定经验，参考大学章程相关理论研究文章，为高职院校大学章程起草提供丰富的素材和广泛参照。

第二节　抓住立德树人着力点

习近平总书记强调，培养什么人，是教育的首要问题。我国是中国共产党领导的社会主义国家，这就决定了我们的教育必须把培养社会主义建设者和接班人作为根本任务，培养一代又一代拥护中国共产党领导和我国社会主义制度、立志为中国特色社会主义奋斗终生的有用人才。这是立德树人的根

---

① 陈立鹏，符琼霖：《我国大学章程建设之路》，《光明日报》2013 年 9 月 25 日，第 16 版。

本着力点和恒定主题，必须旗帜鲜明地坚定贯彻，把立德树人的成效作为检验学校一切工作的根本标准。毋庸置疑，职业教育是培养职业所需的技术技能教育，更是培养社会主义建设者和接班人的"立德树人"教育。① 随着产业升级、社会转型对人才培养不断提出新要求，如何从专注技术技能向立德树人转变，成为高职教育面临的历史性课题。

立德树人要落实在行动上

大学教育，育人为本。德智体美劳，德育为先。高校的立身之本在于立德树人。立德树人不仅是高校立身之本，也是大学人才培养之本。大学是培养人才的地方。纵观大学发展史，尽管其职能随社会发展不断拓展，但培养人才的核心使命却始终未变。

国无德不兴，人无德不立，高校立身之本在于立德树人。这不能停留在口头上，而应落实到实际行动中。首先，要明确立德树人到底要立什么德、树什么人。"德"是文化的核心，是构成一个国家、一个民族凝聚力的重要源泉。从古至今，中华民族都十分重视"德"在国家和人民中的培育，坚信"国无德不兴，人无德不立"。立德，就是要引导学生做到"明大德、守公德、严私德"，特别是要树立共产主义理想信念之"德"，贯彻落实习近平新时代中国特色社会主义思想，自觉践行社会主义核心价值观，为社会主义现代化建设服务。

立德树人的成效应作为检验学校一切工作的根本标准。教师要围绕这个目标来教，学生要围绕这个目标来学。立德，不仅在于一般意义上作为人的道德养成，更在于具体人的私德和整体社会公德的统一，还在于大爱、大德、大情怀的养成。

关于如何"树人"，历来备受重视。孔子曰，兴于诗，立于礼，成于乐。毛泽东指出，欲文明其精神，先自野蛮其体魄。朱光潜则认为，要求人心净化，先要求人生美化。虽然侧重点不同，却讲出了同一个道理：仅用专业知识教育人是不够的，要通过学习让学生拥有高尚的品德、创新的思维、健康的体魄、良好的审美、劳动的习惯，这才是教育的题中应有之义。

---

① 朱爱胜，承剑芬：《匠心独运 甲子生辉——无锡职业技术学院文化育人研究与实践》，高等教育出版社 2019 年版，第 143 页。

立德树人关键在于落实,否则一切都是空谈。江苏建筑职业技术学院在办学实践中,立足长远,既注重学生品德的养成,也凸显学生职业精神的培养,更加强化作为文化支撑的育人氛围的营造,从而实现"树人"目标。

把立德树人落实到学生发展上。当前,学生的人生目标更加多样,价值观更加多元,接受新思想新知识的渠道更加多面,大学生活也更加多姿多彩。面对这样的大学生,学校更加重视因材施教,真诚突出学生的主体地位,着眼于学生健康成长,不断改进教育教学方法,努力发展每一名学生的优势和潜能,帮助学生把自己的兴趣和国家发展的目标更加紧密地结合起来。在实践教学中,学校引领学生运用马克思主义的立场、观点、方法分析和解决现实问题,以知促行、以行促知,树立与时代同心同向的理想信念,培养学生扣好人生"第一粒扣子",促进学生可持续发展,为学生实现更高质量就业和职业生涯更好发展奠定基础。

把立德树人落实到教书育人上。三尺讲台虽小,立德树人责任重大。教书育人是教师的第一要务。知识传授与价值引领是内在统一的。学校要求所有教师都要做学生健康成长的指导者和引路人,对现行培养方案的课程进行科学分析,梳理各门专业课程所蕴含的思想政治教育元素和所承载的思想政治教育功能,纳入专业课教材讲义内容和教学大纲,作为必要章节、课堂讲授重要内容和学生考核关键知识点。学校引导教师把主要精力用在教学上,通过改进评价体系,强化激励措施,奖惩并举、奖优罚劣,引导和激励教师坚持教书和育人相统一、言传和身教相统一、潜心问道和关注社会相统一、学术自由和学术规范相统一。鼓励教师创新教学方式、充实教学内容、丰富社会实践,努力为学生提供更好更适合的教育。

把立德树人落实在培养体系上。人才的质量不仅体现在"技"上,更突出表现在"德"上。学校把立德树人融入思想道德教育、文化知识教育、社会实践教育各环节,内化到学校建设和管理各领域、各方面、各环节。完善德智体美劳全面培养的育人体系,科学设计专业体系、教学体系、教材体系、管理体系,将此作为学校铸魂育人工作的重中之重。

把立德树人落实到课堂阵地上。立德树人工作需要良好的生态,需要全方位全过程的文化熏陶和价值引导,而这绝非只是思想政治理论课的"独角戏"，需要全课程的"大合唱"，这样才能做到全员育人，才能形成合力。课堂是学生获取知识和思想的主渠道，培养社会主义合格建设者和接班人，需要各门课都守好一段渠、种好责任田，坚决守住课堂教学的主阵地。学校将立德树人贯穿培养方案制定、教材选用、课堂教学、实验实训、课程建设、教学评价等各环节，让专业老师、兼职老师、专业课程、公共课程都动起来，推动各类资源、力量与思想政治理论课同向同行，形成协同育人效应。

爱国主义精神要牢牢扎根

在中华民族几千年绵延发展的历史长河中，爱国主义始终是激昂的主旋律，始终是激励我国各族人民自强不息的强大力量。[①] 爱国主义是中华民族的民族心、民族魂，是中华民族最重要的精神财富，是中国人民和中华民族维护民族独立和民族尊严的强大精神动力。

古往今来，爱国主义教育都是中国教育中最重要的主题和内容。中国历史上的"圣学""道统"，无不渗透着爱国主义观念的灌输和教化；中华民族所崇尚的"天下大同""兴国安邦""精忠报国""协和万邦"，无不映射着爱国主义教育的主题和成效。[②] 如何开展好爱国主义教育，是当前高校需要研究的重要课题。高校要加强顶层设计，结合实际充实教育内容，突出主题主线。比如，可以通过开展中国特色社会主义和中国梦的教育，引导学生不断增强中国特色社会主义的道路自信、理论自信、制度自信和文化自信。

加强爱国主义精神教育还要注意方式创新，其中大型活动是开展爱国主义教育的重要载体，对厚植爱国主义情怀、弘扬爱国主义精神具有非常重要的作用。新中国成立70周年之际，江苏建筑职业技术学院全体师生在鲜艳的五星红旗下，燃情歌唱，随音乐表达爱国情，用歌声传递自豪感，以昂扬的精神面貌，喜迎新中国70华诞，深情表白"我爱你，中国"。

这是一次全体师生的升国旗仪式，更是一堂别开生面的爱国主义思政课，大大激发了广大师生的爱国情、报国志，让爱国主义在每个师生心中落地生根。2019年9月27日早晨，学校14 000余名师生举行隆重的升国旗仪

① 杨建新：《加强大学生中华优秀传统文化教育》，《光明日报》2019年1月24日第6版。
② 张智：《今天，我们需要怎样的爱国主义教育》，《光明日报》2019年10月28日第2版。

式,通过国旗下讲话、巨幅国旗传递、万名师生同唱《我和我的祖国》等丰富多彩的形式,庆祝新中国成立70周年,集体向祖国深情告白:我爱你,中国!

"我和我的祖国,一刻也不能分割;我最亲爱的祖国,我永远紧贴着你的心窝……"在鲜艳的五星红旗下,全体师生以昂扬的精神面貌,共同唱响《我和我的祖国》。歌声响彻校园上空,师生用歌声向祖国告白,唱出对祖国的美好祝福和热爱,并以此表达"爱国奋斗正当时,建功立业新时代"的决心。

现场一片五星红旗的海洋。在充满激情的歌声中,伴随方阵的精彩变换,3 000多名学生传递着1 500平方米的巨幅国旗,让国旗在大家的托举下翻腾着;14 000余名师生14 000余面小国旗,大家同唱一首歌,同举一面旗;脸颊、额头、手臂等处贴着国旗贴,将爱国情怀和民族自豪感诠释得淋漓尽致。

巨幅国旗前方,还有一个由1 200名学生组成的方阵,他们以整齐的队列动作、良好的精神风貌,用手中的花束创意展示了"不忘初心 牢记使命"、"1949"、"2019"、"70"等爱心、党徽图案,共同向新中国成立70周年献礼。校园内,"欢度国庆,祖国您好,我爱你中国、青春心向党、筑梦新征程、庆祖国华诞、谱职教华章、祝伟大祖国繁荣昌盛、迎中华民族伟大复兴"等横幅标语,营造了庆祝新中国成立70周年的浓厚氛围。

这一天,江苏建筑职业技术学院以青春之名为祖国点赞;这一天,江苏建筑职业技术学院向祖国献上最深情的告白;这一天,江苏建筑职业技术学院五星闪耀、师生别样"红"。可以说,在新中国成立70周年之际,江苏建筑职业技术学院师生以特有的红色情怀点亮爱国热情。

这是一次全新尝试,更是一次精神洗礼。活动展现了学校师生热爱祖国、团结奋进、朝气蓬勃、砥砺前行的精神风貌,激发了全体师生的爱国情怀和民族自豪感,激励了广大师生以昂扬的姿态、扎实的学识、娴熟的技能、创新的视野为实现中华民族伟大复兴而奋斗,为中国梦贡献更多的青春和力量。

爱国主义不是空洞的口号,不是虚无缥缈的海市蜃楼。在开展爱国主义教育实践中,高校要教育学生用实际行动践行"爱国",表达"爱国",拿出实质性举措带动学生把自己的理想同祖国的前途、把自己的人生同民族的命运紧密联系在一起,让爱国主义精神牢牢扎根。

让思政课走进学生的心灵

习近平总书记在学校思想政治理论课教师座谈会上的重要讲话中提出，思政课是落实立德树人根本任务的关键课程。作为落实立德树人根本任务的关键课程，思政课教学要想进入大学生的心灵，让大学生真心实意地喜爱，给大学生心灵埋下真善美的种子，首先必须使自身有魅力。

思政课是帮助大学生树立正确世界观、人生观、价值观的核心课程，是高校思想政治教育的主渠道，对于促进大学生的全面发展起着举足轻重的作用。思政课要想把大学生注意力真正吸引到课堂上来，有很多现实的挑战，必须想方设法让思政课充满魅力，让思政课教师队伍强起来，让教学方式活起来。

思政课的教学魅力，首先来自它的思想魅力。思政课要上好，关键是"思"，重点是"政"，载体是"课"。思政课要想吸引人、感染人、打动人，就必须葆有思想的品质，通过课堂把政治讲得理直气壮，讲得直抵人心。这是一件技术含量高、难度系数非常大的工作。思政课的授课对象是人，不是让学生去记住结论，而是要读懂思想。有思想的思政课，才能让学生洞察"说法"背后所蕴含的"想法"和"方法"，领会"道理"之中所蕴含的"真理"和"情理"。只有以思想的逻辑撞击心灵，才能透过"熟知"领悟"真知"，才会有醍醐灌顶和豁然开朗之感。

应当看到，当前不同思想文化观点交流交融交锋，特别是随着互联网等新的信息传播渠道的迅速发展，高校思想政治教育工作面临着许多新情况、新任务、新课题，这对思政课教师的能力水平是一个重大考验。

先有好的教师，才有好的教育。教师是办好思政课的关键，思政课的教学魅力，从根本上取决于思政课教师的人格魅力。上好思政课说难其实也不难，教师用心，学生就会动心。亲其师，方能信其道。思政课是铸魂育人、立德树人的特殊课堂。思政课教师作为价值观的传播者和塑造者，在一定意义上可以说是思政课的人格化存在。因此，建设一支政治素质过硬、业务能力精湛、育人水平高超、数量质量兼优的思政课教师队伍，显得尤为重要。学生往往会从思政课教师身上去领会、印证他所言说的价值观内容。只有有思想的教师，才能讲出思想的水平；只有有信仰的教师，才能讲出信仰的意蕴。

教学是一门科学，也是一门艺术。思政课教学不能仅仅是"照着讲""端着讲""绕着讲"。照着讲，即照本宣科讲，不能触动灵魂；端着讲，即端着架子讲，无法贴近学生；绕着讲，即绕着问题讲，不能抓住难点重点。思政课教师应紧扣时代主旋律，直面学生的现实问题和生活世界，引入生动案例增强教育内容鲜活性，这样才能够引导学生的心态从被动式"要我听"转变为主动式"我要听"。

学生喜欢、接受思政课，很大程度上还取决于思政课的教学形式，高校要探索创建以课堂教学为主体，网络教学、实践教学、文化浸润为补充的立体化教学模式，探索利用任务驱动式教学法，让手机从低头的工具变成抬头的利器，使大学生不仅提高"抬头率"，还要提高"点头率"。比如，"学习强国"平台已成为推动全党大学习的有力抓手，思政课教师可以鼓励学生依托"学习强国"等平台，了解国家时事政治，有效加强学生的思想政治教育。

当前，00 后学生思维活跃、知识面广、主体意识强，具有开放、自信和国际化的特征，面对新形势、新问题、新挑战，上好思政课程，就要在守正的基础上，不断推动改革创新。当前，高校思政课教师可以尝试混合教学模式，比如线上线下、课内课外、校内校外、理论实践相结合等；可以依托网络学习空间，按照"内容先进化、方法实用化、资源碎片化、教案表格化"开发微专题；可以围绕单个知识点、主题、活动或者学生关注的时事热点等开发微课视频；可以建立标准库、视频库、案例库、概念库、原理库、方法库等网络资源库，实现资源集成与共享，满足学生个性化学习和即时学习需求。

"师者，人之模范也。"思政课教师是新时代中国特色社会主义的传道者，责任重大，使命光荣。要让思政课走进学生的心灵，必须用好思政的"盐"，才能讲出真理的"味"。有位思想家说得好：教育的本质就是一棵树摇动另一棵树，一朵云推动另一朵云，一个灵魂唤醒另一个灵魂。有思想魅力和人格魅力的思政课，才能以理服人、以文化人，才能春风化雨、浸润人心，才能成为学生真心喜爱、终身受益的魅力课堂。

第三节　弘扬红色文化主旋律

红色文化是中国共产党领导中国人民在革命、建设和改革的伟大实践中创造、积淀和发展而形成的文化，是中华民族近代史上最灿烂、最绚丽的篇章，蕴含了坚定的理想信念、厚重的价值力量、崇高的革命精神、高尚的人格魅力、独特的育人功能，具有超越时空的强大感染力、冲击力和吸引力，是中华民族宝贵的精神财富。

习近平总书记强调："要把红色资源利用好、把红色传统发扬好、把红色基因传承好。"[①]从山东沂蒙到陕西延安，从江苏徐州到江西南昌，习近平总书记以自己的实际行动向社会传递"共和国是红色的，不能淡化这个颜色"。"红色基因就是要传承，中华民族从站起来、富起来到强起来，经历了多少坎坷，创造了多少奇迹，要让后代牢记，我们要不忘初心，永远不可迷失了方向和道路"的内涵信息。

红色文化是涵养社会主义核心价值观的重要源泉，红色文化资源是优质的教育资源。高校作为社会主义人才的培养摇篮和社会主义文化建设的重要阵地，应以红色文化引领大学生思想政治教育，把革命传统内化为青年学生的道德标准和行为准则，让学生通过情感体验，形成爱校、爱党、爱国的情结。

运用红色文化开展学生思想政治教育是时代的诉求。江苏建筑职业技术学院根植于徐州得天独厚的红色沃土，近年来，学校将红色文化资源融入立德树人过程，在"把红色资源利用好、把红色传统发扬好、把红色基因传承好""让红色成为学校教育最亮丽、最厚重的育人底色"等方面，积极创新红色文化育人模式，不断提升红色文化育人针对性，有效发挥红色文化育人功能，开展了积极探索并取得明显成效。

红色文化的育人价值

红色文化为高校思想政治教育提供了优质文化资源与正确价值导向。

---

① 贯彻全军政治工作会议精神 扎实推进依法治军从严治军，新华网，2014 年 12 月 15 日。

对新时代大学生开展红色文化教育,是落实"培养什么样的人、如何培养人以及为谁培养人"的具体要求,也是培养担当民族复兴大任时代新人的重要举措。

红色文化为开展思想政治教育提供优质文化资源。加强高校思想政治工作,推进以文化人、以文育人是重要途径,也是办好中国特色社会主义大学的内在要求。红色文化作为先进文化的代表,以其深刻的思想内涵和先进文化的价值,生动诠释了中国共产党人的理想信念、政治立场、爱国情怀和道德追求。在对大学生进行世界观、人生观、价值观以及利益观教育中,都可以在丰富的红色文化资源中找到鲜活的、感人的、打动人心的真实素材。比如在讲到新民主主义革命取得胜利的原因时,依托淮海战役所蕴含的淮海战役精神等红色文化资源,通过与红色革命历史事实进行对话,让大学生在历史的时空碰撞和有说服力的事实面前亲自去感知体验,避免了空洞的说教,能够起到理想的教育效果。因此,红色文化资源可以极大丰富高校思想政治教育内容,弥补现有教学资源不足,增加思想政治教育吸引力和说服力,进而提升思想政治教育实效性。

红色文化为培养有崇高理想信念的大学生提供价值观导向。高校思想政治教育的重要目标之一就是引导大学生树立正确的价值观。大学时期是一个人价值观形成的关键时期,也是崇高理想信念形成的重要时期。习近平总书记与大学生座谈时强调:"要树立正确的世界观、人生观、价值观,掌握了这把总钥匙,再来看看社会万象、人生历程,一切是非、正误、主次,一切真假、善恶、美丑,自然就洞若观火、清澈明了,自然就能作出正确判断、作出正确选择。"①新时代大学生,担当着实现中华民族伟大复兴的时代大任,他们信什么理论、举什么旗帜、走什么道路,在一定意义上决定了国家的前途命运。当今世界处于百年未有之大变局,复杂多变的世界局势对大学生产生着剧烈的思想冲击。另外,我国社会转型中遇到的种种社会问题也常常引发大学生的思想困惑,他们的理想信念、人生追求、对各种问题的看法不可避免存在一定差异。新的时代背景下,大学生的价值观迫切需要科学理论引领。红色文化

---

① 《习近平谈治国理政》第 1 卷,外文出版社 2018 年版,第 173 页。

是中国共产党带领中国人民站起来、富起来、强起来的历史见证,作为先进文化其内涵丰富、内容生动,对大学生崇高理想信念的形成具有积极的价值观导向作用。

红色文化为塑造大学生良好品德汲取道德正能量。道德是提高人的精神境界、促进人的自我完善、推动人的全面发展的内在动力。红色文化继承了中华民族优秀的道德传统,是中国共产党人、人民军队、一切先进分子和人民群众在中国革命、建设和改革的实践中不断创新发展的精神成果,包括艰苦奋斗、勤奋务实、诚实守信、爱国主义、集体主义等具有时代价值的优秀道德品质,为塑造大学生良好的道德品质汲取正能量。当今社会,在价值多元和文化多元的双重冲击下,部分大学生出现责任感不强、诚信意识较差、集体观念淡薄、吃苦精神缺乏、务实创新能力不足等问题。发挥红色文化的道德教化功能,在大学生思想政治教育中的作用显得越来越必要。作为先进的文化形态,红色文化丰富的道德内涵以及其规范、调节、引导、激励、导向等功能,在大学生思想道德建设中有着独特作用,为培养德智体美劳全面发展的大学生发挥着重要作用。以艰苦奋斗精神来说,红色文化蕴含着艰苦奋斗、勤俭节约的道德品质。在革命战争年代,中国共产党带领中国军队和广大群众凭借顽强的革命意志战胜种种艰难险阻,迎来革命的最后胜利。新时代的大学生成长在和平时期,物质生活极大丰富,往往在学习工作中缺少吃苦精神,应该从红色文化中学习并践行艰苦奋斗精神,提高忧患意识。

高职院校肩负为国家输送生产、建设、管理、服务一线的高素质技术技能人才的重任,需要以学生喜闻乐见的形式,培养学生爱国敬业、精技强能、追求卓越、敢为人先、勇于担当的价值观念,以文化形态的选树回答"培养什么人""如何培养人""为谁培养人"的根本问题。

江苏建筑职业技术学院有开展红色文化教育的优良传统。学校在军校时期形成了"特别能吃苦、特别能战斗,知难而上、开拓奋进,敢打敢拼、一往无前"的红色禀赋,在煤炭院校时期,形成了"我靠学校生存,学校靠我振兴;学校光荣我光荣,我为学校争光荣;自加压力、负重奋进,样样工作争一流"的红色品格,在高职院校时期,彰显了"校兴我荣、校衰我耻,敢为人先,勇挑重担"的红色气质。随着时间的推移,这些红色文化的价值与影响力越来越充

学校举办徐州市红色基因·故事大赛

分地显现出来。可以说,学校将军校红色文化基因一直传承维系至今,并在不同的发展阶段有所创新,较好发挥了红色文化"爱国、牺牲、奉献"内涵在校园文化中的方向引领作用。

红色文化的传承发扬

　　徐州是淮海战役精神发源地,红色文化资源非常丰富。2017 年 12 月,习近平总书记视察淮海战役烈士纪念塔和王杰生前所在连队时,再次强调红色基因的传承。无论是淮海战役孕育的淮海战役精神,还是王杰班的"两不怕"精神,都是具有永恒价值的优秀红色文化,对于培养能够担当民族大任的时代新人具有重要意义。

　　徐州红色遗址遗迹数量众多、覆盖面广。淮海战役烈士纪念塔、淮海战役碾庄圩战斗纪念馆、黄百韬兵团指挥部旧址、新沂十人桥遗址、吕梁狼山阻击战烈士陵园、吴亚鲁革命活动旧址、小萝卜头纪念馆、李超时纪念馆、宋绮云烈士故居、王杰烈士纪念馆、马陵山宿北大战纪念碑亭、贾汪起义纪念馆、运河支队抗日纪念馆、徐州会战纪念馆、禹王山抗日阻击战遗址纪念园等一大批红色文化资源,内容丰富、主题多样,是人们重温革命历史、感悟革命精神,强化报国之志的鲜活教材,是开展爱国主义教育和革命传统教育的重要阵地,是培育和践行社会主义核心价值观的窗口平台。

近年来,徐州大力弘扬淮海战役精神,紧跟时代步伐,创新传播运用,创作《人民母亲》《淮海儿女》《血色秋风》《小萝卜头》等经典红色剧目,通过红色故事传承红色经典、弘扬红色文化。聚焦传承育人,推动爱国主义教育基地和党性教育基地建设,打造一批以红色文化为主题的研学旅游、体验旅游、休闲旅游等红色名片,让红色精神传承下去,使徐州成为以弘扬淮海战役精神为标识的红色教育大本营。

江苏建筑职业技术学院在办学实践中,积极发挥红色文化在大学生思想政治教育中的重要作用,积极研究开发红色文化资源成果,调动各方参与红色教育的积极性,创新红色文化融入思想政治教育的形式和内容,让红色文化在学校思想政治教育中得以传承和发扬。

一、做好顶层设计,完善红色文化育人体系

习近平总书记在全国高校思想政治工作会议上强调,党委要保证高校正确办学方向,掌握高校思想政治工作主导权,保证高校始终成为培养社会主义事业建设者和接班人的坚强阵地。高校是中国共产党领导下的中国特色社会主义高校,坚持和加强高校党的全面领导,是培养社会主义事业合格建设者和接班人的根本保证。因此,高校党委应该对大学生思想政治教育工作实行全面领导,在红色文化融入高校思想政治教育工作中把方向、管大局、做决策、保落实,做好顶层设计。

高校党委要加强组织领导、科学规划,协调组织、宣传、教务、学工等部门工作,明确各部门主体责任,形成团结协作、齐抓共管的红色文化育人体系。高校可以根据自身的办学特点、行业企业需求,人才培养标准,结合当地红色文化资源系统构建从培养目标、育人内容、实施过程到措施保障等较为完整的红色文化育人体系。在实施过程中,从制定红色文化育人制度、打造红色育人队伍、拓展红色实践基地、厚植红色资源环境等方面对接大学生思想政治教育要求、专业教学要求和职业岗位要求,把红色文化和人才培养紧密结合起来,落实立德树人根本任务。江苏建筑职业技术学院成立了由党委书记、校长担任双组长的文化育人工作领导小组,出台文化育人实施意见,制定完善十多个系列配套文件。在组织引导、政策激励、教学融入三个维度,从文化研究、教育教学、主题活动、社会实践四个层面全面推进文化育人。建立文化育人工作领导、协调、运行、保障和评价五个机制,通过文化育人的制度、队伍、项目、环境、基地建设和成果孵化六个路径,持续开展红色文化育人实践,有效保障红色文化育人实践持续开展,形成了建筑类职业院校红色文化育人江苏建院方案。

二、明确职责任务,打造红色文化育人队伍

习近平总书记在 2018 年全国教育大会上强调:"教师是人类灵魂的工程师,是人类文明的传承者,承载着传播知识、传播思想、传播真理,塑造灵魂、塑造生命、塑造新人的时代重任。"①2019 年,在学校思想政治理论课教师座谈会上,习近平总书记强调,办好思想政治理论课关键在教师,关键在发挥教师的积极性、主动性、创造性。将红色文化融入高校思想政治教育,培养合格的社会主义事业的建设者和接班人,打造红色文化育人队伍是基础工作。

高校教师特别是思想政治理论课教师对红色文化并不陌生,然而要以红色文化为载体,创新高校思想政治教育的方式和内容,必须全力打造对红色文化有深入研究的高素质红色文化育人教师队伍。一是红色文化育人校外导师团队。江苏建筑职业技术学院聘请淮海战役纪念馆、周恩来纪念馆等一批红色故事专业讲解员为校外导师,负责培训指导学校红色文化故事收集、宣讲和推广工作。二是校内红色文化研究团队。党委宣传部、科技处、高教研究所、学生工作处、团委、马克思主义学院定期专题研究,共同组建以思政课教师、辅导员为骨干的红色文化育人研究与实践团队,将研究成果渗透到思想政治教育体系建设和学生职业素质培养过程中。三是学生红色文化传播团队。发挥全国优秀大学生社团"军风俱乐部""红色文化故事宣讲团"等社团组织育人作用,开展"初心筑梦"咏颂活动、"青年红色之旅"创业活动、"弘扬淮海战役精神重走总书记调研之路"社会实践活动,形成师生文化自觉

---

① 习近平在全国教育大会上发表重要讲话,新华网,2018 年 9 月 10 日。

和文化自信。三支队伍分别从内容供给、素质培养、专业成长、自我教育等方面协同配合,把适合建筑类职业院校学生成长需要,符合建筑企业文化建设共性要求的红色文化,融入通识教育、专业建设等各环节,形成师生文化自觉和文化自信的共同体。

三、完善育人方式,推进红色文化进课堂

在学校思想政治理论课教师座谈会上,习近平总书记强调,我们办中国特色社会主义教育,就是要理直气壮开好思政课,用新时代中国特色社会主义思想铸魂育人,引导学生增强中国特色社会主义道路自信、理论自信、制度自信、文化自信,厚植爱国主义情怀,把爱国情、强国志、报国行自觉融入坚持和发展中国特色社会主义事业、建设社会主义现代化强国、实现中华民族伟大复兴的奋斗之中。① 而"红色文化所承载着的'培育爱国情怀,传播先进文化、塑造良好人格、弘扬社会正气'的文化内涵,无疑是引导当代大学生坚持先进文化前进方向、塑造优秀思想道德品质的生动教材"②。因此,通过形式多样的教学方法,将红色文化融入大学生的日常课堂特别是思政课堂中是高校思想政治教育的重要途径。

江苏建筑职业技术学院致力于打造以思政课堂为主体,学生党课、国防教育、军事理论教育、红色故事宣讲等为补充的红色文化课堂教学体系。学校马克思主义学院创新红色文化融入思政课的方式方法,在校内思政理论课堂上,思政教师采用红色故事讲述、红色歌曲咏诵、红色话剧排演、红色精神演讲等学生喜闻乐见、形式多样的教学方式,让红色文化内化于心、外化于行,达到教育目的;在校外实践课堂上,充分利用徐州丰富的红色文化资源,建立淮海战役烈士纪念塔园林、马庄村等爱国主义教育基地,开展红色文化实践活动,让学生在实践活动中加深对红色文化精神的理解与传承。学校重视学生国防教育活动开展,坚持以学生综合素质培养为目标,开展课内外和校内外相结合为主要方式的国防教育活动。每年根据学校情况和新生特点,

---

① 《用新时代中国特色社会主义思想铸魂育人,贯彻党的教育方针落实立德树人根本任务》,新华网,2019 年 3 月 19 日。

② 曾咏辉:《红色文化视阈下的社会主义核心价值体系教育功能探析》,《学校党建与思想教育》2013 年第 8 期,第 23～24 页。

同志们，我们常说青年是革命的力量、因为青年的感情丰富，气性刚烈。你们不知道隐忍羞辱，你们不知道躲避危险，所以你们见到应当革命便会勇猛地为革命而奋斗。

中宣部、教育部主办大型话剧《雨花台》走进校园

针对性制定国防教育活动计划。坚持每月一次升国旗教育活动，学校领导和相关职能部门负责人结合学生教育管理实际，开展爱国主义教育、国防意识教育和思想政治教育。

四、立足军校传统，营造校园红色文化氛围

高校校园是大学生学习和生活的主要场所，营造积极健康向上的学习生活环境是开展大学生思想政教育的重要条件。红色文化的传承发扬，也需要多方面营造校园红色文化氛围，让红色文化如春风细雨般在潜移默化中影响人、塑造人。通过设置红色文化主题宣传栏、建设具有红色文化元素的人文景观、组建具有红色文化精神的社团、开展形式多样的校园文化活动等，让学生处处可见红色文化资源，时时感受红色文化精神，常常受到红色文化鼓舞。大学生可以在积极向上、轻松愉快的环境中接受红色文化洗礼，在润物无声、潜移默化的教育中接受红色文化熏陶。

江苏建筑职业技术学院充分挖掘校园精神与红色文化融合，立足军校传统，突出办学特色，积极营造健康向上的校园红色文化氛围。在人文景观建

设方面,学校建有八一广场、军校路、风华正茂雕塑;在红色社团建设方面,先后建立"国旗班""军风俱乐部""定向越野队""红色文化宣讲团"等多个特色学生社团。学生社团通过开展一系列国防训练、军营参观、军民双拥、国防讲座以及军事影片赏析等活动,既丰富大学生业余生活,也增强大学生国防意识。学校还开展"五馆联展"、红色戏曲、红歌演唱等丰富大学生思想教育的活动,让学生在红色文化氛围中受熏陶长才干。

五、借助新媒体,提升红色文化传播力

据统计,截至 2020 年 3 月,中国网民规模为 9.04 亿,20～29 岁的网民占比 21.5％,大学生是这部分网民的主要力量。随着科学技术的不断进步和互联网的迅猛发展,网络深刻影响着每一位大学生的思想和行为习惯。互联网时代下,网络信息资源非常丰富且参差不齐,特别是西方社会的不良思潮和价值观也充斥着网络,对于世界观、人生观和价值观还没有完全成熟的大学生来说,极易受到来自互联网各种信息资源的影响。所以,高校应该借助新媒体,利用网络资源丰富、信息传播速度快等特点,抢占网络阵地,探索"互联网＋红色文化教育"的思想政治教育新途径,让红色文化教育在新媒体中得以延伸。

江苏建筑职业技术学院充分认识到互联网在思想政治教育中的重要作用,陆续展开了以新媒体为载体,以优秀红色文化为内容,以培养担当民族复兴大任的时代新人为目标的"互联网＋红色文化"思想政治教育育人模式。学校借助各类新媒体平台,将红色文化通过大学生经常使用的微博、微信、抖音、快手、微视以及学校建立的红色文化专题网站等平台,牢牢把握红色文化网络宣传主阵地,讲好红色故事,传播正能量。

让青春闪耀红色光辉

一、全国金牌讲解员:李楠

2018 年 12 月,李楠老师站在中共中央宣传部、国家文化与旅游部主办的全国首届红色故事讲解员大赛的舞台上,以一名职业院校辅导员教师的身份站在了全国大赛的舞台上,并以破竹之势获得了"金牌讲解员"荣誉称号。

成绩的取得,不是一蹴而就,而是十余年来的坚守与执着。10 年前,还

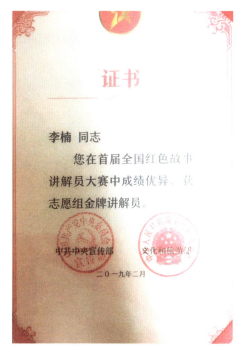

李楠获"金牌讲解员"荣誉称号缘起——红色故事

是大二学生的她来到淮海战役纪念馆参加社会实践活动,波澜壮阔的战斗历史、舍身为国的英雄气概、绘声绘色的现场宣讲,给她留下了深刻印象。同年,参加徐州市形象大使比赛,特意选择淮海战役纪念馆作为自己比赛时的推介单位,之后,经过不懈努力,如愿成为淮海战役纪念馆一名志愿讲解员。

从此,她便与这片精神净土结下了不解之缘,"参观者看的是展品、听的是故事,但学习的是历史、吸收的是文化、传承的是精神"。到江苏建筑职业技术学院工作后,学校的军校传统和红色底蕴进一步丰富了李楠的思想认知和实践经验,使得李楠在红色文化故事宣讲中能够从容面对:"讲解员面向大众,无论参观者年龄大小、身份高低、学识深浅,都要能够针对不同群体随机应变、解疑释惑。"

为了提高解说的趣味性和感染力,她把学校图书馆里能够找到的关于淮海战役的书籍几乎翻了个遍。丰厚的知识储备为解说奠定了坚实基础,游客的各类问题她都能应对自如。李楠和她的团队利用各种机会探访战场遗址、走访参战老兵,阅读参战老兵口述史、回忆录等,寻找胜战细节、感悟胜利真谛,把一些鲜为人知的战斗情节融入解说词中,用专业人士的话说,李楠的讲解能让"展品动起来、人物活过来"。因其出色的表现,她被淮海战役纪念馆聘为红色研学导师。

2018 年 11 月,全国首届红色故事讲解员大赛的号角吹响,李楠被学校和淮海战役烈士纪念塔管理局联合选派,代表江苏省委宣传部、省文化旅游厅,参加此次大赛,经过初赛、复赛、决赛的激烈比拼,最终从全国选送的 138 名高水平选手中突围获旌,取得志愿者组"金牌讲解员"的殊荣,她也是所有参加此次国家级大赛众多选手中唯一的一名高校辅导员。

缘续——薪火相传

结合学校的红色传统和自身优势,她利用学校的"红色气质"积极打造散发红色气质的"红色团委""红色学生会""红色团支部"的"三红"活动,以"三红"活动中的优秀学生为主体组建红色基因大学生红色文化宣讲团,分赴贾汪马庄村、王杰部队和徐工集团,开展以"感受现代文化·弘扬红色文化"为主题的红色宣讲实践活动,把淮海战役中人民群众的支前路线图以剪纸的形式呈现,送给了淮海战役纪念馆并命名为《人民的胜利》,数字媒体艺术专业的学生把淮海战役中的情节制作成红色短视频,通过淮海战役纪念馆抖音号发布到网上,不仅扩大了红色故事影响力,还锻炼了专业技能。学校集中资源,形成讲解团队,6 名学生成为淮海战役纪念馆志愿讲解员,其中 1 名学生在徐州市红色故事讲解员大赛中获得"金牌讲解员"称号。

红色宣讲团所传递出的红色正能量也影响着其他学生团队,学生党支部自发组成"朗读者"党日活动团队,先后赴徐州慈善总会、徐州市消防救援支队、铜山特殊教育中心,开展"青春邀约"系列红色故事朗读活动,不断提升学生党支部开展党日活动的质效。2019 年 9 月,李楠被评为全国优秀教育工作者,2020 年 8 月,中国教育电视台《我是辅导员》栏目组以"用红色文化浸润青春的底色"为题,对李楠进行了专访。

二、大爱无疆的践行者:张震鸣

张震鸣,江苏建筑职业技术学院能源与交通工程学院城轨专业 2015 级学生。2017 年 11 月中旬突发脑肿瘤，在广州医治无效脑死亡。生前，张震鸣留下遗愿，无偿捐献心脏、肝脏、双肾脏、双眼角膜等身体器官，挽救了 6 个人 4 条生命。

学校军校传统和红色文化底蕴深深地影响了这个广东小伙子。对自己严格，积极上进，对同学友好，诚信友善，在"半军事化"管理模式下，他努力学习，在本专业中第一个获得 BIM 技术认证。他模范遵守学校规章制度，积极参与志愿服务社团，利用修电脑特长积极服务师生。他开朗、乐观、外向、人缘好，在同学中获得"小哥"这一美誉。

张震鸣是学校红色文化"牺牲自己，奉献社会"的践行者。他说徐州是个英雄的城市，我们每个人都要做生活中的英雄。在宿舍生活中，他会拿出自己的小药箱，给生病的舍友找药，也会在寒冷的冬天，冒着大雪替舍友到医院开药。他会制定详细的值日表，与舍友一起保持内务整洁，得到宿管阿姨的极力称赞。

在同学们看来，张震鸣是一个可爱可敬的助班。在第一次班会上，他帮助大家了解大学生活，寻找适合自己的生涯目标，上好大学第一堂课；面对想进入学生会锻炼的同学，他会把自己的工作经验告诉他们，赢得同学们的信赖；面对想加强专业学习的同学，他会把自己的专业学习资料、转本资料和考证资料全部找来，利用课余时间帮助同学辅导专业课程。

在老师们看来，张震鸣是一个好助手、好帮手、好朋友。他利用在工地实习的机会，协助拍摄制作贫困生励志视频，从拍摄到后期剪辑、配乐等全力完成老师交代的任务。在教学资源库建设中，优化课件动画、处理音频、合成微课等都少不了他的参与。

张震鸣更是一个有大爱的孩子。考虑到病情的严重性，2017 年 11 月 21 日，在手术前一晚，他便主动向父母提出："如果下不了手术台，帮我把器官捐了吧！"手术未能留住他的身影。2017 年 12 月 4 日，根据他生前心愿，无偿捐献了心脏、肝脏、双肾脏、双眼角膜等器官，救了 6 个人 4 条生命。

学校向全体团员青年发布了《关于号召向张震鸣同学学习的倡议书》，号召团员青年把感动和敬仰化作实际行动，从现在做起，从身边小事做起，从一言一行做起，努力使自己成长为新时代的栋梁之材，为构建富强、民主、文明、和谐、美丽的社会主义现代化国家做出应有的贡献。学校专门举行"张震鸣同学追思会",全校千余名师生自发聚集一起,怀着无比沉重与崇敬的心情,集体追思张震鸣同学。

张震鸣父母在颁奖典礼现场

张震鸣同学捐献器官的义举感动了社会,《人民日报》、中新网、新华网、中国经济网、搜狐、新浪、网易、今日爆点、《广州参考》、《徐州日报》等多家媒体报道了张震鸣同学的事迹,受到社会各界的高度关注和广泛赞誉。

2018年2月1日,共青团江苏省委2018第5号文件,追授张震鸣同学"全省优秀共青团员"称号,号召全省广大团员青年向张震鸣同学学习,学习他舍己为人、无私奉献的赤子情怀,争做有理想、有本领、有担当的新时代青年。2018年3月6日,"2017感动中国·江苏十大感动人物"评选活动投票正式启动,张震鸣同学总票数141 431票,位列第一。

生命虽然结束,爱仍在延续。张震鸣同学在他生命的最后时刻,用大爱续写他人的生命,为社会尽最后一份力,实现了自身价值与服务人民、回报社会相统一。他的事迹是学校红色文化的印记,是社会主义核心价值观的生动诠释和践行,展现了当代大学生崇高的情操和时代精神,为青年树立了榜样。

第五章　熏以美之韵

大学校园不仅是莘莘学子求知上进、健全人格的场所，更是陶冶情操、净化心灵的圣地。大学生正值青春年华，他们的成长离不开健康美丽的良好的人文环境。良好人文环境的构筑，可以把学校的文化基因有机融入学生的精神世界和灵魂深处。著名教育家梅贻琦先生倡导的"从游论"，说的就是这个道理：学校犹水也，师生犹鱼也，其行动犹游泳也，大鱼前导，小鱼尾随，是从游也。从游既久，其濡染观摩之效自不求而至，不为而成。学校文化不是不可捉摸的，它是个"东西"，但它是个无形的"东西"，用手触摸不到，它是需要用心去感悟的。

筑美，在某种意义上说就是要创建一种人文氛围，一个精神家园，让师生员工踏入这个校园有一种"家"的感觉，形成对学校的高度认同感、归属感和温馨感，形成"我们感"，将自己归属于学校，有效激发精神共鸣，自我认定为学校的重要成员。只有在这样一种"我们"意识的推动下，大家才能风雨同舟，才能形成良好的人文环境，才能筑美于无形。

第一节　别具一格的人文环境

大学的校园形态总是随着时间的推移、学校的发展，发生着演变。正如一棵树的成长，每增长一岁，都会多一圈年轮的印迹。每一栋楼、每一条路的背后,都有着它的故事和历史文化积淀,都成为人文环境的重要组成部分。教育家陶行知先生说:"一种生机勃勃、稳定和谐、健康向上的环境氛围,本身就具有广泛的教育功能。"高校的每栋建筑、每个雕像,一草一木对于校园文化的形成,文化熏陶氛围的营造都有着潜移默化的作用。

人文环境是个泡菜缸

蕴含人文精神的校园环境是莘莘学子的无言之师。著名哲学家涂又光先生曾提出广为流传的"泡菜理论",即泡菜的味道取决于泡菜汤,泡菜缸里有什么样的泡菜汤,就会泡出什么味道的泡菜。校园文化好比泡菜汤,它影响和决定了浸泡其中的学生的精神风貌和行为风格。

校园文化是在一所学校内,经过长期发展形成的,以校内师生为主体创造并达成共识的价值观念、办学思想、群体意识、行为规范等构成的价值体系,它展示了一所学校所拥有的独特风格和精神。优良的校园文化是一所学校良好的教育生态,是一所学校持续健康发展的保证。

清新盎然的校园

在良好的教育生态中,校园环境是一种具有较强直观性的文化,它能直接体现出师生所处的文化氛围。校园文化建设体现在学校"软""硬"两种校园环境，外在的楼宇、景观、实训场所等物质环境，内在的行为、制度、理念等非物质环境。当我们处于一定的文化场域，首先领略到的是外在的形美，如精致的景观、巧妙的结构、校本的特色等，在对形美的欣赏中会渐次感受到内含的精神之美。江苏建筑职业技术学院在文化建设过程中，坚持以人为本的理念，强调环境育人的主体功能，从科学性、教育性和艺术性入手，持续优化自然环境和育人环境，形成了具有深厚文化底蕴的环境育人氛围。

学校坐落在国家森林公园——泉山公园的东麓，得山川之灵毓，钟造化之神秀，四季花香满校园。走进校园，可以从不同的视角，直观地体验绿色校园、生态校园、园林校园、文明校园、人文校园、书香校园。校园大部分处于山坡之上，建筑与自然环境充分融合、浑然一体、西高东低、错落有致，徜徉于其间，可以移步换景、赏心悦目，真可谓别有洞天、如诗如画。校园的东西校区无缝连接，教学区与家属区融为一体，较好地保护了校园内部原生态的布局，处处展示了文化的魅力。校园建筑三面环山、依山傍水，在绿化布局上体现了点上有景、线上有荫、面上成林；在园林结构上，做到了内庭别有洞天、户外移步换景；在人文气息上，彰显了境由心生、天人合一，一草一木无不渗透着文化的感染力。

秋韵浓郁的校园

　　大学校园是大学生学习生活的主要环境,这种环境不仅是物质的,也是文化的。优美的环境使人身心舒畅,徜徉其间,容易被其承载的文化所感染。在校园东校区,保留一些"老房子""老雕塑""老松树",凝结了自然与岁月精华,学校将其作为大学文化建设的一部分,将其作为"活的文物",让后来者体会什么叫"历史",什么叫"文化",什么叫"薪火相传"。每年的节假日和周末,一届届的老校友们返校聚会,都会驻足凝望,合影留念,因为这些才是他们青春的记忆、精神的家园。

　　人文环境的构筑是一个认识不断提升、内容不断丰富、形式不断创新的过程。近年来,学校文化建设从建梁立柱的"外部施工"阶段,逐步转向提升内涵的"内部装修"阶段,持续加强文化建设的顶层设计、统筹谋划和重点推进。在校园环境的优化升级上,学校统筹建筑风格的建设,统筹学校景观的设计,统筹文化功能的区域划分,统筹校园文化设施的建设,统筹职业精神的培育,统筹制度文化的建设,努力做到一楼一石都有故事、一路一桥都有名字、一草一木都有灵性,努力让校园物质环境有信念、能说话,润物无声地散发正能量。

五彩缤纷的校园

　　大学之大,在于自己的精神世界,在于自己的精神价值取向和追求。在校园文化建设中,学校从顶层设计开始,把创建具备教育功能、使用功能和审美功能的人文校园环境列入事业发展总规划,系统化推进文化建设五年规划、文化建设三年行动计划和文化建设年度重点项目。经过多年积淀,校园内山、水、园、林、路、石全面升级,建成了绿树成荫、香飘四季、花不间断的绿色家园,建成了人与校园环境和谐共存,文化理念、空间景象、使用功能三位一体的美丽校园,逐步形成了集思想、教育、文化、艺术、体育、科技为一体的校园文化格局,校园文化的社会辐射力和影响力日益增强。

校园人文环境的持续优化,需要从点滴做起,坚持不懈地抓好抓实,统筹推进校园中的建筑物造型、用色、功能、材料、分布以及道路的命名、布局等,使学校形成"四季交替""步步可观""聚美育人"的精致校园文化环境,使工作生活在校园里的师生受到校园建筑潜移默化的影响,使校园中的每处景观都成为以文化人的资源、承载起筑美的价值。

行走在校园里的文化

习近平总书记指出:高校应该成为使人心静下来的地方,成为消解燥气的文化空间。教师要静心从教,学生要静心学习,通过研究学问提升境界,通过读书学习升华气质,以学养人,治心养性。

校园是育人的场所,是莘莘学子学习和生活的地方,良好的校园环境和校园文化是无言之教。学生整日身处其中,眼见耳闻的内容可能比课堂教学和课外实践的内容更为丰富。例如,矗立校园里的各式建筑,无论高低雅俗,均镌刻着这所学校所曾经过的风雨历程,是导引我们进入历史的最佳地图。

大学是一种文化存在,是一个文化实体,它以传承和创造文化为己任的,是以文化为中介培养人、塑造人的单位。对于办学历史不长、文化积淀不深的高职院校而言,人才培养过程尤其需要在文化育人上补短板,着力营造浓厚的校园文化氛围,在校园内烹制好一份文化大餐,让学生在这份大餐中汲取传统的营养,品尝信仰的味道。

著名教育家苏霍姆林斯基指出,我们的教育应当让每一堵墙说话。为了创造良好的文化氛围,学校注重文化标识的构建,系统开展以校训、校徽、校旗、校歌、校门牌匾等核心文化符号的内涵挖掘,全面构建以形象标识、校园石刻、路名牌、校园指引标识、校园 3D 地图等为代表的校园文化载体,形成具有学校文化符号的视觉识别系统。

办大学,其实最重要的是办氛围。在江苏建筑职业技术学院的校园里,校园环境被打造成为有生命、有灵魂的育人基地。师生行走在校园里,学校里的建筑因地制宜、虚实相生、高低错落、互相呼应,能够起到育人于无痕、化人于不觉的熏染。

校园之春掠影

中华优秀传统文化是中华民族的文化根脉,要把优秀传统文化的精神标识提炼出来、展示出来,把优秀传统文化中具有当代价值、世界意义的文化精髓提炼出来、展示出来。近年来,学校因地制宜、就地取材,师法自然,将中华传统文化和大学精神有机融入校园环境的美化,在文化资源和历史底蕴的挖掘、大学精神的弘扬、文化气象的彰显等方面积累了独特经验,深刻践行着以美育人、以文化人的"筑美"理念。

学校将道旗、灯箱、草坪、导示牌和宣传栏等作为大学文化的直接表达,使其承载彰显文化自信、传承大学之道、培育核心价值的文化使命。

行走在军校路、煤建路、崇德路、求实路、翠园路、行知路、育才路、健身路等 8 条校园主干道路上,你会从庄重典雅的灯箱文化中,感受到爱国、奉献、

校园导示牌

创新、励志、诚信、勤学、建筑等多类中华优秀传统文化中最精粹、最优秀的思想精华,它们与师生朝夕相伴,发挥着潜移默化的作用以及增强学生人文素质、增添校园人文气息、美化校园环境的功能。

学校将传统文化的元素通过转换成大学生直观简洁的道旗文化、草坪文化、宣传栏文化,让师生时时刻刻感受到标语牌浓厚、温馨、和谐、美观的育人氛围和育人理念,让师生入耳、入脑、入心,真学、真信、真懂,真正做到晓之以理、导之以行,真正起到警示、教育、激励的作用。道旗文化红蓝相映,白天尽显质朴深蕴,晚间在灯光辉映下熠熠闪烁着思想的光芒;校园的草坪标牌传承着古风汉韵,让莘莘学子尽情沐浴励志、劝学和惜时等中华优秀传统文化。

漫步在绿荫如盖的东校区林荫大道,路的两侧安置了休闲座椅、亭台楼阁供师生自由交流,处处体现以人为本的人性化理念。穿梭于东西校区,校园里那种新旧并置、异彩纷呈、浸润着历史感与书卷气的特殊韵味,可以让师生在"古典"与"今典"之中对话,演绎五彩人生。

多年来,学校持续下大力气优化校园的育人环境,努力建设美丽校园、平安校园、绿色校园,使校园文化环境达到使用功能、审美功能和教育功能的和谐统一。现在,学校的校容校貌焕然一新,在泉山脚下形成了特色鲜明的浓

林荫大道上的道旗文化

郁文化氛围。

一、校园灯箱文化

校园灯箱文化分布于校园的主次道路,全校共计 80 个,内容涵盖军校文化、煤炭文化、建筑文化、励志文化等主题名言警句。灯箱整体设计为矩形,寓意讲原则、守规矩,培养德智体美劳全面发展的高素质技术技能人才。灯箱内部底色为军绿色,寓意学校秉承军校文化传统。灯箱两侧柱体伸出三个横撑,象征学校军校文化、煤炭文化、建筑文化同源共融的文化育人特质。

军校文化主题

没有铁的纪律,战车就开得不远。	——成吉思汗
下定决心,不怕牺牲,排除万难,去争取胜利!	——毛泽东
三军可夺帅也,匹夫不可夺志也。	——《论语·子罕》
把纪律和规矩立起来、严起来,执行起来。	——习近平
凡是决心取得胜利的人是从来不说"不可能"的。	——拿破仑·波拿巴
欲知平直,则必准绳;欲知方圆,则必规矩。	——《吕氏春秋·自知》

校园灯箱设计示意图

煤炭文化主题

知识是从刻苦劳动中得来的,任何成就都是刻苦劳动的结果。

——宋庆龄

船锚是不怕埋没自己的。当人们看不见它的时候,正是它在为人类服务的时候。
——普列汉诺夫

人生价值的大小是按人们对社会贡献的大小来衡量的。　——向警予

为什么我的眼里常含泪水? 因为我对这土地爱得深沉。　——艾青

一个人的价值,应当看他贡献什么,而不应当看他取得什么。

——爱因斯坦

我们爱我们的民族,这是我们自信心的源泉。　——周恩来

建筑文化主题

建筑是有生命的,它虽然是凝固的,可在它上面蕴含着人文思想。

—— 贝聿铭

最好的建筑是这样的,我们深处在其中,却不知道自然在那里终了,艺术在那里开始。

——林语堂

建筑是世界的年鉴,当歌曲和传说已经缄默,它依旧还在诉说。

——果戈理

当我们想起任何一种重要的文明的时候,我们有一种习惯,就是用伟大的建筑来代表它。

——杰克逊

建筑是凝固的音乐。

——歌德

校园灯箱文化实景一

励志文化主题

人生是海洋,希望是舵手的罗盘,使人们在暴风雨中不致迷失方向。

——狄德罗

世界上荣誉的桂冠,都是用荆棘编织而成的。 ——卡莱尔

人生是一座富矿,有待于自身去开采。 ——崔鹤同

展望未来,除了美好的事物,我看不到任何别的东西。 ——果戈理

谁虚度年华,青春就要褪色,生命就会抛弃他们。 ——雨果

生活就像海洋，只有意志坚强的人，才能到达彼岸。　　　——马克思

人，只要有一种信念，有所追求，什么艰苦都能忍受，什么环境也都能适应。

　　　　　　　　　　　　　　　　　　　　　　　　　　——丁玲

瞒人之事弗为，害人之心弗存，有益国家之事虽死弗避。　　——吕坤

我想用我的一生为国家谋福利，哪怕只作出一点微小的贡献也好。

　　　　　　　　　　　　　　　　　　　　　　　　　　——果戈理

一万年太久，只争朝夕。　　　　　　　　　　　　　　——毛泽东

我是中国人民的儿子，我深情地爱着我的祖国和人民。　　——邓小平

世界上没有坐享其成的好事，要幸福就要奋斗。　　　　——习近平

生活多美好啊，体育锻炼乐趣无穷。　　　　　　　　　——普希金

校园灯箱文化实景二

体育是增进青年健康发展他们的体力和各种能力的必要条件。

　　　　　　　　　　　　　　　　　　　　　　　　　　——凯洛夫

理论要通过行动才能发生它的力量，丰富它的内容。　　——陶行知

人民教师无上光荣，每个教师都要珍惜这份光荣。　　　——习近平

现在的青年最要紧的是"行"，不是"言"。　　　　　　　——鲁迅

加快发展职业教育 让每个人都有人生出彩机会。 ——习近平

礼,天之经也,民之行也。 ——左传

人无礼,而不生;事无礼,而不成;国无礼,而不宁。 ——荀子

读一本好书,就是和许多高尚的人谈话。 ——笛卡尔

学习,不断地追求真理和美,是使我们能永葆青春的活动范围。

——爱因斯坦

书犹药也,善读之可以医愚。 ——刘向

人们不仅有权爱国,而且爱国是个义务,是一种光荣。 ——徐特立

你热爱生命吗? 那么别浪费时间,因为时间是组成生命的材料。

——富兰克林

世界上最快乐的事,莫过于为理想而奋斗。 ——苏格拉底

二、校园草坪文化

校园草坪牌分布于校园花坛、草坪、树池和运动场之中,涵盖励志、职教、劝学、惜时、文明、运动、绿化等主题。草坪牌设计借鉴汉阙元素,牌形轮廓呈现汉式建筑样式,蕴意学校地处汉文化发祥地。牌面底部的回纹装饰,简约而富含古韵,衬托出学校务实求真的办学特色。整体色调以棕褐色为主,古朴中略表现代,寓意莘莘学子沉稳踏实的人格。

草坪文化——励志主题

古人学问无遗力	少壮工夫老始成
行之力则知愈进	知之深则行愈达
梦想从学习开始	事业从实践起步
志不强者智不达	言不信者行不果
勤能补拙是良训	一分耕耘一分才
立志欲坚不欲锐	成功在久不在速
发奋识遍天下字	立志读尽人间书
鸟欲高飞先振翅	人求上进先读书
立志宜思真品格	读书须尽苦功夫
富贵必从勤苦得	男儿须读五车书

非学无以广才　　非志无以成学

求学将以致用　　读书贵在虚心

　树无根不长　　人无志不立

　力学如力耕　　勤惰尔自知

　静心以明志　　学高以致远

校园草坪文化实景一

　　　　草坪文化——职教主题

比赛必有一胜　　苦学必有一成

知识改变命运　　技能成就未来

支撑中国制造　　成就出彩人生

使无业者有业　　使有业者乐业

弘扬工匠精神　　打造技能强国

人人皆可成才　　人人尽展其才

穷理以致其知　　反躬以践其实

　知者行之始　　行者知之成

　工欲善其事　　必先利其器

　要得惊人艺　　须下苦功夫

学在苦中求　艺在勤中练

校园草坪文化实景二

草坪文化———劝学主题

立身以立学为先　立学以读书为本

读书切忌在慌忙　涵泳工夫兴味长

一日读书一日功　一日不读十日空

万卷古今消永日　一窗昏晓送流年

书卷多情似故人　晨昏忧乐每相亲

愿乘风破万里浪　甘面壁读十年书

粗缯大布裹生涯　腹有诗书气自华

养心莫善寡欲　至乐无如读书

书香润泽心灵　阅读点亮人生

书香伴我成长　知识伴我同行

与好书做伴　与文明同行

扬帆书海里　举步墨香中

读书如行路　历险毋惶恐

吾生也有涯　而知也无涯

春种一粒粟　秋收万颗子

草坪文化——惜时主题

蹉跎莫遣韶光老　人生唯有读书好

三更灯火五更鸡　正是男儿读书时

读书不觉已春深　一寸光阴一寸金

一年之计在于春　一日之计在于晨

少年易老学难成　一寸光阴不可轻

黑发不知勤学早　白首方悔读书迟

少年辛苦终身事　莫向光阴惰寸功

一日无二晨　时过不再临

白日去如箭　达者惜光阴

青春须早为　岂能长少年

校园草坪文化实景三

草坪文化——文明主题

美德重在养成	文明贵在行动
文明源于自律	大德立于小行
微笑的你真美	文明的你真好
阅读是习惯	文明是风景
让文明成为	你我的名片
文明是校园	最美的风景
美德融在心	文明贵在行
文明无小事	小事见文明
与文明同行	同美德携手
人美在心灵	校美在文明
文明每一步	精彩每一景
学校是我家	文明靠大家
文明伴我行	天天好心情

草坪文化——运动主题

人人关心体育	体育造福人人
生命在于运动	生命需要运动
强国必先强民	强民必须强体
发展体育运动	增强人民体质
生命在于运动	成功在于拼搏
让运动成习惯	让生命更精彩
青春拥抱梦想	拼搏成就幸福
体育无处不在	运动无限精彩
我运动我健康	我快乐我阳光
体育陪我行	快乐伴一生
健康的体魄	永恒的追求
生命无止境	运动无极限
舞运动旋律	书青春华章

为运动加油　　为青春喝彩

文明其精神　　野蛮其体魄

若要身体健　　天天来锻炼

以自然之道　　养自然之身

为健康加油　　为人生喝彩

丰收靠劳动　　健康靠运动

校园草坪文化实景四

草坪文化——绿化主题

一花一草一木　　且看且爱且护

美景供人欣赏　　美德让人敬仰

同建绿色校园　　共享鸟语花香

芬芳来自鲜花　　美丽需要呵护

校园是我家　　美化靠大家

小草也在长　　踏入想一想

少一个脚印　　多一份芳香

花草丛中笑　　园外赏其貌

多一份爱心　　增一份绿色

守护一片绿　　增添一份美

校园是我家　　美丽靠大家

用爱心呵护　　每一片绿色

绕行三五步　　留得芳草青

小草微微笑　　请您绕一绕

青青绿草地　　悠悠关我心

三、校园道旗文化

校园道旗文化是校园文化建设的一个特殊景致,遍布于校园每一条道路和每一盏路灯。道旗形状设计为矩形,两面一组、一红一蓝,分列灯柱两侧。道旗版面上方为校徽,下方暗影图案为图书馆,中部区域为标语内容,内容涉及政治、教育、师德、读书、成才、创新、文明等多类育人文化。道旗红蓝色彩相配,醒目融洽、装饰性强,为美丽校园增添了一条条育人主线,增添了一抹抹别样韵味。

校园道旗设计示意图

校园道旗文化——习近平新时代中国特色社会主义思想主题

全面贯彻党的十九大精神和习近平新时代中国特色社会主义思想。

坚持不懈用习近平新时代中国特色社会主义思想铸魂育人。

中国梦最根本的是实现中国人民的美好生活。

中国特色社会主义最本质的特征是中国共产党领导。

新时代大有可为,新征程波澜壮阔。

新思想引领新时代,新使命开启新征程。

推动中华优秀传统文化创造性转化,创新性发展。

传承红色基因,培育新时代优秀人才。

坚定理想信念,增强党性修养,发挥榜样力量。

信仰、信念、信心,任何时候都至关重要。

使命呼唤担当,使命引领未来。

时代是思想之母,实践是理论之源。

改革开放是当代中国发展进步的必由之路。

改革开放是实现中国梦的必由之路。

中国特色社会主义进入了新时代,这是我国发展新的历史方位。

实现中华民族伟大复兴,是近代以来中国人民最伟大的梦想。

不忘初心跟党走,建功立业绘蓝图。

历史由人民书写,伟业靠英雄引领。

校园道旗文化实景一

理论创新每前进一步，理论武装就要跟进一步。
抓创新就是抓发展，谋创新就是谋未来。

爱国主义是中华民族的民族心、民族魂。
热爱祖国是立身之本、成才之基。

爱国主义是中华民族精神的核心。
爱国主义自古以来就流淌在中华民族血脉之中。

爱国，是人世间最深层、最持久的情感。
爱国，是一个人立德之源、立功之本。

伟大旗帜引领伟大事业，伟大思想引航伟大时代。
弘扬爱国奉献精神，争做新时代奋斗者。

永远保持谦虚、谨慎、不骄、不躁的作风。

永远保持艰苦奋斗的作风。

实践没有止境，理论创新也没有止境。

时代是思想之母，实践是理论之源。

校园道旗文化实景二

文化是一个国家、一个民族的灵魂。

文化兴国运兴，文化强民族强。

社会主义核心价值观是当代中国精神的集中体现。

社会主义核心价值观凝结着全体人民共同的价值追求。

马克思主义是实践的理论，指引着人民改造世界的行动。

马克思主义是不断发展的开放的理论，始终站在时代前沿。

马克思主义博大精深，归根到底就是一句话，为人类求解放。

马克思主义为人民认识世界、改造世界提供了强大精神力量。

没有任何力量能够撼动我们伟大祖国的地位。
没有任何力量能够阻挡中国人民和中华民族的前进步伐。

道旗文化——教育教学主题标语

思政课要解决学生理想信念问题。
思政课要让有信仰的人讲信仰。

教育是民族振兴、社会进步的重要基石。
教育是功在当代、利在千秋的德政工程。

引导学生扣好"人生第一粒扣子"。
把远大抱负落实到实际行动中。

让红色文化成为铸魂育人的精神动力。
让勤奋学习成为青春飞扬的动力。

让学生成为德才兼备、全面发展的人才。
为学生点亮理想的灯,照亮前行的路。

教师队伍素质直接决定着大学办学能力和水平。
老师要努力让每个人都有人生出彩的机会。

教师要时刻铭记教书育人的使命。
教师是太阳底下最崇高的职业。

教师是人类灵魂的工程师,承担着神圣使命。
教师的工作是塑造灵魂、塑造生命、塑造人的工作。

人民是历史的创造者,人民是真正的英雄。

教师是人类灵魂的工程师,是人类文明的传承者。

教师做的是传播知识,传播思想,传播真理的工作。

教师做的是塑造灵魂,塑造生命,塑造人的工作。

一个学校拥有好老师是学校的光荣。

一个人遇到好老师是人生的幸运。

把立德树人的成效作为检验学校一切工作的根本标准。

把思想政治工作贯穿教育教学全过程。

高等教育是一个国家发展水平和发展潜力的重要标志。

走内涵式发展道路是我国高等教育发展的必由之路。

办好中国的事情,关键在党。

办好思想政治理论课,关键在教师。

师者,人之模范也。

师者,所以传道授业解惑也。

做好老师,要有理想信念。

做好老师,要有道德情操。

道旗文化——青春奋进主题标语

青年时代,选择奉献也就选择了高尚。

青年时代,选择吃苦也就选择了收获。

奋斗是青春最亮丽的底色。

奋斗是新时代最美的姿态。

最好的时代，最美的年华。
最好的舞台，最美的风采。

青年最富有朝气、最富有梦想。
青年既是追梦者，也是圆梦人。

青年要树立远大理想，放飞青春梦想。
青年要敢于有梦、勇于追梦、勤于圆梦。

青年要爱国，忠于祖国，忠于人民。
青年要励志，立鸿鹄志，做奋斗者。

青年要求真，求真学问，练真本领。
青年要力行，知行合一，做实干家。
青年一代有理想、有担当，国家就有前途，民族就有希望。
青少年阶段是人生的"拔节孕穗期"，最需要精心引导和栽培。

青年有着大好机遇，关键是要迈稳步子、夯实根基、久久为功。
青年处于人生积累阶段，需要像海绵汲水一样汲取知识。

青年要勤学，下得苦功夫，求得真学问。
青年要修德，加强道德修养，注重道德实践。

青年要明辨，善于明辨是非，善于决断选择。
青年要笃实，扎扎实实干事，踏踏实实做人。

让青春成为中华民族生气勃发、高歌猛进的持久风景。

校园道旗文化实景三

让青年英雄成为驱动中华民族加速迈向伟大复兴的蓬勃力量。

中国青年是有远大理想抱负的青年。
中国青年是有深厚家国情怀的青年。
中国青年是有伟大创造力的青年。
中国青年是实现中华民族伟大复兴的先锋力量。

青年要为民族复兴铺路架桥，为祖国建设添砖加瓦。
青年要在奋斗中释放青春激情、追逐青春理想。

广大青年要自觉加强学习，不断增强本领。
广大青年要如饥似渴、孜孜不倦学习。
青年要加强道德修养，注重道德实践。
青年要善于明辨是非，善于决断选择。

校园道旗文化实景四

青年要扎扎实实干事,踏踏实实做人。
青年要当老实人、讲老实话、做老实事。

同人民一起奋斗,青春才能亮丽。
同人民一起前进,青春才能昂扬。

青年要知行合一、格物致知、学以致用。
青年要迈稳步子、夯实根基、久久为功。
青年要立鸿鹄志,做奋斗者。
青年要不懂就学,不会就练。

青年要向实践学习,拜人民为师。
青年要下得苦功夫,求得真学问。

道旗文化——产教融合主题标语

科技成就未来,创新实现梦想。

创新驱动发展,合作推进共赢。

点燃创业梦想,成就人生前程。
携手激情创业,共享精彩人生。

昔日逐梦他乡,今朝创业回巢。
整合多方资源,强化服务能力。

加快众创空间建设,打造创业服务平台。
发挥学校科研优势,推进企业自主创新。

校园道旗文化实景四

创业与激情同行,精彩与人生相伴。
以创业促进创新,以创新推动就业。

校企合作搭平台,产教融合促发展。
尊才培才善用才,创业创新创未来。

伟大出自平凡,平凡造就伟大。

人人皆可成才,人人尽展其才。

深化产教融合,服务区域社会发展。

培养创新型人才,共筑创业中国梦。

在文化的浸润里生活

"文化是生活的要素,文化来源于生活也服务于生活,建设健康的文化必须紧密联系现实。"[①]校园环境既是师生学习生活的基本条件,也是校园文化的物质载体,是大学文化的显性表现。陶行知先生讲"要把教育和知识变成空气一样,弥漫于宇宙,浩荡于乾坤,普及众生,人人有得呼吸"。高校要让"墙壁说话",让"花木育人",让学生在文化的肥沃土壤里茁壮成长。

美国斯坦福大学首任校长约旦有句名言:长长的连廊和庄重的列柱也是对学生教育的一部分,四方院中每块石头都能教导人们要知道体面和诚实。海德格尔说:人类要诗意地栖居在地球上。通过加强校园文化建设,高校要努力让青年学子诗意地栖居在校园中、学习生活在文化的浸润里,让校园的一花一木、一砖一瓦都成为教育的载体,发挥育人的功能。

学生寝室的文明程度、文化品位,总是凝聚着学校的教育理念,彰显着大学的精神气象。让学生学习生活在文化的浸润里,高校要精心为学生营造舒适、安静的学习生活空间和氛围,使学生获得文化的熏习、审美的陶冶、情志的感化和行为的养成。要切实尊重学生、关心学生、爱护学生,使学生在心旷神怡中获得价值的认同、审美的陶冶、思想的感化、行为的养成,真正做到生活即教育、学习即成长。

生活空间即是教育空间,是江苏建筑职业技术学院长期坚持的筑美育人理念,学校积极推进学生寝室和生活园区文化建设,营造学习氛围浓郁的公共空间,努力使生活园区成为融思想教育、行为指导、生活服务、文化活动等功能为一体的学生思想、文化、教育工作新阵地。

每天清晨,学生起床后听到的是校歌中"戎装工帽写华章""磐石金汤鲁

---

① 王义遒:《当代中国大学的文化与精神》,北京大学出版社 2017 年版,第 69 页。

班梦想"的价值取向,"厚生尚能"的校训无形浸染在学生的日常起居中。每天傍晚,学生三五成群漫步公寓区,总会经过体现建筑专业特色的鲁班锁,这一核心景观蕴藏校园文化、发展历史、汉代纹样等一系列育人要素。

在文化活动的组织上,学校开展年度宿舍文化节,比如叠被子大赛、消防演练、最美寝室评比等,通过从小事着眼、小处入手,既解决学生日常学习生活等实际问题,又解决学生理想信念价值等思想问题。通过系列文化活动的开展,"人文化建设""人性化服务"的成长型学生社区日益完善。

作为高校的一种群体文化,班级文化是校园文化建设的重要组成部分,它是一种隐性的教育力量。班级文化随着班级的成立而产生,是班级学生共同创造并为他们所接受的,体现班级学生共有的心理意识、价值观念和文化习性。班级文化的多样性不断地为校园文化注入新的思想,增添新的活力。良好的班级文化,可以正确引导学生形成良好的行为,可以长期感染学生,有助于学生形成正确的世界观、人生观和价值观。高校要切实发挥班级文化对学生潜移默化的作用,努力为学生营造一个良好的读书学习环境和积极向上的学习氛围。

无论宿舍文化建设,还是班级文化建设,都以一种润物无声的方式感染、渗透、影响着学生的心灵,以达到价值认同、行为养成、情感交流的目的。美好的校园人文环境,必将以潜移默化的方式,为学生烙印下充满正能量的深沉厚重的人生底色。

第二节　独具匠心的文化景观

孟母三迁择邻而居的故事,揭示了环境对人成长的影响。大学自身的职能更是要求大学拥有优良的校园环境。大学有着深厚的历史文化底蕴,我们经常说,走进大学校园与走进街头绿地、公园的体会是不同的,这在于大学校园营造了浓郁的育人氛围,一草一木都浸染了书香,散发着知识的芬芳,给人以美的享受。教学楼、图书馆、草木景观等实体存在,更是富含着历史传统、审美意向、价值目的和教育内涵的环境。近年来,江苏建筑职业技术学院加强校园八景打造,提升校园景观环境的空间品质和文化内涵,潜移默化地影响其中的师生。建设科技·智慧城市馆、建筑技术馆、中国礼射文化展览馆等一批代表性文化场馆,处处生发、体现文化育人的"筑美"气质。

精心打造校园八景

　　大学校园的景观包括自然景观、人工景观和人文景观三个有机组成部分,由建筑、公共设施、植物、文化小品等组成元素构成综合景观体系。校园景观关键在于能够观其景、品其文、悟其蕴、明其道。江苏建筑职业技术学院加强校园八景建设,志在赋予校园建筑、景观以生命,使学生在思想观念、心理素质、行动方式、价值取向等诸多方面产生认同,从而实现对精神、心灵、人格的塑造。学校精心打造校园八景,邀请诗词爱好者进行诗词创作,得到了师生校友的广泛认同,体现了学校特有的人文精神,承载了师生校友的爱校情感。

校园八景之一:风华正茂

　　【诗词】　飒爽英姿堪自豪,黄金岁月志如涛。春风雨露勤滋润,回望华年梦也娇。

校园八景之风华正茂

　　【赏析】　本诗首句即逼真地描述了雕塑的形象:身姿健美,情怀豪迈。这形象代表的是建院全体学生,他们始终充满了自豪,而自豪的内涵,又包含了自信、自强、自立。大学时代,正是励志成才之时,光阴宝贵,贵胜黄金,他们无比珍惜这一时期,因为他们有着高远的志向,这志向就如滔滔奔涌的浪涛,昂扬奋发,一往无前,不达目的,决不罢休。那飞溅的浪花腾空而起,是那样得壮美,让人心生钦佩。学子们是禾苗是桃李,老师们的辛勤栽培、浇灌,就像春风雨露,润物无声,却细致入微、温馨甜美。一批又一批学子们学业有成,奔赴各地,为祖国和家乡的建设贡献所学,得到社会和百姓的称赞,他们当年的志向有了依归,梦想有所实现,这个时候,回望昔日,就更加怀念在母校的日日夜夜、分分秒秒,更加感恩母校所给予的辛勤培养,每每在梦中,常常又回到母校的怀抱,心情是那样的美好,充满了快慰和幸福。这美好、快慰、幸福之感,将伴随他们一生。

校园八景之二:林荫漫步

【诗词】 桐影松荫景色幽,风清气爽鸟啁啾。晨行晚步情怀雅,翠绿金黄心永留。

校园八景之林荫漫步

【赏析】 建院的林荫大道,塔松挺拔苍劲,法桐伸张如盖,枝叶遮天蔽日。且路面宽敞平坦,无论何时,皆凉阴铺地,风清气爽,瑞鸟争鸣,景美境幽。而树木之姿色,春夏秋冬,各呈异彩,无不令人赏心悦目。师生们早晨和晚间,都爱来此漫步,既放松了身心,优雅了时光,又思考了生活,好不愉悦!翠绿,象征着学子们蓬勃向上的奋发精神;金黄,象征着学子们思想上和学业上的成熟收获,也象征着老师们辛勤培养学生由青涩到学业有成的过程。无论老师退休,还是学生毕业,这里夏日的翠绿、秋季的金黄都将永远铭记在他们心中,成为人生最美好的印记。

校园八景之三:诗韵藤廊

【诗词】 呢喃紫燕绕长廊,串串藤花频送香。最忆此中明月夜,情牵一梦到他乡。

校园八景之诗韵藤廊

【赏析】 诗韵藤廊是学院一处曲径通幽、紫藤垂廊的优美风景,深受广大师生和游人的喜爱。春天到来的时候,受到紫藤云霞浓香清肺的如画景色吸引,一群群紫燕围着紫藤来回盘旋,发出清亮悦耳的欢快鸣叫,更使长廊增添了浓厚的诗情画意。更有一串一串的藤花,在清风里不停地来回摆动,向外散发着醉人的清香和芬芳,让人沉浸到一个花香鸟语的美好世界。特别是在月明风清夜晚,工作和学习劳累一天的老师和学生,相约来到诗韵长廊休息闲谈,诉说着对远方和未来的渴望与追求,对师生情谊、同学情谊的依恋和珍惜。诗韵长廊的明月夜成为他们人生珍贵的良辰美景,成为他们以后终身珍藏的美好时光,成为他们人生他乡梦中难以割舍的学校情怀。整首诗情景交融,诗意盎然,含蓄优美,回味无穷。

校园八景之四:鼎盛春秋

【诗词】 中华重器五千年,风雨霜冰披一肩。扛鼎英雄数吾辈,韶光锦绣正扬鞭。

校园八景之鼎盛春秋

【赏析】 鼎为中华民族之重器,含有立德树人、鼎盛春秋的美好寓意,经受着历史春秋风霜雨雪的洗礼,巍峨高大,重任在肩。徐州市政府将中华方鼎雕塑赠送给学院,寄托着党和政府对学院发展的重视和肯定,寄托着人民和社会对师生员工深情和器重,同时更寄托着对莘莘学子的希冀和期望。大鼎一景成为学院发展的坐标象征,成为师生的精神支撑,长久地立于天地之间,形象地向社会各界进行着学校发展、师生奋进的宣言,在春光秋色中闪烁着金色的光芒。在鼎盛春秋的引导和启示之下,一届届师生都清醒地认识到自己肩负的历史使命和重任,从而激励自己的雄心壮志和一腔豪情,从而奋发向上、勇于担当。具体联系到学院学习的人生年华,要加珍惜宝贵的时光,在美好的青春年华正在自我加油、自我加压、自我鞭策,扛鼎领先,报效祖国,造福人民,在前进路上实现自己的人生价值。

校园八景之五：翰书叠栋

【诗词】　一楼拱起赛虹霓，万卷图书叠作梯。学子明朝擎大厦，争来宝库汲泉溪。

校园八景之翰书叠栋

【赏析】　首句突出学院图书馆的建筑特征——拱形结构，并借此联想到美丽的虹霓。一个"赛"字，凸显了图书馆的人文之美。第二句写其藏书之多、之富，"万卷"是虚指。而书籍是人类进步的阶梯，莘莘学子明白自己的担当——今天是桃李，明日要成为祖国的栋梁，要擎起高楼大厦，要成为建设祖国的顶梁柱，因此一刻也不能放松刻苦攻读的机会，争先恐后地到图书馆的宝库中汲取知识的甘泉，以便为今后的事业打下良好的知识基础。这其中也暗含学校的教育有方、管理之严、育人之佳。此做比喻自然贴切、形象鲜明、生动活泼，内在的逻辑性紧密，彰显出勃勃生机。

校园八景之六：泉山夕照

【诗词】　抬望泉山笼碧纱，校园无处不芳华。仰观鸿雁远飞去，更有书声醉晚霞。

【赏析】　秀美的泉山与建院仅一路之隔，建院在东，泉山在西，建院居

校园八景之泉山夕照

低,泉山居高。每至夕阳西下,抬眼望去,红光绿岭,金碧浑然,煞是迷人。仰观天上,鸿雁高飞,渐去渐远,阵势威武。校园内,芳草茵茵,花香阵阵,学子们有的赛球,有的跑步,有的唱歌,有的练舞,等等,都在各自呈现着青春年华的美好。而琅琅书声,尤其动听,就连晚霞也迷醉其中,红彤彤布满了西天,此时的泉山和校园也全在红光的包裹之中了。鸿雁远飞,象征已经毕业的学子,去实现远大理想和抱负,为母校、为国家增光添彩。此作有视觉、有嗅觉、有听觉,并运用拟人化的手法,既鲜艳明丽,又朦胧含蓄,堪称佳作。

校园八景之七:射以观德

【诗词】 身定神闲手挽弓,飞鸣镝处起雄风。千年射礼今朝续,一剪英姿霞彩中。

【赏析】 礼射,自古以来就是中华民族提倡的礼艺。学其既可以强骨健身,又可以知礼积德,知射达礼已是古代君子必备的技能。可惜,目前已被浮躁的社会忘记。学校师生勇敢扛起了传承的大旗,走在时代的前列。看,他们拉弓射箭的风姿,夕阳彩霞中的剪影,赢来校内外多少赞许的目光。有他们优美的射姿、沉稳的心态、精湛的技艺,自然的礼仪,何愁中华优秀文化的传统不在他们这里生根发芽、开花结果,代代传承下去!

校园八景之射以观德

校园八景之八：憩园晨读

【诗词】　漫步小园幽径长，花香淡淡染书香。解人还数枝头雀，邀我廊前读旭光。

校园八景之憩园晨读

【赏析】　憩园虽小，内涵很大。内有长廊曲径，石榴桂花；外植竹篱，芦苇荷塘；还有各类雀鸟筑巢，朝夕会聚，是校园中难得的一处晨读的好地方。走在幽静的小路上，淡淡的花香伴着隐隐的书香，沁人心肺，让人心旷神怡。再听着嬉戏的雀声，仿佛是在呼唤学生们一起来享受这美好的晨光，仿佛也在告诫学生们，要珍惜这大好的青春时光。

景观和文化是互补或者共生的，文化造就景观，景观表征文化。对校园八景勒石标识，以传久远，是为固本之举。学校遵循因地制宜、就地取材、师法自然、大拙至美的原则，把校园八景提质升级纳入校园建设总体规划，对景点进行必要的植物栽培或建筑陪衬，精心打造人文景观精品，这是一个长期的过程，更是一个提升校园文化品质的过程。

伴随学校人文底蕴的不断增强，校园的每一角落都成为学生学习、探究和实践的园地。学生在"翰书叠栋"里汲取知识，在"泉山夕照"下苦练技能，在"诗韵藤廊"中晨读勤学，在"林荫漫步"间不懈追求，校园八景日益成为育人的"隐性"课堂。学生徜徉校园，可以体验移步换景、一步一景、文景交融、景景入心，在潜移默化中怡情养性，找到精神依归，提升审美境界。

以校园八景为核心景点，淡化校园地理的概念，将校园以四大文化片区进行划分，是江苏建筑职业技术学院加强校园文化建设的创新之举，这不仅有利于校园文化规划和建设，还有利于加强校园精细化管理，别具特色韵味。文化片区其一为"桐语文化"片区，从学校东大门到学生宿舍区的南北路以东，取义于宋词"梧桐更兼细雨"，但是将"雨"转化成"语"，以突出校园文化的"书声琅琅"之意境。其二为"弛园文化"片区，包括整个学生宿舍区以及南部的休闲运动区，此处以学生宿舍为主，为学生休息休闲之所。"弛园"典出《礼记·杂记下》："张而不弛，文武弗能也；弛而不张，文武弗为也。一张一弛，文武之道也。"其三为"杏坛文化"片区，以孔子像所居的南北路为中心，辐射两侧区域。杏坛，即教学场所，将这条路东面的树林，有意识地建设成为"校友林"，象征"十年树木，百年树人"。其四为"泉山文化"片区，从西大门到图书馆以东，围绕泉山之名，打造校园文化景观。

文化品牌是一种标识力，也是一种吸引力。"等闲识得东风面，万紫千红总是春"，提升校园文化的品质和品位，推进以校园八景为标志的大学文化建设，相信一定能成为学校奋力建设全国一流高职名校的强大精神动力。

打卡网红文化场馆

建筑是凝固的音乐,抽象的雕塑,具象的诗歌。学校建筑,不管是一个建筑单体还是整个建筑群落,绝不仅仅只是容纳师生教与学的物理空间,而更应该是蕴涵学校历史、表达教育理念的文化载体。以大学的图书馆为例,从建筑角度看,它可能是钢筋、水泥、场地、灯光、水电气的综合体,但是从文化角度看,它的建设背景、设计特点、施工历史、运行经历、社会声名、精神追求等,具有更深层的特殊意义。就江苏建筑职业技术学院而言,学校牢固树立文化无处不在、文化建设人人有责、文化建设融入学校各项工作职能的大文化建设观,加强文化建设的总体规划与顶层设计,将文化场馆建设与基础设施建设同规划、同推进,为筑美育人奠定了坚实的条件支撑。

文化场馆之一:建筑技术馆

这里是建筑文化的博物馆,是建筑技术的孵化地,同时也是文化育人的课堂。2010年12月,信房与城乡建设部在徐州召开了全国高职高专建筑类院校实训基地建设现场会,全面推介了学校实训基地建设经验,建筑技术馆的设计理念和实践成效得到住建部、江苏省教育厅领导的高度评价,认为建筑技术馆树立了高职高专建筑类专业校内实训建设的新标杆。

建筑技术馆实景

建筑技术馆按照建筑文化的博物馆、技能训练的实训场、技术开发的孵化器理念设计，以源于现场、高于现场和集成、共享、开放、创新的思路，遵循"围绕软件建硬件""职业技能训练与建筑文化展示"相结合的原则，建成了融建筑文化、技术展示、专业训练、实训教学于一体的开放性教学与展览空间，成为学生感受建筑魅力的文化场所，社区群众和中小学生感悟建筑科技的教育基地，建筑行业解决技术难题的实验场所。

建筑技术馆按传统、现代、当代三个专题，建设了文化、材料、构造、工艺四个大型展示长廊，按照施工工艺流程建设了86个技能实训室，本校教师自行设计、自行制作、自行安装调试完成的建设项目超过60%。大楼自身即为一个巨型实训设备，局部四层，建筑面积3万平方米，充分体现综合、开放的功能特点。

建筑技术馆古建筑实训室

建筑技术馆一楼走廊为建筑设备及材料展示区，主要满足建筑类专业学生认识实习的教学要求，使学生能够熟练认知建筑材料和建筑设备。两侧为彩绘工作室、通风空调系统安装实训室。通风空调系统安装实训室配置了组合式空调机组、新风机组、风机盘管、冷却塔、风机、消声器、多联机、滚剪机、咬口机、卷圆机、合缝机等主要设备，组成一次回风式空调系统、新风加风机盘管空调系统、排风系统、多联机空调系统等四个系统，可以承担组合式空调机组安装、冷却塔安装、新风机组安装、风机盘管安装、风机安装、多联机安装、风口安装、风管制作等"学做合一"的 8 个实训项目。

建筑技术馆二楼的走廊,是世界著名建筑模型的展示区,两侧分别为空间体验室、室内陈设艺术工作室、建筑电气实训室、楼宇智能化实训室。楼宇智能化实训室以项目驱动为目标、工作过程为导向,可进行消防联动控制等综合实训。龙信学院和中南学院施工现场视频直播教室是由学校与特大型建筑企业——龙信集团、中南集团共建"龙信学院""中南学院"中的项目,通过现代信息技术,可实时转播企业遍布在全国各地的工程建设情况,把真实的建设实景引进学校,实现校企资源共享和实时信息互动,解决了教学周期与建筑工程施工周期难以衔接、建筑类专业兼职教师难以离岗的难题,同时也可根据教学需要录制和抓取相关的视频图像,补充教学资源库,丰富教学资源。

建筑技术馆三楼走廊为学生优秀作品展示区,两侧为安装工程管理实训室、热工实验室、水利工程展示室、工程管理实训室、房地产营销与估价、手工计量实训室、招投标实训室、建筑设计工作室、园林设计工作室、建筑壁画实训室、建筑装饰材料、构造与工艺展示室,可以满足建筑装饰专业群及建筑类其他专业的学生直观了解和掌握建筑装饰工程的各种材料及规格、主要的装饰构造做法、施工工艺流程等,也可以作为社会劳动力技能人才培训的场所。

建筑技术馆采用显现式结构和展示式装修建造技术建设,不仅是技能训练的实训场、技术开发的孵化地,还是一座建筑文化的博物馆——世界建筑发展历史,中外最负盛名的经典建筑体沙盘模型,各种实用新型的建筑材料、构造展示,建筑施工工艺展示、结构模型剖面等,20 000 平方米建筑面积,3 个 160 米长的展示长廊,49 个专业实训场所,使学生时时处处都能受到精湛建筑文化的熏陶,也成为社区群众中小学生感悟建筑科技的教育基地。

文化场馆之二:科技·智慧城市馆

科技·智慧城市馆是基于以学校科技力量和人才培养服务地方经济社会建设,特别是服务"智慧城市"理念而建设的,按照学校专业类型,利用高科技信息技术、新材料技术展现学校专业建设最新发展成就的综合性展馆。科技·智慧城市馆于2015年9月落成,建筑面积约1 360平方米。除了序厅、中心演播厅之外,展馆主要包括校史、校友和专业三个部分。

科技·智慧城市馆实景

校史是学校发展历程的真实写照、学校文化传承的重要载体、大学精神的集中体现,也是一所成熟大学不可缺少的重要内容。该展区展示学校历经军校、中专和高职三个时期,通过实物和图片,分别突出三个发展阶段的特色与文化,重点强调了新时代学校发展的六大战略及其落实成果。

校友展区主要是校友印记,有历届毕业生在校学习生活的珍贵图片、资料以及电子查询系统,有毕业生留存、回馈母校的捐赠,更有杰出校友励志尚学的故事,以及各地校友会的情况介绍,是校友回访母校、寻找青春记忆的最佳场所。

专业展区重点介绍学校15个专业集群的专业设置,按照智慧建筑、智慧产业、智慧制造、智慧能源等四大学科门类搭建"学科智慧城市"模型,用声、光、电、网和场景模拟等手段,生动展示学生在校期间将要学习的53个专业的特色和就业前景,以及学校作为全国示范高职院校的培养范式,是招生宣传和新生入学教育的重要阵地。

作为学校重要的文化窗口,科技·智慧城市馆开馆以来,每年接待来访量超过两万人次。作为中国建筑学会、江苏省科技厅和徐州市科技局的科普教育基地,城市建设的综合性科普平台,该馆还接待徐州市中小学生、企业单位的学习和参观,加深了学校与社会公众的联结,发挥了良好的社会效益。

文化场馆之三:中国礼射文化展览馆

中国礼射文化展览馆建于 2020 年 11 月,位居学校建筑图书馆一层的北区,其址南靠大牛山,西望五老峰,陈列面积 395 平方米,设有基本展厅、互动体验厅、多媒体厅三个主厅,是一座兼具藏品展示、人文传习、教学实践与数字体验的文化展览馆。

中国礼射文化展览馆

中国礼射文化展览馆以版面展示立体化、实物场景一体化、景观模拟动态化、展示手段科技化的方式设计,通过文献、文物、复原实物、3D 模型、图文介绍、新媒体设备对礼射文化进行综合性展示。在基本展厅中设有"礼射初现""礼射发展""今日礼射""制弓造箭"四个单元,展出各类展品五百余件,系统展示了礼射的起源、发展、复兴以及非遗技艺和教育价值。

其一,礼射初现。该单元设置射之起源、射之演变、寓教于射、孔子论射四个版块。射之起源主要从传说、文献、文物三个方面介绍弓箭的起源。射之演变借助复原实物、图文、影像展示原始射箭活动向猎射、军射、礼射的演变。寓教于射利用互动媒体设备和立体图文展示礼射在文化领域的表现和文化育人特点。孔子论射版块结合文献资料，通过图文视频方式将孔子对"射"的论述集中展示，突出礼射的文化性和教育性。本单元陈设有真实比例的御射模型，通过背景深化、数字光影技术，再现弓定四方、射御卫邦的军射特点，该展品也是目前国内同类展馆中体量最大的实物模型。

其二，礼射发展。这一单元以时间为轴线，按照不同的历史时期设置先秦时期、秦汉南北朝时期、隋唐五代十国时期、宋辽金元时期、明清近代时期等五个版块，系统展示礼射的发展变化。先秦时期版块陈设有石器时代我国境内的第一张漆弓复制品，同时特别设置周代乡射礼展区。该展区以清华大学中国礼学研究中心《仪礼·乡射礼》复原成果为学术依托，从仪轨、服饰、器物等方面对乡射礼进行全面展示。展区陈设有乡射场景模型，该模型是迄今第一件反映乡射礼盛会现状的缩微模型。秦汉南北朝时期版块陈设有手持秦弩的立射俑和背负箭箙的汉兵俑，该时期习射用的玉韘、玉扳指原型为徐州北洞山出土文物。隋唐五代十国时期版块以图文形式展示了大家熟悉的与射相关的诗词，激发更多人从多角度探寻礼射文化的兴趣。宋辽金元时期版块陈设的三弓床弩模型体现了当时弓弩技术的精湛与高超。这架模型的最大特点在于可实际操作，模拟三弓床弩发射过程，通过互动让人亲身感受到床弩的威力和古人高超的弓弩制作技艺。明清近代时期版块陈设有百年前的角弓，透过岁月的痕迹解读历史上的弓箭形制和制弓技艺。本展区展示的"徐州箭手"再现了《明史》中提到的徐州地区善射这一历史现象。

其三，今日礼射。这一单元以新中国成立后中国射箭发展和校园礼射发展为主线，设置拼搏进取、守护复兴、重返校园、再创辉煌四个版块。拼搏进取版块以徐开才、李淑兰两位射箭前辈为国争光的事迹，反映新中国成立后中国射箭取得的一系列成就和问鼎奥运的光辉历程。守护复兴版块介绍了致力于礼射研究的学者和推广者在学术、器物、赛事方面取得的一系列成就。重返校园版块重点介绍校园礼射发展历程中的关键事件和重大活动，并展示了当下校园礼射落地成果。再创辉煌版块以"徐州箭手"这一历史赞誉为背景，介绍徐州高校礼射起步、发展、再创辉煌的新时代征程，并对我校在礼射

中国礼射文化展览馆专家论证

发展中牵头和参与的关键性事件进行情景再现，多角度解读学校以礼为核心，以射为载体，围绕立德树人，发挥传统文化育人作用，助力人才培养的一系列举措。

其四，制弓造箭。这一单元按照弓箭制作技艺特点设置三个版块。家族三代版块主要介绍了弹、弓、弩三代的关系和特点。著书传技版块以相关文献为主体，展示历史上关于弓箭制作技艺的相关著作，陈设有制弓造箭流程模型和关键点实物，将"三载成弓"的工匠精神通过图文、模型、视频传达给观众。传承创新版块围绕国家非遗"聚元号弓箭"和现代制弓技艺展示弓箭制作技艺传承中法古开今、古为今用的创新思想和技术革新。同时该区域陈设有国内外代表性弓箭，展示地域视角下弓箭种类和技艺特点。

中国礼射文化展览馆强化互动体验的功能，在互动体验厅设有"力挽强弓""掷矢明志""百发百中"体验项目。在"力挽强弓"项目体验中，融入科技手段的强弓可以实时显示体验者的开弓力量，使开弓者与历史上的神射手进行一次跨越时空的力量比试。"掷矢明志"项目以汉代投壶为原型，融入自动计分系统，以数字化形式显示投掷结果，以此反馈给体验者，使其调心正志，体悟"发而不中反求诸己"的礼射思想。"百发百中"项目通过测能设备对体验者射出去的每一支箭进行能量测算,同比对等熟悉的耗能物品,自动拍照设备能够留下体验者弯弓引羽的飒爽英姿,同时可借助互联网将照片传至个人手机。

文化场馆之四:礼射场

2016 年 4 月,学校被清华大学中国礼学研究中心选为国内第一个礼射研习基地。2016 年 7 月,学校礼射场开始筹建,该礼射场秉承商周时期学校"序"之结构,又结合明代学校射圃之特点,融入中国元素,重现中华礼射精神与气质,受到学界一致好评,被评为"中国最美礼射场"。

学校礼射场掠影

礼射场建于中国礼射文化展览馆的西南侧,占地约 5 000 平方米。该场设置箭道 10 组,最远习射距离达 80 米,可同时容纳 40 人研习礼射。场地集教学、体验、展演、比赛于一体,曾举办第一届礼射国际学术研讨会、第三届中国大学生射艺锦标赛及多场徐州高校礼射大赛,也是学校礼射课程教学场地。

礼射场建筑融入大量汉文化元素,借鉴汉画像石纹饰风格,参照徐州本地建筑特点,以豪迈奔放为特点,营造出恢宏大气的建筑气势。主题建筑有礼射照壁、景观回廊、演礼广场、藏弓阁、观德亭、立德亭、揽矢壁等,兼具礼射文化宣传、器物展示和技法研习功能。

礼射场以藏于山林、融于自然为设计理念,保留了大量自然元素,整个场地绿化率高达 95%。其中飞矢区为天然草坪,护坡皆铺有绿植花砖,既保护水土又美化环境。场地两侧种植有红枫、银杏、橡树、矢竹等景观植物,既确保场地边界安全又增添自然景观,使得整个场地藏入青山绿林之中。

礼射场以汉文化为设计基础,亲近自然为设计理念,立德树人为教育目标,以期习射者在此研习礼射、修身修德、陶冶心性、亲近自然。仿若"青山入怀云为伴,书香绕梁鹄在前;远闻弦鸣寻射亭,近观君德不知返"的胜境。

文化场馆之五:大学生文化素质中心

文化是一个国家、一个民族的灵魂,也是一个学校的灵魂。江苏建筑职业技术学院学生以理工科为主,提高大学生的人文素养,使大学生政治思想素质、文化素质和业务素质协调发展,成为具有高度社会责任感和时代使命感的高素质人才,是学校"筑美"理念的落地与追求。

加强大学生文化素质教育,是一项人心工程、良心工程和爱心工程,也是一项科学性、系统性很强的工程,必须更新思想观念、建立体制机制、集聚资源条件,站在培养德才兼备、德技并修的高素质技术技能人才的高度,全面构建学校以文化人体系。

基于"筑美"理念,学校在第一课堂建设上,明确理工科学生必须选修文化素质教育核心课程,文科专业学生除选修人文社科类课程外,还应选修一定的科学与技术课程,使学生发展后劲更足、更持久。在第二课堂设计上,重点建设集人才培养、文化传承、思政教育、项目孵化等为一体的大学生文化素质中心(2021 年建成),通过文化展示、课程打造、实践教学、社团活动、校际交流、互动体验等方式,提高大学生的综合素质。

大学生文化素质中心以弘扬优秀文化、陶冶人文情操、提升思想素质为理念,有机融入建党历史、建国历史、我国改革开放和社会主义现代化建设以及党的十八大以来的新时代伟大历程,着力打造"3+3"多角度立体化的文化素质教育模式,即体现"人文+科技""互动+教学""展厅+课堂","理论→实践""课内→课外""专业→全面"的综合性文化素质中心。学生进入中心参观学习,将享受人文的盛宴,感受人文的气息,接受心灵的洗涤。

中心建设以中华优秀传统文化、革命文化和社会主义先进文化为核心内容,这三个文化都是中华民族在生存发展进程中的伟大创造,各具特点又相互贯通,共同闪烁着中华民族一脉相承的精神追求、精神特质、精神脉络。其中,中华优秀传统文化是中华民族的精神命脉,也是中华文化的根和源,内容博大精深,集中体现为思想理念、传统美德、人文精神等,旨在让中华文明的影响力、凝聚力、感召力更加充分地展示出来。革命文化传承中华民族的优良传统,是对中华优秀传统文化的再生再造和凝聚升华,集中体现党和人民在伟大斗争中培育和创造的思想理论、价值追求、精神品格,如红船精神、井冈山精神、长征精神、延安精神、沂蒙精神、西柏坡精神等。社会主义先进文化萃取了中华优秀传统文化和革命文化的精华,集中体现习近平新时代中国特色社会主义思想,代表着时代进步潮流和发展要求,旨在坚定学生对中国特色社会主义的道路自信、理论自信、制度自信和文化自信。

某种意义而言,大学生文化素质中心不仅仅是学生活动中心、艺术中心、教育中心和体验中心,也是一张闪亮的文化育人名片、"一站式"的思想政治教育基地,更是徐州市乃至淮海经济区大中小学生综合素质拓展的高地。中心按照满足育人功能、互动功能、共享功能、实践功能、评价功能建设,学生通过多媒体展示、VR互动体验、环幕放映、与机器人对话,能够实现思想文化的启迪,做到满足"三个服务"。一是服务人才的培养,学校在中心开设高质量的人文课程、组织高水平的人文讲座、举办高品位的文化活动,将中华优秀传统文化、非遗文化、传统手工艺项目等面向全校学生开放,利用全方位、多角度、立体化的展示,弥补学生理论教育过程中的短板,通过教育教学与创意设计、学生社团活动参与等,让中华优秀传统文化"活"起来。二是服务文化的传承,中心面向大、中、小学生开展中华优秀传统文化教育和非遗传习体验活动,同时满足参观考察,努力建成校园文化的会客厅,让大学校园更有温度、更有情怀、更有灵魂,不断提高学校的文化软实力。三是服务思想政治教育的拓展,将其建成学校思政课实践教学的基地。中心建设力求把思想政治教育理论教学与实践教学相结合,创新新时代思想政治教育教学方式,提升思想政治教育的吸引力，增强思想政治教育效果，使针对学生的思想政治教育真正做到入脑入心。

大学生文化素质中心是学校全面贯彻党的教育方针、推进人文素质教育的重大举措。中心坚持以提高大学生人文与科学素养为切入点，着力推进文化与艺术对接、文化与教学融合、文化与实践结合，实现文创与科创、专业与创意、思政教育与双创教育的三重融合，应该说在高职院校中是比较少见的，能够潜移默化地影响学生的态度、情感和价值观，进而达到影响人、感染人、陶冶人和教育人的目的。尤其是在管理运营上，中心以"文化展览展示＋文化互动体验＋实践实训基地"模式设计，在实践过程中逐步建立"高质量课程—高水平讲座—高品位活动"三位一体的人文素质教育模式，既弘扬中华优秀传统文化、传承非物质文化遗产，同时也赋予文创产品更多的文化输出，为学校文化传承创新探索出融合创新与发展的新模式。

文化场馆之六：图书馆

图书馆是一所大学的灵魂，是全体师生的心灵支点。图书馆还是学校校风、学风建设的重要窗口，是培养高素质技术技能人才的重要基地，更是学生自学深造、构建合理知识结构的第二课堂，促使校园变得更加厚重而有底蕴。

江苏建筑职业技术学院的西校区毗邻泉山森林公园。学校的标志性建筑图书馆，即位于西校区的中心地带，该馆历经数年设计、论证和建设，于2014 年 10 月正式落成。这是一个开放式、多功能、人文化的文化中心，由中国建筑设计研究院的总建筑师崔恺院士主持设计，总建筑面积达 28 000 平方米。

随着形势的发展变化，大学图书馆已不仅仅是简单意义上的图书馆，更涵盖了学术研究交流、公共文化交流、提升大学文化品位等重要功能。学校的图书馆力求人文与科技的完美结合，力求提供人性化交流和开放式展示的空间，力求营造求知、创新、高雅、自由的文化氛围，使之更好地满足高层次和不同群体的文化需求。

图书馆设置有阅览区、展览区、多媒体区、互动研讨区、自助学习区、清心休闲区等丰富多样的功能区。室内采用阳光中庭，其他部分则进行概念意向

清晨的图书馆

设计。在选材方面,图书馆突出建造材料的基本特点,采用清水混凝土结构,外墙木采用遮阳百叶,内部采用木质感家具,在中庭和建筑外墙周边采用木吊顶,以此表达质朴素雅的校园氛围。结合各类暴露的管线材料,努力形成以图书馆阅览功能为主、建筑教学功能为辅、人与自然和谐相处的独特校园空间。

尤其是层层叠落的平台创造了动态的均衡,稳重且不失活泼的建筑形体象征了"树"的寓意,不断转折的外边界结合连续的花池,将更多的周边环境纳为阅览区的景窗,当学子们在抚卷沉思、抬头远眺的时候,目光将穿越自然、展望未来。该馆还利用并字梁与斜撑组成清晰的清水混凝土结构、首层外墙的石材、花岗岩地面和随处可见的石刻艺术,隐喻着徐州地区特有的汉文化传统。

图书馆有机衔接西校门与教三楼,承接整合周边地势与环境,链接步行交通,连接入口广场与其他教学、生活区域,通过将部分建筑底层架空,使建筑体下方形成开放性的交往空间,将咖啡馆、健身房、书店、展览室、报告厅等公共性较强的区域,灵活地安排在首层开放空间内,为校园增添了一个充满活力、便于思想交流的社交场所。

图书馆以开放式、多功能、人文化为设计理念,其公共性、开放性、教学性、文化性,为青山环抱、意境优雅的江苏建筑职业技术学院增添更多的青春活力,成为学校引以为豪的文化名片。

文化场馆之七:更名纪念鼎

鼎者,国之重器,国之礼器,寓有鼎盛、鼎新、言重九鼎、声名鼎鼎之意。2011年1月,经江苏省人民政府批准、教育部备案,学校由"徐州建筑职业技术学院"更名为"江苏建筑职业技术学院"。2011年5月8日,学校举行更名信息发布会,铸2.7吨铜鼎立于第一教学楼北侧为之记。

徐州市人民政府捐赠纪念铜鼎

更名纪念鼎为方形,与底座所处的圆形路线形成内方外圆之形。古代曾以圆方作为天地的代称,寓意在不断追求完美的过程中,永葆恒久的生命力。更名纪念鼎的四面,各镶嵌有8个古代青铜器经典纹饰的乳钉纹,因为8和汉字"发"谐音,寓意学校事业发达鼎盛之意。在鼎的四面还镶嵌有32个乳钉,寓意学校在建校32周年时更名为"江苏建筑职业技术学院",与鼎高3.2米相呼应。在乳钉上,分别雕刻有东之青龙、西之白虎、南之朱雀、北之玄武的汉代瓦当四灵纹,表达对学校持续健康发展的美好愿望。

更名纪念鼎的四角棱脊,装饰有汉代玉龙纹饰,双立耳外侧装饰有汉代龙虎戏壁图及鼎足上部饰汉代兽面，表达学校地处汉文化中心徐州之意，并努力为地方经济和社会发展服务。在鼎的腹四壁上，则装饰有饕餮纹、凤鸟纹、云雷纹等铜鼎经典纹饰，表达继承弘扬中华民族传统文化之意。更名纪念鼎的底壁上，刻有大篆体"公元贰零壹壹年制"铭文，底座东侧立一汉白玉石条，并镌刻欧阳中石先生书写的"江苏建筑职业技术学院"新校名，以铭记学校发展史上具有里程碑意义的重要事件。学校的发展得到地方政府一以贯之的鼎力支持，值学校更名之际，徐州市人民政府赠铸此更名纪念鼎，特于鼎底座西侧镌刻"徐州市人民政府赠铸"字样，以铭记对学校发展的关心支持。

更名纪念鼎融儒文化、汉文化、廉文化等于一体，与第三教学楼东面的孔子塑像形成风格一致、和谐统一的校园文化景点。纪念鼎本身富含诚信为本、铸就品牌、和谐四方之意，寄予对莘莘学子、广大校友和全体教职工站在新起点、谋划新发展、再创新辉煌的无限期望。

文化场馆之八：公寓区人文景观

学生公寓区是校园中与学生最密切的空间之一，也是校园景观建设的重要组成部分，在提高校园环境质量，丰富校园文化等方面具有重要价值。优美的公寓区人文景观，能够潜移默化地影响着学生的品格和行为，承载着环境育人的重要责任。在江苏建筑职业技术学院学生公寓区，建有韵丰林、筑梦志、成功之门、汉风广场、怡情廊等一批校园人文景观，对于启迪学生认知观念，陶冶学生情操，丰富学生精神生活，促进良好校风、学风形成起到积极的作用。

"韵丰林"建于学生公寓区的一片松林园中，园内林木错落，姿态各异，寓示学校因材施教，学生分层培养，他日必成栋梁之材。林中小道呈龙腾之象、阴阳之律，寓意学校人才培养"藏龙卧虎"。"筑梦志"建于学生公寓区的中心地带，该景观以中国传统建筑工艺榫卯为构造，勾印两汉文化经典纹饰，刻注学校三易其制、五更其名的发展历程，彰显了学校承继历史与再创辉煌的心志梦想。

"成功之门"建于学生公寓区的小径上，该景观运用中国汉代建筑斗拱与

公寓人文景观——筑梦志

门窗造型,以五组红色廊架为组合,寓意莘莘学子奋斗不止,跨越人生"慎独、慎染、慎微、慎初、慎终"五关,即可叩响成功之门。"汉风广场"建于学生公寓区的西南侧,该广场运用汉代建筑斗拱与汉画像石图形的窗格、回纹造型作装饰,集文化博览、园林景观、休闲活动一体,凸显汉风古韵浓厚氛围。"怡情廊"建于学生公寓通向教学楼之路,莘莘学子信步古典幽静长廊,可以体悟汉代建筑斗拱与汉画像石经典元素,领略校园鲜明建筑特色与人文情怀。

第三节　文化育人的探索实践

以文化人、以文育人是文化的价值旨归。文化育人的本质就在于以人类文化的正向价值为导引,教化人走向道德、理性、真善美,从而实现立德树人的目标追求。① 文化育人工作开展得如何,直接影响着大学生的思想观念、价值取向、精神风貌,关乎一代大学生的成长成才。作为高职院校,推进文化育人要指向当下,面向未来,将文化的种子播进育人实践沃土,精心培育和构建独具特色的校园文化体系,为实现伟大梦想提供坚强的思想保证和强大的

---

① 陈秋明:《文化育人的独特价值》,《光明日报》2017年1月19日,第14版。

精神力量。

加强专业文化的渗透

　　文化不是孤立存在的,文化育人必须有载体。对高职院校而言,文化育人不仅体现在学校的办学使命、办学理念、校园环境和学生文化活动之中,更重要的是要体现在专业教育教学活动之中。文化是以知识为载体的"渗透性"存在,必须紧密结合专业教育和课程改革而进行,大力开展专业文化建设和专业课程教学中的文化渗透。

　　专业文化是高职专业的灵魂,更是高职院校专业软实力和核心竞争力的集中体现。传承创新专业文化,是一项系统工程,对于培养大学生的职业精神和职业素养具有重要的意义,需要以专业文化为引领,从理念、课程、实践和保障等方面入手加强建设,使文化育人理念下沉到专业,专注专业对人的可持续发展能力的培养,从而培养学生的职业精神和职业素养,促进人才培养质量的不断提高。

　　专业课程与文化育人是相互渗透的,不仅要培养学生的专业能力和专业素质,而且要培养学生良好的态度、习惯、意志、品质,因而也是高职院校实施文化育人的重要途径和载体。

浓郁的专业文化氛围

著名教育学家潘懋元教授提出,应该少开或不开专门的通识教育课程,而将文化育人渗透于专业课程教学或技能实训中。也就是说,专业课程教学应当成为高职教育文化育人的主战场,让学生的综合素质进一步内化和升华。

课程文化是专业课程的灵魂所在,是公开或隐蔽的信念、行为和价值体系,有着非常丰富的内涵。高职院校要在课程建设中发挥价值引领作用,发挥专业课程文化应有的人文性、育人性,对课程内容、教学目标、教学方法进行精心选择与设计。

高职院校要转变课程建设理念,构建新型课程体系。要立足于高素质技术技能人才的培养目标,把专业文化建设落实到专业人才培养工作中,构建以专业文化课程为核心的专业课程体系,促进课程之间的有机衔接、专业知识的有机融合,实现职业技能培养和职业素质提升相统一。要通过创设职业氛围浓厚的实训环境,严格规范实训要求,养成学生良好的职业行为习惯和职业意识,形成正确的职业价值观。

高职院校要把握专业文化内涵,挖掘专业课程的文化要素。及时更新人才培养方案和培养目标,强调学生的专业核心能力、职业变迁能力和综合素质。深入挖掘专业课程中的文化要素和人文精神,在专业知识讲授中加入科学常识、文化常识。把专业的发展历史、在人类历史发展中的贡献、重要的时间节点、重要的人物或物件等内容,融入每一门专业课程建设中去,融入每一门专业课程教学中去,揭示专业的价值理念和文化底蕴。

高职院校要注重专业体验教育,改进文化育人的方式方法。在人才培养过程中,要契合高职学生特点,各教学单元都应有案例分析、拓展阅读和体验性活动等内容设计,鼓励师生之间开展研讨;设计一定的专业文化实践和体验环节,让学生在实践中体验专业精神,增强学生的职业体验。在增强学习效果上,要做到内容新颖、形式活泼、语言灵动,易于学生接受,避免过于学术化、专业化。

推进企业文化进校园

职业教育作为一种类型教育,产教融合、校企合作是其基本办学模式,是办好职业教育的关键所在。推进产教融合、校企合作,培养拥有较高行业企业文化素养的职场人是高等职业教育的内在要求。高素质技术技能人才的职业成长、职业品质与素养的炼成,必须建构于生产情境和社会环境,这对企业文化深入融入校园提出了新的要求。

推进企业文化进校园,高职院校应该进一步健全和完善校企合作培养机制,加强生产性实训基地建设,以推进职教集团化办学为主要抓手,引入行业企业人才、技术、设备、案例、文化等资源,大力实施校企双主体育人,使学生在企业生产、建设、管理实践中,在行业企业规范中接受企业文化、企业家精神的熏陶,达到躬行践履、知行合一的效果。

一、产教深度融合的文化

产教融合、校企合作是职业教育区别于普通教育的本质特征,也是职业教育作为一种教育类型发展和成熟的标志。从职业教育发达国家尤其是制造业强国——德国的成功经验来看,坚持校企双元主体,搭建产教融合大平台,是职业教育持续健康发展的生命力所在。

多年来,江苏建筑职业技术学院着力打造集人才培养、应用研发、科技攻关、技术服务、智库咨询为一体的技术技能人才培养高地,推进技术研究与转化、人才培养与企业需求、实习与生产、学习与就业的四个零距离对接,培养创新型技术技能人才。在不断深化校企合作的过程中,坚持校企协同"筑美"理念,突出开放办学、产学结合、崇尚实践、强化应用的特色,融合行业企业的文化,将构筑学生的美好前程作为校企双方的中心任务来推进,真正培养企业急需的人才。

将企业文化纳入内部治理体系。面对新一轮产业变革所催生的新技术、新业态、新模式的大好机遇,学校创新构建"产学研训创"体系,将机制创新作为教育教学突破口。以"三落三改""三进三通":落实目标合作企业、落实校企合作项目、落实企业资源入校;助力教育教学改革、人才培养模式改革、办学方式改革;促进新技术、新工艺、新规范进校园、进教材、进课堂,实现校企人员互通、技术流通、文化融通来促进企业文化进校园。深入对接现代学徒制试点、1＋X证书制度等政策,通过设立企业奖助学金,校企联合组织丰富多彩的活动和职业技能大赛等活动,有效地将企业文化融入校园文化活动,使学生在校期间以准企业员工身份深入领悟企业优秀文化,有效推进校企双主体育人。

将企业文化融入人才培养方案。充分发挥企业和学校双主体育人作用,采取"请进来、走出去"方式,请企业行业专家参与制定人才培养方案,将企业需求和企业文化集中体现在学校的办学理念、培养目标、课程设置、课程内容、教学实施、学习方法和考核评估等各个层面。通过"现代学徒制订单培养",师傅带徒弟的形式,传授企业特定技术技能,践行行业企业规范,适应企业文化氛围;定期请企业管理人士进校讲课,在教学过程中融入企业文化,与企业合力打造高职教育品牌。

将企业文化渗入日常学习生活。学校成立"江苏建筑职业技术学院大学科技园",引企入校,引企入教,引入建筑相关企业 35 家,校企同园,将企业的文化渗透到学生学习、生活、实践的每个环节,帮助学生成长。在学生活动中邀请企业领导和专业人士担任评委,从职业人的角度对学生进行评价,传播企业理念,促进学生素质的提升。在校内教学实训和校外生产实践环节,均基于工作过程导向,在"教学做一体"中让学生理解基本的职业操守与职业道德。通过企业名人名言、合作企业标识墙、企业文化长廊等各种有形的载体,导入企业核心价值观,让浓郁的企业文化氛围渗透到校园的每个角落,培养学生爱岗敬业、精益求精的职业态度和职业责任。

将企业文化植入实习实训环境。在实习实训基地,从设备布局、环境氛围及环境卫生建设等入手,营造真实的企业文化氛围,养成学生良好的职业行为和职业习惯。要使实训基地成为既具备企业生产功能,又具备教学功能的实训车间,营造真实的企业环境,促进专业设置和行业对接,教学标准和职业标准对接,教学过程和生产建设过程对接,使校园文化零距离地贴近企业文化,缩短学生进入社会的适应期。

二、校企双主体协同育人

职业教育的目标是培养一批产业急需、技艺高超的高素质技术技能人才,而推动行业企业参与人才培养全过程,构建校企协同育人的体制机制是必由路径。

校企合作是由企业和学校两个主体共同营造技术技能人才培养的环境,

两者的终极目标是协同育人,都是为了"筑美"。校企合作的生命力在于健全双赢的机制,使企业的资源、权益、责任通过共同育人、合作研究、共建机构、共享资源等形式逐步与高职院校融汇、智汇,最终形成一个紧密的命运共同体。

在校企协同育人上,江苏建筑职业技术学院坚持"育人为本、平等自愿、互惠共赢、资源共享"原则,广泛开展与龙头企业、领军企业合作,目前已与徐工集团、京东集团、华为集团、中建八局、中煤建设集团、中南集团、龙信集团、中衡设计集团、苏州金螳螂股份有限公司等国内知名企业建立良好合作关系。建有"中南学院""龙信学院"等30多个企业学院,深入推进校企协同、德技并修、工学交替合作育人模式,高位支撑企业学院发展,共同培养高素质劳动者和技术技能人才。比如龙信学院,由学校副校长和龙信集团副总经理共同担任龙信学院的院长,学校相关职能部门负责人和企业人事部经理、项目经理等为成员,设立企业建筑技术培训中心、执业人员继续教育培训中心、建筑技术研发中心等机构。在此基础上,进一步探索适应"一年三学期工学交替"人才培养模式改革需要、校企共同分担学生培养成本的办学体制和管理体制。

企业学院模式,深化了工学交替、校企共担的人才培养模式改革,探索出了校企"双主体"育人的特色办学之路,实现了校企合作办学、合作育人、合作就业、合作发展。近年来,学校紧紧把握国有建筑业企业业务向市县拓展的机遇和国家开展"产教融合型企业评定"及提供"金融＋财政＋土地＋信用"的组合式激励的政策利好,与国有企业探索深度合作,建立企业订单班、校企员工工作站,推进校企共建教师培养培训基地,为教师学生赋能增值争取机会。

推行双投入、双资源,实现"双主体"办学。在校企合作中,学校和企业在资源统筹与共享、技术创新与服务、人才交流与培养、学生就业与创业、文化传承与发展等方面开展深度合作,共同投入人、财、物和管理、技术等办学资源,共同建设、共同管理。不断创新校企合作形式内容,产教融合,工学交替,构建产学研训创展平台。校企共建教材课程,实训基地,研发中心,展示中心,不断探索拓展新的合作形式内容,开展现代学徒制订单培养,冠名企业杯赛,设立企业奖助学金,联合培养国际留学生,合作开展省级、国家级职业技能大赛。以多元合作形式,打破了学校办学的"围墙"和藩篱,拓展了办学的时空和形态。

推行双计划、双教师,实现"双主体"育人。共同研究制定教学计划,共同开发课程,共同选派学校教师和企业技术人员承担课堂教学和指导实训,共同参与学生管理,共同培养具有企业特质的毕业生。共建共享生产性实习实训基地、学生创新创业中心、员工培养培训中心以及研发机构。邀请企业国家级和省级技能大师、工匠、产业教授来校开设工作室、授课,构建专兼结合、理实一体的校企混编教学团队,开展双主体育人。逐步推进"企业进校园、工程师进课堂、工程案例进课程、教师进项目、学生进工地""教室工作室化、学生学徒化、教师师傅化、教程工艺化、作业产品化""人才、技术、感情、文化、管理"的实施,创新构建并实施符合行业企业需求特点的和职业能力形成规律的"5+3"工学交替人才培养模式。

推行双选择、双服务,实现"双主体"发展。根据就业市场需求和产业发展方向,以人才培养为核心,致力于以科学技术研究服务企业转型升级,以人才、智力资源输送帮助企业发展,共建市、省、国家级产教融合企业,共同塑造企业品牌、形象,扩大企业的社会影响。把毕业生自主择业和企业优先选择结合起来,兼顾毕业生职业发展和企业人才队伍建设。学校还积极探索现代学徒制、股份制、混合所有制合作模式,广泛开展订单人才培养、技能大赛育人、创新创业培育、教师企业挂职、科研成果转化,开展企业员工继续教育、技能培训、学历提升等内容、形式丰富的校企合作,致力于服务行业企业转型和区域经济社会发展。根据行业企业需求,不间断推进学校高层次人才,教授深入企业挂职服务,为企业提供仁爱和智力支持。联合企业研发项目,开展技术创新,锻炼企业核心团队,帮助企业转型升级发展,企业规模、业绩、资质不断升级。

三、校企联合培养复合型人才

江苏建筑节能与建造技术协同创新中心由我校牵头,中国矿业大学、清华大学建筑设计院、龙信建设集团、中建八局第三建设公司、南通建设总承包有限公司、中亿丰建设集团股份有限公司、浙江建设职业技术学院、徐州市规划局、徐州市城乡建设局等协同建设。协同单位包括高职学院、本科重点大学、国内领先的建筑设计研究院、特级施工企业、省建筑科学设计研究院、省外建设类高职学院和地市国家高新技术产业开发区、地市城乡建设局等。

协同创新中心按照"省内急需，全国一流"的要求，从面向国内技术前沿和地方产业需要两方面推进产学研结合，建设成为高质量创新人才培养、高水平科学研究成果转化的重要基地。协同创新中心各单位人员互派，联合培养复合型人才：高职学院和企业技术人员到高校攻读博士学位或做访问学者，高校教师到企业进行挂职锻炼，参与工程项目设计和施工管理，培养"双师型"教师队伍；高校采用开放人才培养机制，企业参与人才培养，企业家成为高校教授和研究院所兼职研究员，成立企业学院，推行订单式学生培养。

协同创新中心强大的优质资源聚合整合能力，已初步形成集生产研发、科技创新、成果转化与实习实训、创新创业于一体的技术技能教育中心，建立起科研育人、教学育人、实践育人体系，出台《基于科技创新平台的多层次技术技能人才培养方案》，配套制定协同培养的系列管理制度。中心成为高技能应用人才培育中心，为人才培养植根深厚土壤，满足产业转型升级和学习型社会对高素质技术技能人才的新要求，有利于提高学生的就业竞争力、岗位适应力和终身可持续发展能力。

构建高职科研与教学融合的人才培养新模式。依托协同创新中心开展教学，学生以真实项目为纽带，参与相关课题的研究。通过引导学生在开展科技活动过程中掌握课程教学内容，使学生得到实践创新能力方面的训练，实现科研项目教学化。教师在教学过程中有选择地把产业科技的最新成果及时、准确地引入实际教学，使教学中融入科研成果和科研思维，从而开拓学生的创新思维，增强创新意识，实现教学内容的科研化。

创新高素质技术技能人才贯通培养新载体。通过体系设计、协同培养，以科技平台、真实项目为载体，以学分积累与转换制度为基础，平台协同院校之间课程互设、学分互认，全方位推进教育内部衔接和外部对接，打通了以工程技术为特征的高素质技术技能人才培养的通道。

建立以育人为核心的技术平台新体系。以教研室为基础组建科技团队，以团队成立科技研发中心，在科技研发中心中成立技术技能教育中心。教研室融合科技研发中心,凸显应用性和职业性,从组织层面融合了教学与技术,使技术研发成果丰富教学之"源"、教学过程形成技术之"流",实现以学生培养为核心的科技创新平台体系和科技平台育人管理体系。在这个体系中,师生共同学习、共同研究,拉近师生距离,形成互动关系,在互动中实现教学相长。

借助地域文化讲故事

处在不同地域的大学,势必会打上不同地域文化的烙印。地域文化是一个地区在一定的自然环境、特定的历史背景和独有的文化积淀等条件下形成的一种亚文化,它蕴含着中华民族特有的精神价值。中国地域广阔、历史悠久。地域文化拥有悠久的历史、丰富的素材、鲜活的人物以及生动的细节。如何借助地域文化讲好地域故事,是大学在文化传承发展中值得思考的课题。

对高职院校而言,地域文化是实现办学特色的重要源泉,是特色办学理念生成的基石。江苏建筑职业技术学院地处江苏徐州,作为苏北地区徐淮连盐宿5市20所高职院校中唯一一所国家示范院校,是淮海经济区高职院校协作会牵头单位。徐州是国家历史文化名城,汉王朝的发祥地,两汉四百余年,先后有二十余位诸侯王分封徐州,这一地区受到汉王朝的高度重视,政治、经济、文化得到全面发展,为今世留下丰厚的汉代文化遗存。以汉代文化资源为依托,徐州建立了一批汉文化景点,徐州汉文化受到人们的普遍关注。学校借助地域文化讲故事,具有非常丰厚的文化资源优势。

一、"嵌入"课堂教育教学

地域文化是学校教育的宝贵资源,提升学生基本文化素养与相关专业技能的重要途径。针对不同类别学生发展需求以及地域文化传播实际,学校遵循普及与提高相结合、课内与课外相结合、学习与实践相结合原则,实施差异化教育模式与成果评定,提供个性化教学平台与课程体系,全面提升学生职业素养与人文素养。一方面,把地域文化嵌入专业课程教学平台。依托徐州汉文化深厚底蕴,通过课程建设、作品设计、创意展览和校地共建等方式,将地域传统文化与艺术技能引入学习体系,丰富学生艺术创作内容与文化内涵。通过课程平台与企业网络无缝对接,将文化产业发展需求及时融入教学过程、产学合作,以企业项目形式提升学生专业技能与应用能力。另一方面,把传统文化融入人文素质教育课程。在教学安排环节,逐渐把汉文化以及徐州非物质文化遗产等文化资源引入课程教学内容。大学生是祖国的未来,也是中华文明薪火相传的希望,理应承担起传承和保护非物质文化遗产的责任。在"牵手非遗"活动基础上,学校把非物质文化遗产纳入公共素质教育课程固定教学模块中,充分挖掘校内智力资源,通过汉文化系列公共选修课程形式来传播汉文化知识,提升学生文化素养,获得了很好的育人效果。

二、渗入校园文化活动

校园文化生活是学校开展传统文化素质教育的"第二课堂"。学校在"汉风讲堂"系列讲座基础上,拓展传统文化教育资源,着力打造"厚生讲堂"品牌,把徐州地区非物质文化遗产传承人请进校园,介绍非遗背后的文化价值与艺术魅力。与徐州市汉画像石艺术馆签订人才培养与教育协议,讲授两汉文化生活与艺术史话。近年来,学校投入人力财力举办了一批传统文化艺术类学生社团活动,这些学生社团在全国或省级赛事中精彩亮相,获得优异成绩,充分展示了学校精神风貌。

剪纸文化的传承

三、融入校园精神文化

徐州是两汉文化发源地，有彭祖故国、刘邦故里、项羽故都之称，拥有大量文化遗产、名胜古迹和深厚的历史底蕴。学校把汉文化精粹既内凝于精神文化体系，也外化于建筑物外观设计、功能设置与景观小品设计中，从而以校园精神引领学生，以物化环境陶冶学生。汉代建筑风格的图书馆成为学校新地标、学生知识的海洋；建筑技术馆内汉代古建筑群讲述两千余年的历史变迁；学生日常休憩的公寓文化景观，以汉代建筑斗拱造型配以汉画像石图案，让古朴的汉韵文化与欢快的青春节奏融合在一起。近年来，学校以建筑技术馆、图书馆等建筑物和馆室为主体，先后成功申报徐州市、江苏省和国家级三级科普基地；这些物馆不仅成为建筑科技知识普及的平台，更被打造为地域文化、学校文化交融展示的平台。

四、注入文化创意产业

学校采用项目团队模式开展汉文化教育教学，让更多的学生参与进来，挖掘徐州文化符号，体会徐州汉文化、中国传统文化魅力，服务徐州地方经济发展，使学生在成功中得到喜悦，在价值认可中提升专业自信与能力自信。对徐州土特产"八大样"进行绿色、环保、乡土的包装设计，让土特产以一种"不土气"的形象出现在旅游市场中；与徐州汉画像石艺术馆合作开展汉画像石书籍设计及汉文化衍生品设计，并获第三届徐州市旅游商品大赛特别贡献奖。

打牢实践育人主阵地

"学如弓弩，才如箭镞。"学习是成长进步的阶梯，实践是提高本领的途径。实践的观点是马克思主义哲学首要的基本的观点，马克思指出"全部社会生活在本质上是实践的"，马克思主义实践观认为实践是认识的来源和动力，是检验真理的标准，实践也是认识的目的。实践性是教育的本质属性，马克思主义教育观和党的教育方针历来强调"教育与生产劳动相结合""知识分子与工人农民相结合""脑力劳动与体力劳动相结合"。[①]

实践育人是指坚持教育与实践相结合，引导学生积极参加各种实践活

---

① 申纪云：《高校实践育人的深度思考》，《中国高等教育》2012 年第 13 期，第 11～14 页。

动,培养学生服务国家服务人民的社会责任感、勇于探索的创新精神、善于解决问题的实践能力的教育活动。实践育人是符合马克思主义实践观的育人理念,是人类活动的实践性在教育领域的反映。同时,实践育人把教育规律和学生成长成才规律结合起来,符合教育规律和人的发展规律。在创新创业人才培养过程中,只有坚持实践育人,才能实现教育目的和人才培养目标。

实践育人在高校人才培养过程中发挥着重要作用,深化实践育人是提高人才培养质量的必然要求,是提升大学生综合素质的重要途径。实践育人,打破了课堂的界限,将校园与社会相连接,将物质环境与精神环境相融合,能够以潜移默化、润物无声的方式,促使大学生汲取新知、砥砺品行。从这个意义上讲,实践育人活动更加深刻地彰显出校园文化的时代力量。

应该看到,学生面临的多元价值冲突无所不在,也许他们在课堂上接受了一种主流价值,在现实中受到多方面的影响后又改变了这种选择。因此,实践环节在学生成长中格外重要。高校要通过打牢实践育人的主阵地,引导学生参加弘扬主流价值的活动,使学生在进行多元价值比较的过程中加深对主流价值的认识,进而选择主流价值。要通过形势报告会、社会实践、志愿服务等途径,让学生经风雨、见世面、受教育、长才干。

一、夯实校内实践育人的主阵地

中华优秀传统文化涵养着家国情怀、职业道德、仁义礼智信等,高职院校要把这些文化精髓融入各类主题学习实践、顶岗实习、第二课堂等实践活动中。

构建校内实践育人体系。完备的实践育人体系可确保实践育人活动规范有序进行,将实践育人各环节和各方面活动导入预定轨道,从而规范实践育人活动,引导实践育人的行为方向。高校要精心安排、统筹调度各类资源,使引领型实践、教学型实践、服务型实践、认知型实践、创新型实践、职业型实践、自治型实践等多种类型的实践模块形成育人体系,切切实实培养大学生团队之间、师生之间、成员之间的协作能力,锻炼大学生组织领导、心理素质和承受担当的能力,提升大学生分析问题和解决问题的能力。构建校内实践育人体系,高校必须进一步优化培养方案和教学计划,结合学科专业特点,调整理顺知识体系,合理设计实践育人环节,大胆尝试实践育人新形式新机制,将实践环节贯穿到大学生培养全过程和各领域,努力做到受教育、长才干、作贡献的有机统一。

强化校内实践育人师资。实践育人师资队伍是人才培养方案的设计者、组织者和实施者,是向大学生传授知识、培养能力和提高素质的载体,是决定教学水平和人才培养质量的关键。高校要加强校内实践育人,必须制定完善健全的实践育人政策措施,加大实践育人师资培训力度,不断提高教师指导实践育人工作的水平;必须加大招才引才力度,主动聘用具有丰富实践经验的专业人才,不断优化实践教育师资队伍结构;必须鼓励专业教师增加实践工作经历,鼓励专业教师参与产业化科研项目,积极选派专业教师到工矿企业参加实际工作、咨询、项目开发或员工培训工作,积累教学所需要的职业技能、专业技术和实践经验;必须加快兼职教师队伍建设,按照不求所有,但求所用的原则,聘请企事业单位的专家、在实践基地具有丰富经验的技术骨干作为兼职教师,组建一支以专职为主、专兼结合的实践育人师资队伍。

完善校内实践育人制度。高校要提高校内实践育人质量,必须加强实践育人制度建设,这是确保实践育人自上而下层层展开,落实到每个部门、每门课程和每位教师上,固化在部门职责、专业培养计划、课程教学大纲和教师岗位职责之中的重要手段。提高校内实践育人质量,高校必须制订有效的考核评价标准与办法,切实增强实践育人效果;必须制定系统的实践育人安全制度,加强对大学生实践育人的安全教育和安全管理,确保实践育人工作安全有序;必须建立严密的实践育人监控制度,结合校内实践育人实际,有目的、有计划、有重点地对实践育人教学体系的各主要环节和方面进行监控,确保校内实践育人取得成效。

二、打造校外实践育人的新格局

革新校外实践育人理念。拓展校外实践育人内涵,革新理念是前提。理念是行动的先导,革新校外实践育人理念,决定着校外实践育人的改革方向,决定着校外实践育人的工作思路,决定着校外实践育人的工作水平。高校应切实转变重理论轻实践、重知识传授轻能力培养、重校内实践育人轻校外实践育人的理念,注重学思结合,注重知行统一,注重因材施教,整合社会各方面力量,统筹社会各方面资源,形成共同支持、全面推进校外实践育人的良好局面,为大学生创造更多参与科学研究和社会实践的机会,从而提高校外实践育人的水平。高校要积极联系所在城市的社区、爱国主义教育基地、企事业单位、部队和社会服务机构等,共同建设多种形式的校外实践育人基地,帮助大学生深入了解社会,提高适应能力和实践能力。

创新校外实践育人机制。创新校外实践育人机制,高校必须以强化校外实践教学目标为导向,以创新校外实践育人方法路径为基础,以加强校外实践育人基地建设为依托,以加大校外实践育人经费投入为保障,积极调动整合社会各方面资源,合力加强校外实践育人工作。高校要在校外实践育人基地建设的基础上,结合实际情况创新开展由校企双方主要领导担任实践基地负责人的校外联合实践育人活动,为大学生搭建更多面向基层学习成长的平台,增强大学生服务国家、服务人民的社会责任感,勇于探索的实践精神和善于解决问题的实践能力。

更新校外实践育人形式。更新校外实践育人形式,高校要全面调动与学校合作企事业单位的积极性,双方共同制定校外实践育人的教学目标和培养方案,共同建设校外实践育人的课程体系和教学内容,共同组织实施校外实践育人的培养过程,共同评价校外实践育人的培养质量。高校可以尝试推行社会实践学分制,对校外实践育人工作进行量化,强化大学生不仅要加强理论知识的学习,还要将校内学习与校外实践紧密结合,让大学生在校外实践中发现问题、寻找答案、培养发散性思维和创造性设想,实现对自身专业知识"第二次学习"的理解性吸收。

三、组织开展专题社会实践活动

突出鲜明主题。实践是认识的源泉,群众是最好的老师,大学生要有更大的作为必须经受实践锻炼,密切与群众的联系。主题社会实践具有覆盖范围广、持续时间长、影响力度大等特点,是根据大学生实践的目的来确定社会实践的中心和范围,只有选择那些意义重大、切合实际、有针对性并能发挥大学生特长的内容作为主题,本着受教育、长才干、作贡献的原则,结合地方的实际才能达到事半功倍的效果。高校可以利用重大活动、重大事件、重要节庆日等契机和寒暑假时期,紧密围绕一个主题、相对集中一个时段,广泛开展特色鲜明的主题实践活动,引导大学生树立正确的价值导向,增强大学生的责任感和使命感,全面提升大学生的思想道德修养。

突出志愿服务。习近平总书记指出,志愿者事业要同"两个一百年"奋斗目标、同建设社会主义现代化国家同行。志愿服务是大学生投身社会实践,在实践中接受锻炼、成长成才的重要方式。高校要鼓励大学生志愿者立足校园,走向社会,深入街道、社区、乡村,在教育、科学、文化、卫生、体育、环保等各个领域,广泛开展形式多样、内容丰富的志愿服务活动。在城市,高校可以组织大学生为老年人、残疾人、失业人员等社会困难群体和个人提供精神上的关爱和实实在在的帮助,促进形成互助友爱、和睦融洽的城市社区人际环境;在中西部农村,高校可以组织大学生改善当地的科技、文化、教育、卫生等发展状况,并且在缩小东部和中西部地区的经济社会发展差距方面作出积极的贡献。

涵盖军事训练。组织大学生进行军事训练,是实现人才培养目标不可缺少的重要环节,可以磨炼大学生的意志,增强大学生的斗志,培养大学生的组织纪律性,树立起修身立人的标准。高校在新生入学教育期间要认真组织开展军事训练,使大学生掌握基本军事技能和军事理论,增强国防观念、国家安全意识,弘扬爱国主义和集体主义精神,培养艰苦奋斗、吃苦耐劳的作风,锻炼强健体魄、磨炼坚强意志。高校要积极争取所在城市解放军和武警部队对大学生军事训练的大力支持,认真组织实施,增强军事训练的实效性。

四、组织开展特色社会实践活动

近年来,江苏建筑职业技术学院整合资源,在学校层面设立实践育人项目,面向专家学者、企业导师和在校师生征集实践选题,围绕国内热点问题和难点问题,确立实践教学主题和选题,引导学生积极申报党的建设和思想政治理论研究专项课题,积极参与"一带一路倡议""聚焦农村精准扶贫""苏北志愿计划"等实践活动。紧密结合思政课教学计划及要求,推动实现第一课堂和第二课堂的有机对接,让学生在志愿服务、社会服务、社区服务、创新创业等社会实践活动中提升实践能力和水平。

体现专业性。社会实践活动除了旨在提高大学生的思想认识、文化素养和社会责任感之外,还应该重点关注大学生所学的专业知识、提升大学生的科研创新能力。在社会实践活动中用专业思维进行思考的过程更容易促成大学生打通专业和学科之间的界限,形成更加稳固多元的知识框架。高校要积极鼓励大学生结合自身所学专业知识,有计划、有步骤地开展社会实践活动,而不是一味涌向跨国企业和知名单位。高校要积极采取有效措施,促使大学生在实际操作中运用专业知识、消化专业知识、获取新知识,带着解决实际问题的想法重返课堂,进一步明确大学学习的方向和目标。

体现职业性。社会实践活动与大学生未来职业相结合,是社会实践活动的发展趋势。高校结合大学生所学专业,组织开展职场体验类的社会实践活动,可以使大学生在学习专业课程时触类旁通解决实践中的未解难题,激发他们学习理论知识的主动性;可以帮助大学生意识到除了学习专业知识和专业技能之外,还要正确理解职业特征、职业心理、职业习惯、职业责任心、职业荣誉感等知识,树立正确的就业观、择业观和创业观,培养职业感情,明确优秀员工的要求,自觉遵守职业道德和职业法律,培养创新精神,为大学生走上社会、服务社会做好各项思想准备。

体现层次性。社会实践活动除了要因人而异,不同年级也应有所区分。高校要根据大学生所处年级的异同,制定个性化的社会实践活动方案,在全校范围内形成一个分阶段、不间断的循序渐进的社会实践体系,促使大学生实现连贯性的成长。对于低年级学生尤其是正在读大一的学生,由于绝大部分同学没有接触过专业课,他们运用专业知识解决问题的能力相对比较弱,高校可以组织一些社会考察、社会服务性质的实践活动,以及爱国主义教育活动;对于大二的学生,已经具备一定的专业知识和分析问题、解决问题的能力,高校可以组织一些社会调查和科技服务体验实践活动;对于高年级学生,已经系统地学习了专业知识,高校可以结合学生专业知识广泛开展科技文化服务类的社会实践活动。

五、系统构建显性实践育人平台

搭建实践基地育人平台。实践基地是开展实践育人工作的重要载体,是提高实践育人成效的重要保证,是大学生受教育、长才干、做贡献较为稳定的场所。高校除了要加强校内实验室、实习实训基地、实践教学平台建设之外,还要有意识地采取校所合作、校企联合、学校引进等方式,主动与企事业单位合作,建立一批相对稳定有效的多种形式的社会实践基地。高校可以依托高新技术产业开发区、大学科技园、大学生创业园等设立大学生创业实习基地；可以积极联系爱国主义教育基地和国防教育基地、城市社区、农村乡镇、工矿企业、驻军部队和社会服务机构等，建立多种形式的社会实践活动基地。

建立实践教学育人平台。实践教学是高校教学工作的重要组成部分，是深化课堂教学改革的重要环节，是大学生获取、掌握、运用知识的重要途径，是高校思想政治理论教育教学不可或缺的重要环节。高校要积极探索实践育人新模式，树立以学生为主体的实践教学理念，形成教务处、党委宣传部、学生工作处、校团委及各学院分团委等部门联动机制，开展丰富多彩的实践教学活动，做到实践教学规范化和制度化。高校要努力构建"三位一体"的实践教学育人模式，即课内实践与课外实践相结合，校内与校外相结合，集中组织和学生分散相结合，形成多部门联动、课内外有机结合的实践教学模式。

建设校园文化育人平台。大学校园文化是育人环境的重要组成部分，作为一种环境教育力量，对大学生的健康成长有着巨大的影响。校园文化建设的终极目标在于创设一种氛围，陶冶学生思想情操，构建学生健康人格，提高学生综合素质。高校可以通过组织开展各种专题讲座、演讲比赛、辩论会、党团知识竞赛、升旗仪式、军事训练、党校与团校培训、节假日庆典、心理咨询等实践活动，利用校园文化实现对大学生心灵的塑造，使大学生自然而然地受到感染和熏陶，从而逐渐形成与校园文化精神合拍的道德风尚、行为习惯和人格魅力，实现校园文化的实践育人功能。

六、系统构建隐性实践育人平台

架设网络理论学习平台。鉴于网络已经成为大学生获取信息的重要渠道，高校思想政治教育工作者理应及时跟进，架设网络理论学习平台，引领大学生思想潮流。高校每门思想政治理论课均应建立专门的思想政治理论课教育网站，开辟"理论动态""经典导读""时事点评""专题讨论""网上答疑"等专题栏目，对大学生关心的时事热点、难点问题及所呈现的思想动态，进行网上答疑、即时咨询和互动交流，拓宽课堂教学效果的辐射力。同时，高校也可以将广播、电视、录像、图书、报刊等转发至新媒体上，以建立新型的思想政治理论教育阵地。

构建网络师生互动平台。当前，微博、微信、抖音等新媒体已经成为大学生的"第三课堂"，高校要充分利用其海量资源和即时互动的优势，将实践育人同移动媒体有机结合起来。将专职从事大学生思想政治教育老师的邮箱、QQ、微博等告知学生，以便于学生进行留言和教师及时回复。高校还可以运用新技术手段，探索开展虚拟实践来吸引学生、服务学生，比如形展设计红色游戏、组织网上重走长征路等多种形式的实践活动。

搭建网络风采展示平台。大学生是实践育人的对象，也是开展实践教学、军事训练、社会实践活动的主体。高校要充分发挥大学生在实践育人中的主体作用，调动大学生参与社会实践的积极性，建立和完善科学合理的考核评价机制，加大学生社会实践先进典型的表彰和宣传推介力度。高校要充分发挥报刊、广播、电视、互联网等新闻媒体的作用，积极推广社会实践活动中的新思路、新做法、新经验、新典型，在校内外形成支持鼓励大学生深入社会、在实践中成长成才的良好氛围，激发大学生参与实践的自觉性和积极性。

第六章 塑以美之行

"筑美",其本质不在于知,关键在于行。"筑美"理念只有被师生员工广泛认同,并升华为价值理念,转化为自觉行为,成为我们做事的方式,使浸润其中的学生具有独特的文化气质,才真正彰显出"筑美"的育人功能。

学为人师,行为世范,教师的一言一行都会对学生起到示范作用。教师既是学问之师,又是品行之师。一所大学的师德师风,对学生的思想和行为,时时刻刻发挥着文化熏陶与渲染、凝聚力与吸引力的作用,在潜移默化中推进筑美的实施,教育引导学生扣好人生的第一粒扣子。

肩负新时代使命,实现"筑美"的目标,教师首先要成为一个美好的人。广大教师要自觉增强立德树人、教书育人的荣誉感和责任感,不仅要能够充分激发学生的求知欲望,培养学生的扎实学识,而且要以人格魅力触动学生心灵,善于用自己的学识、阅历、经验点燃学生对真善美的向往,做一名新时代的好老师。

第一节 做一名新时代的教师

教师是太阳底下最崇高的职业。有好的教师才有好的教育,教师能提供好的教育,才能扛起为国育才的重任。"教师是立教之本、兴教之源。"①教师是人才培养的关键,教师队伍的素质直接决定了学校办学能力和水平,直接关系到学校的内涵发展和人才培养质量。

学校面对千差万别的学生,充满了各种变化与可能。给每一个学生提供公平而有质量的教育,促进学生的成长成才,是新时代教师的重要使命。教师要"一个心眼为学生",只有真正把育人放在心里,才会收获桃李满天下的喜悦。

人是要有灵魂的,做一名新时代教师,便要有新时代的"教师魂",搞清楚培养什么人、为谁培养人的问题。心中有了这样的"定盘星",有了这样的"教师魂",教师才能让生命与使命结伴同行,不负时代,不负韶华。

担当时代重任的教师

从党的十九大报告提出"培养能够担当民族复兴大任的时代新人",到全国宣传思想工作会议提出"育新人",再到全国教育大会要求"塑造新人",培养人的问题始终是首要问题。新时代教师,必须把培养社会主义建设者和接班人作为根本任务。

百年大计,教育为本;教育大计,教师为本。振兴民族的希望在教育,振兴教育的希望在教师。由一个个好老师构成的高素质教师队伍,才能够让学校更好地完成培养社会主义建设者和接班人的光荣使命。

教师是人类灵魂的工程师,是人类文明的传承者,承载着传播知识、传播思想、传播真理,塑造灵魂、塑造生命、塑造新人的时代重任。教师只有把教育当作事业来做,倾注心血把课上好,让学生的德性与智性得到最大程度的启迪、润泽和提升,才会在自己的领域中有所建树,才会乐在其中。教师最大的使命,是力所能及为学生的成长提供好的环境。什么是好的环境? 美好的教师自身。只有当教师成为学生学习、生活、成长的"教材"时,教育才能实现。②

教师是太阳底下最神圣、最光辉的职业,也必须成为引领时代、弘扬主旋

---

① 《习近平向全国广大教师致慰问信》,新华网,2013 年 9 月 9 日,第 1 版。
② 郑英:《教育,向美而生》,中国人民大学出版社 2019 年版,第 13 页。

律、激发正能量、最与时俱进的职业。进入新时代,我们期盼每一位教师都能心系"筑美"理念,引领学生奔向一个拥有诗与远方的美好前程。

新时代教师要树立正确的理想信念。习近平总书记强调,没有理想信念,理想信念不坚定,精神上就会"缺钙",就会得"软骨病"。理想信念是教师的精神之钙,是教师前行的精神动力,是教书育人、播种未来的指路明灯。新时代教师要成为先进思想文化的传播者、中国共产党执政的坚定支持者、学生健康成长的指导者和引路人,必须认真学习贯彻习近平新时代中国特色社会主义思想,坚持把传承知识、塑造思想、实践理想作为最高追求,教育引导广大学生树立远大理想,引导他们扣好人生的第一粒扣子,成为祖国合格的建设者和接班人。

新时代教师要有强烈的使命意识。人才培养,关键在教师。教师是学生的镜子,学生是教师的影子。新时代教师既要学为人师,更要行为世范;既要有深厚的专业素养,更要有过硬的思想政治素质,因此要自觉加强修养,内强素质、外树形象,以言传道、以行示范、以德树人,自觉做传统美德的发扬者、美好价值的弘扬者、人类文明的传播者和纪律规矩的自律者,在潜移默化中让学生学有榜样。

新时代教师要有热爱教育的定力。习近平指出:"好老师不是天生的,而是在教学管理实践中、在教育改革发展中锻炼成长起来的。"[1]作为与祖国未来的建设者、后备军和主力军一起追梦的引路人、摆渡人、合作者和人类灵魂工程师,新时代教师要有坚定的政治信念,把"四个为谁服务"作为人生信条和不懈追求,时刻牢记"四有"好老师要求,激励自己、告诫自己、监督自己,把"三尺讲台"当作实现人生价值的大舞台。

在学生眼里,教师是吐辞为经、举足为法,一言一行都给学生以极大影响。高校要按照习近平总书记提出的"四有"好老师、"四个引路人"等要求,打造一支高素质专业化的创新型教师队伍。担当起时代重任的人民教师,一定能为新时代培养出大量能够担当民族复兴大任的时代新人。

甘做师德师风的示范

气质,某种程度上讲,是一个人的精神面貌。而一所大学师德师风的气

---

[1] 《习近平同北京师范大学师生代表座谈时的讲话》,新华网,2014 年 9 月 10 日。

质,则体现的是大学精神和灵魂,这是大学长期沉淀的深厚文化底蕴,是教师、学生和管理者共同传承的精神成果,也是大学赖以生存和发展的不竭动力。师者,范也。若想学生向着美的方向发展,教师自己首先要做一个美好的人。"大学之大,不在于大楼,而在于大师。"大学是高级知识分子的集聚地,文化氛围与生俱来,好教师也是良好的文化氛围熏陶出来、培养出来的。因此,每所学校的教师,也都有自己独特的师德师风气质。

强教梦,强师梦,梦想的起航,师德师风是一个绕不过去的话题。何谓师德?何谓师风?所谓师德就是教师的道德及其修养品质,它是一种涵养,是一种风范。师风就是从事教育职业的教师所形成的一种良好的风气风尚。

师德师风是评价教师队伍素质的第一标准。不同专业的教师,研究领域、教授内容、教学方法各有不同,但育人的要求是一致的,那就是优良的师德师风。高校加强师德师风建设,要充分结合人才培养的自身特色,凝练育人的核心理念,并将其内化成为教师的特有文化特质,使教师成为校园文化的引领者和传承者。

教书育人,育人为本。教师的职业特性决定了教师必须是道德高尚的人群。培养人才,要把培养道德品质放在第一位。而培养学生的道德品质,更需要老师加强自身的修养,以自己崇高的精神和高尚的品德,去影响、感染、带动学生,要为学生点亮理想的灯、照亮前行的路,引导学生成为有大爱、大德、大情怀的人。良好的师德是教师立业立身之本。一个教师如果拥有良好的师德,他就会具有强烈的事业心和责任感,就会自觉地去学习和把握教学的特点、知识的特点以及学生的特点,不断提升自己教书育人的能力和水平,成长为教学能手和业务精英。

高职教育是让学生孕育一种新的梦想,再追寻一种新的希望,然后实现新的超越的一个过程,这个过程尤其需要教师的言传身教。高职教师不仅要做美的使者,指向的明灯,还应成为学生个人进步的动力。近年来,江苏建筑职业技术学院探索始终牢记教师的责任使命,坚持把师德建设放在教师队伍建设首位,以文化的方式、文化的力量加强师德师风建设,在实践中积累了一些好的做法。

强化党委的领导。学校党委把师德师风作为教师思政工作的核心内容,作为教师队伍建设的首要工作,建立上下贯通、全员覆盖的教师工作体系,引导广大教师争做"四有"好老师、当好"四个引路人"。党委会每年定期研究师德师风建设工作,坚持把师德师风作为评价教师队伍素质的第一标准,健全师德师风建设领导体制和工作机制。压实二级单位主体责任,明确校院两级体系,推动师德建设常态化、长效化。选优配强教师党支部书记和支委委员,大力实施"党建示范创建与质量创优"工程,发挥党员教师模范带头作用。

营造良好的氛围。在教师节前夕,学校定期举行座谈会、表彰会、"师德十佳"评选表彰等活动,营造尊师重教的良好氛围。在学校宣传栏,专版宣传优秀教师的先进事迹;在校园网,专栏开辟"建院人物"的介绍。在微博、微信、微视频等平台,集中关注优秀教师的小事迹、小成就、小细节,营造了浓厚的爱师尊师氛围。通过"小青椒"对话"小萌新"、三十年教龄老教师荣休仪式、优秀教师评选表彰等活动,不断增强教师的荣誉感和自豪感,发挥典型引领和辐射带动作用。这些举措的综合化学反应,让教师从内心里真切地感受到:当老师是光荣的事业,是无悔的选择。

加强思想的引领。教师不仅是一种职业,更是一种精神存在。思想的高度决定人生的高度。对教师来说,与时俱进加强学习,保持思想上的先进性是筑美的前提。学校坚持用习近平新时代中国特色社会主义思想武装教师的头脑,不断建立健全星期二例会学习制度,使教师努力做到学以致用,认清中国和世界发展大势,增进对中国特色社会主义的政治认同、思想认同、理论认同、情感认同。引导教师以高尚师德、人格魅力、学识风范来感染学生,做青年学生健康成长的指导者和引路人。编印《高校教师师德手册》《"三全"育人征文汇编》等材料,每周二下午开展全覆盖政治理论学习,构建以教师为主体,集"理论学习、业务交流、工作部署、听取意见"为一体的工作机制。

强化师德的标准。教师发展,师德为要。所谓德高为师,身正为范,优秀教师首先要有高尚的道德情操,有受学生敬仰的风范。教师,首先要让自己成为一个美好的人,这是教育的起点。在师资队伍建设实践中,学校把师德作为评价师资队伍第一标准,努力打造一支师德高尚、业务精湛、结构合理、专兼结合、充满活力的高素质"双师型"队伍,在校园内弘扬"精益求精品质精神、追求卓越创造精神、质量至上服务精神"的匠师文化,用坚强的师资队伍保障"筑美"有效实施。将师德师风第一标准贯穿教师职业全周期,在招聘引进、晋级晋升、评奖评优、考核评价等全环节将师德考核摆在首要位置。制定《师德失范行为处理办法》《课堂教学管理规定》等文件,规范师德失范、学术违规、教学事故等处理流程,把师德要求内嵌到办学治校各环节,贯穿教师职业发展全过程。

传承育人的品格。学校将育人品格传承、教师道德风尚塑造作为"筑美"的重要载体。把教书育人作为教师考核的首要内容,要求教师不仅要成为学生专业上的指导者,还要成为思想上的引路人,以自己的模范行为影响和带动学生。连续15年举办师德建设月活动,要求教师时时处处做学生的楷模,以崇高的人格魅力感染学生、教育学生、激励学生。教师对学生的影响不仅体现在课堂教学和专业技能的传授中,而且更加广泛、深刻地存在于师生之间的日常接触和密切交往中。由于学校家属区和校园连片同区,师生之间的交流交融特别广泛,同时更加深了师生之间的情谊与文化传承。

新教师集体宣誓仪式

注重岗前的培训。在新任教师岗前培训中,除了加强教师教学能力建设之外,学校组织开展集体宣誓活动,强化教师职业道德规范教育,引导教师牢固树立职业道德意识。修订关于师德师风的相关制度,完善激励与约束机制,建立了一整套公正公平、严格透明的制度体系,用制度规范教师的教育教学纪律和学术规范,切实肩负起立德树人、教书育人的光荣职责。不断完善教师评聘和考核机制,把政治标准放在首位,严格教师资格和准入制度,严格聘用和入职程序。注重发挥老同志、骨干教师作用,持续开展"金泉工程",提升青年教师职业素养。

促进教师的发展。教育永远是一门有遗憾的艺术,在教书育人的道路上,没有最好,只有更好。教师成长的空间是巨大的,教师要永远走在一条自我反思、自我奋进、自我创新、自我超越的道路上,保持旺盛的生机活力。学校坚持把加强师德建设与促进教师发展一体推进,着重抓好青年教师的教学基本功大赛、青年教师企业行等专题活动,实现思想教育和专业素养的双互动,师德师风与专业能力的双提升。搭建"教师发展学院"平台,下现场企业行让教师将行业、企业最新科技反哺教学。推行青年教师导师项目,遴选一批品德高尚、精于职业教育教学骨干教师担任青年教师导师,实施一对一结对培养,让教师在项目中成长。

发挥引领的作用。定期开展"师德十佳标兵""我最喜爱的班主任""我最喜欢的老师"等评选活动,邀请徐州市优秀教师先进典型与新入职教师、中青年骨干教师座谈,示范带动青年教师提高师德修养、践行育人使命。学习全国教书育人楷模典型事迹,收看《一生只为一事来》等优秀教育题材电影,引导教师自觉履行职业道德和行为规范。

教师的思想政治素质和师德师风水平直接决定人才培养质量,事关国家和民族未来。教育之为教育,正是在于它是一种人格心灵的唤醒。通过师德师风的示范,我们相信,一定会培养出更多体格强健、精神刚健的人,更多有文化修养、有人文关怀的人,更多有创造活力、有人格魅力的人。

建设双师型教师队伍

2019 年 1 月,国务院印发《国家职业教育改革实施方案》,提出多措并举打造双师型教师队伍。从 2019 年起,职业院校、应用型本科高校相关专业教师原则上从具有 3 年以上企业工作经历并具有高职以上学历的人员中公开招聘,2020 年起基本不再从应届毕业生中招聘。

推动双师型教师不断扩大规模、提升素质、优化结构,是落实职业教育全方位改革的有力落脚点,意味着以往职业院校在"黑板上种田"的时代将彻底终结。新时代双师型教师培养,需要聚焦难题和短板,从教师培养补充、资格准入、培训发展、考核评价、待遇保障等细化具体行动,打出一系列惠师、利师、强师组合拳,为提高复合型技能人才培养质量提供有力保证。

我国职业教育的综合改革与体系建设,不单要从打造双师型教师队伍做起,还要针对一些多年来未解决的困扰甚至阻碍职业教育发展的关键性、核心性问题进行突破,如职业教育是"二流教育"的形象改观和地位提升问题,产教融合、校企合作过程中"校热企冷"的现象破冰终结问题等。可喜的是,2019年底,职业教育"双高计划"的正式落地,便是国家职业教育改革的"先手棋",将强力带动全国职业教育新一轮改革发展。

大学的魅力在于大学教师的魅力。作为高职院校,必须以校企合作、产教互融、专兼混编为原则,以外引内培、德技双进为手段,努力打造一支高水平的双师型教师队伍。

这支队伍,需要树立报效祖国和人民的信念,忠诚党和人民的教育事业。信念是力量的源泉,要以当一名人民教师为荣,以当好一名人民教师为终身的奋斗目标,用自己的全部智慧和才华报效祖国和人民。

这支队伍,需要做到"两个所有"。育人是教师职业的本质要求,也是教师职业的最高追求。浇花浇根,育人育心,双师型教师开设的所有课程都应具有育人功能,所有的教师都应负好育人的职责,把教书育人、育人为本的理念融入教育教学各个方面。

这支队伍,需要做到"两个一手"。学高为师,身正为范,教师的一言一行都在潜移默化地影响着学生。双师型教师要做到一手理论教学,一手实践指导,既上得课堂,又下得厂房,成为一支真正为学生成长成才提供优质服务的高水平队伍。

这支队伍,需要具备"两个能力"。汉代学者杨雄说:师者,人之模范也。双师型教师应具备人才培养、技术服务的双重能力要素,既要有行业气质,又兼具工匠特质,成为真正的工匠之师。

近年来,江苏建筑职业技术学院紧紧围绕《国家职业教育改革实施方案》,将教师双师能力提升作为人才队伍建设的核心任务,以教师发展中心为载体,基于双师型教师培养培训基地,以校企合作、产教互融、专兼混编为原则,以外引内培,德技双进为手段,拓展教师培养途径,实施校内"师德铸魂工程""教师金泉工程""活力激发工程",双师型教师队伍建设取得明显成效。

畅通教师有序培养渠道。实施教授/大师——青年教师结对培养,促进青年教师全面快速成长。教师通过访学进修、企业实践、工匠大师带徒传技、自我提升等多渠道,进一步提高自身教学能力、实践能力和科研能力,学校因此获得了一大批行业有权威、国际有影响的专业带头人、专业群负责人、卓越课程教师、课程负责人,即本土化"大师工匠型"教师。当前,学校双师型教师比例超过90%,入选国家职业院校教师素质提高计划,被确定为土建施工专业类"双师型"教师培养培训基地。

提升教师队伍双师能力。强化外引内培,学校出台《双师素质教师资格认定办法》,从教师专业教学能力水平、技能水平、企业实践工作经历、创新创业经历、为企业开展技术服务业绩和持有执业资格证书等多维度构建高职院校双师评价体系和双师认定标准。依托江苏建筑职教集团,与企业共建双师型教师培养培训基地,建立学校和行业企业联合培养双师型教师机制,在国内知名企业设立"教师工作站",专业教师定期进站进行企业实践工作或兼职兼薪,实践教学能力达到双师素质要求。

混编师资形成培养合力。学校依托双高专业群建设,采用内外混编、虚实结合、产教融合的方式,在院校治理、人才培养方案开发、课程建设、育人工作中,全面引进企业、国内外各类人员主体参与,形成多元主体共同育人的工作格局和校内校外结合的工作合力。一方面多元混编、脉络清晰,"产学研训创"共同发展。团队以应用本科教师、境外教学名师、非遗传承人、行业专家、杰出校友混编,具有学术结构合理、文化背景丰厚、国际化程度高、行业经历和高职学习经历丰富等特点。另一方面依托行业背景、立足地方,学院、书院、企业协同创新。学校的二级学院在艺术中心设立林泉书院,做好实践教学讲座,使学院教学、书院制教学、企业实践教学协同发展、有效衔接,共同创新。团队建设依托学校建筑行业背景,汲取地域文化,服务地方经济。

一所高职院校可能有若干个工程,但应始终把双师型教师队伍建设作为第一工程,这个工程做好了,高职院校的水平就上来了。学校要健全师资队伍建设的保障机制,通过深化选拔机制、分配机制和评价制度改革,营造环境、创造条件,为双师型教师创设专业化、个性化和多元化的职业生涯发展路径。

第二节　让文化活力尽情绽放

习近平总书记在党的十九大报告中指出,文化是一个国家、一个民族的灵魂。文化兴国运兴,文化强民族强。文化能为人民提供坚强的思想保证、强大的精神力量、丰润的道德滋养,作为培养人才、传承文明、创新文化的重要阵地,大学校园优美的环境、丰富的活动、良好的氛围等对学生的熏陶、影响、感化,深深地影响着学生的成长。一所高校一旦形成自己独特的文化,它的每一个成员就能从这片土壤中汲取营养,发展成长,这对一个人的终身发展将产生深远的影响。[①]"筑美"成功与否,往往与教育氛围有一定的关系。校园文化活动是营造教育氛围十分有效的一种手段,必须引起高校足够的重视。

校园文化沁人心

对于文化,《易经》有"人文化成"之说:观乎天文,以察时变;观乎人文,以化成天下。可见文化具有囊括世界观、人生观、价值观在内的意识形态属性。校园文化是社会文化的重要组成部分,承担着引领社会文化的重要责任,是引导人、鼓舞人、激励人的一种内在动力,它将对大学生的思想政治、道德品质、日常行为产生深刻影响。高校要通过校园文化建设,教会学生并和学生一起欣赏美、发现美、创造美,给学生心灵埋下真善美的种子。经过几代人的辛勤耕耘,江苏建筑职业技术学院形成了优良的文化传统,积淀了深厚的文化底蕴,围绕自身文化资源做了一些积极探索。

讲堂文化塑情怀。精心打造"厚生讲堂"品牌,传播人文知识、塑造人文

---

① 张海明:《百年船政 世纪星火——福建船政交通职业学院文化育人探索与实践》,高等教育出版社 2019 年版,第 144 页。

情怀、渗透人文精神,启迪学生思想、培植学生人格、提升学生综合素养,目前已经成为一项时间定期、形式多元、内容丰富的系列人文活动。十几年来,学校坚持人文性、职业性、普适性、开放性定位,陆续邀请200多位高职教育专家、明星企业家、行业拔尖人才、知名校友等来校与学生交流,定期举办人文、礼仪、历史、军事、建筑、科技等领域讲座。他们为万千师生开阔知识视野、鼓励学术研究、挖掘创新兴趣、培养人文情怀、给予人生指导,筑就了校园中最浓墨重彩的一道文化风景。通过厚生讲堂,让学生切身感受大家风范、倾听大家讲述、领悟大家精神,让学生体味校友企业的成长与进取,有效营造了能够仰望星空、净化心灵、转变气质、陶冶情操、提升境界的优良氛围,取得了启思、益智、怡情的效果。

高雅艺术塑心灵。大学生活,本质上是内心生活、精神文化生活。高校举办的文化活动要有高雅格调和品质,坚持以生为本,突出对大学生的人性关怀、人文关怀,让学生在身临其境、耳濡目染中有审美的享受、思想的启迪、心灵的震撼。年轻时期的大学生活品质,奠定了他们日后事业发展的品位与成就。近年来,学校积极推进"高雅艺术进校园"活动,承办《雨花台》等多项文艺节目来校演出,让广大师生感悟高雅艺术的无穷魅力。推动戏曲文化进校园,组织大学生参加戏剧戏曲展演,开展书法、篆刻进校园等活动。引入非物质文化、徐州梆子戏等进校园,通过文化活动塑造心灵、升华灵魂,使学生的精神世界更加充实健康,人文综合素养得以更加充盈。

书香文化塑风尚。提高人才培养质量很重要的一个要素,就是要有浓厚的学习氛围。大学校园要有书香气,它能够为学生学习成长营造良好氛围,塑造良好生态与风尚。一年一度为期一个月的大学生读书节,成为很多学子的美好记忆。学校开展"书香建院"阅读推广系列活动,组织教职员工走进学生生活、走进学生学习、走进学生心灵,与学生共读一本书,营造读书、敬书、爱书的浓厚氛围。创新服务模式,在图书馆、行政办公楼添置各类教育资料,在教工餐厅、学生食堂提供电子阅读服务,每年以"世界读书日"为契机,倡导品读经典、养德励志、健康成长,参与其中的学生受益颇多。

一枝一叶总关情,一事一物皆教育。高校的一切工作,都具有育人的性质和特征。加强校园文化建设,目的不是满足学生的娱乐需求,而是要通过

大学生管乐团演奏现场

开展形式多样、健康向上、格调高雅的校园文化活动,塑造其心灵、升华其灵魂。

品牌文化伴成长

文化建设既是贯穿在学校工作各个方面各个环节的全局性工作,也需要一定的项目和载体;既要润物无声,也应当有声有色,强化品牌的塑造。品牌是大学的名片,是办学实力的标志。有什么样的品,才能育什么样的人,教师的一言一行可能会影响学生的一生。品,反映了一所大学的价值追求和精神风貌,高校要把"品"字贯穿校园文化建设的全过程。

高校是文明传承和文化辐射的高地,要持续不断加强校园文化建设,使文化色彩充分展现。校园品牌文化的培育是凸显校园文化特色、推进校园文化发展、实现"筑美"的必由之路,是高校发展中最值得珍视的宝贵精神财富。江苏建筑职业技术学院根据自身文化积淀、专业优势和办学特点,在校园文化建设中,精心设计和组织开展了一系列形式多样、健康向上、格调高雅的校园文化品牌活动,形成了独特的文化建设制高点。

精心打造文化活动品牌。从某种意义上说,品牌文化是公众的一种印象和评价,其实质是一种文化认同。因为,文化是品牌的灵魂,品牌是文化的载体。文化与品牌是灵与肉的结合。在江苏建筑职业技术学院校园里,每年一度的大学生文化节、艺术节、科技节、体育节,成为校园文化的品牌。通过开展内容丰富、形式多样的精品文化艺术活动,着力建设体现历史传统、时代精神和富有特色的学校文化。此外,寝室文化活动月、廉政文化活动月、优秀学生党员风采展示大赛、人文知识竞赛、大学生辩论赛、主持人大赛、校园十佳歌手大赛等活动轮番登场,很好地陶冶了学生情操。

精心打造社团文化品牌。学生社团是大学生自我教育、自我管理、自我服务的重要阵地,是第一课堂的重要补充,是校园文化的重要组成部分。大学的社团活动在于精不在于多,过多的社团活动,如果品质不能满足需求,就可能流于形式。为此,学校把社团活动重心从追求数量的多,转向追求品质的高,努力提升社团活动的质量和水平,推动学生社团持续健康发展。近年来,丰富多彩的社团活动构成了独具特色的第二课堂,礼射、垒球、剪纸、龙狮队、军风俱乐部等一批精品社团的涌现,反映出学生社团的品牌化发展日益深入人心,这得益于学校"六个一"素质工程的全面推进。学校提出要引导学生"加入一个社团组织、培养一项艺术兴趣、参与一项社会实践、参加一项科创活动、爱好一项体育锻炼、交往一批人生益友",在条件允许的情况下,动员学生在上学期间,至少要参加1个以上的学生社团,通过参加丰富多彩的社团活动,不断提升个人的综合素养。

精心打造仪式文化品牌。仪式,《现代汉语词典》第6版中解释为"举行典礼的程序、形式"。仪式本身没有意义,但却是内心与外部世界建立联系的通道,如同药引,其意义在于"引"①。抓住重大节庆的契机开展活动,成为学校的一大特色。近年来,元旦晚会、迎新晚会、开学典礼、毕业典礼等一批体现学校传统与特色、继承与发展,融思想性、教育性、时代性、艺术性为一体,具有较高知名度、美誉度和影响力的校园文化活动,在全体师生的心中留下了永恒的记忆。在重大节庆活动的组织中,着力体现节庆活动的文化内涵和育人作用,力求做到主题鲜明、意义深刻,体现思想性、艺术性、知识性、趣味性和创新性。比如,学校规范升旗仪式、颁奖仪式、开学典礼、毕业典礼等庆

---

① 郑英:《教育,向美而生》,中国人民大学出版社2019年版,第21页。

大学生龙狮队合影

典仪式的基本程序和基本礼仪,以此来激发师生爱国荣校的自豪感和荣誉感。

精心打造美育活动品牌。美育是党的教育方针的重要组成部分,美育工作是立德树人、培根铸魂的事业。学校加强高水平艺术团建设,目前,已有管乐团、大学生合唱团、舞蹈团等一批校级学生艺术团。邀请业内知名专家,为拥有艺术特长和浓厚艺术兴趣的学生制定实践教学培训计划,开设系统性艺术教育培训课程,不断提升学生艺术能力水平。引进国内外高水平艺术团体来校演出,使广大师生走近大师、感受经典、陶冶情操、提高修养,引进演出成为巡礼艺术殿堂、领受文化盛宴、构建高雅校园、塑造健全人格的有效载体。

精心打造学院文化品牌。学院文化既与所在高校的文化有着密不可分的隶属或从属关系,也完全可以有其鲜明个性特征,甚至是可以自成体系的文化特点。学校突出二级学院文化品牌建设,总结凝练其文化精神,将其作为促进学生健康成长的重要基础。按照"一院一品"思路,努力形成处处是文化、时时见文化、人人有文化的"百花齐放、百家争鸣"良好氛围,让高品质、高品位文化活动成为校园的常态,充分彰显文化育人的功能。

学校品牌要想得到公众认可,就必须有文化品位。客观而言,学校推进文化建设还处于自发状态，主动性、自觉性和责任感都需要进一步增强，品牌文化的影响力也还不太足。当然，大学校园也不可能处处都是文化品牌。有时需静下心、沉下气，做好每一个活动，经常性地策划出好的活动，以满足学生个性化与小众化的需求，使每一个学生都能够受益，这才是正道。

体育文化展魅力

体育文化，是社会主义文化建设的重要组成部分。体育文化表现为校园内开展各式各样的体育活动，它的培育，形式在于"体育"工作，落脚点则在"文化"这两个字。

高校体育文化是以学生为主体，以课外体育文化活动为主要内容，以校园为主要空间，以校园精神为特征的一种群体文化。某种程度上讲，高校的体育文化是一种不畏艰难、积极向上的人生观，是一种严谨的生活态度，它是"筑美"不可或缺的重要内涵，是培养德智体美劳全面发展的社会主义事业建设者和接班人的需要。高校要将体育文化的培育作为学生在校期间健康体魄、健强意志、健全人格的长期举措。

高校体育工作关乎每个学生的身心健康和一生幸福。作为高校教师，面对年轻活泼的大学生群体，有责任为他们提供尽可能高质量的体育教育，培养他们成为优秀的人、快乐的人，让每一位学生都能享受到运动的乐趣。这就要求高校认真思考，除了例行的课上教学、课下作业和社会实践，学校还能给学生注入哪些新鲜又重要的元素。体育文化正是这样一种元素，它使学生在体育活动和竞赛比拼中增强身体素质，在奋勇争先和挫折失败中磨炼意志品质，在坚持不懈与团队配合中体会人生道理。

体育运动不仅能够增强体质，更重要的是能够展现体育精神、弘扬体育文化。高校以人才培养为本，应把培养学生体育精神、体育活动意识和体育技能作为宗旨，不断提高学生体育文化素养，增进学生身心健康，使学生在体育精神的追求中健康成长。大量事实证明，学生时代曾参与过体育社团、经历过体育比赛的人，在就业应聘和社会交往中常常更受青睐。原因很简单，因为体育给他们带来的那股精气神，往往使他们更阳光、更自信、更坚韧、更善于合作。

学生慢垒球队社团

习近平总书记强调,体育承载着国家强盛、民族振兴的梦想。体育强则中国强,国运兴则体育兴。今天的莘莘学子,将是明天的国家栋梁。著名体育教育家马约翰先生说过,体育是培养人们具有健全人格的重要手段;体育运动的教育价值,不只限于运动场上,且能影响整个社会。可以说,高校的体育工作使命光荣、责任重大。我们常讲大学的一个重要社会责任是提高整个民族的素质,而要提高整个民族的素质,体育文化的熏染非常重要。

江苏建筑职业技术学院坚持以学生发展为中心,树立健康第一的教育理念,把体育文化置于人才培养的高度,帮助学生在体育锻炼中享受乐趣、增强体质、健全人格和锤炼意志。要营造校园体育的浓厚氛围,支持体育类学生社团、教职工体育协会等建设,开展体育知识讲座、体育知识竞赛,倡导师生坚持每天锻炼一小时,丰富师生的体育生活,营造知体育、练体育、爱体育的校园风尚。坚持育人为本、体育为基,健全学校体育工作机制,形成学校体育工作"一盘棋"的格局。深化体育教学改革,从课程体系、教学模式、教学内容、评价考核等方面,推进以"大学体育个性化"为主题的教学改革。

学习知识很重要,健康第一更重要。学生的健康不仅关乎个人成长和家庭幸福,也关乎国家未来和民族希望,预示着国家的竞争潜力。学生只有锻

龙狮社团学生的日常训练

炼和塑造强健的体魄,才能为个人成长和实现幸福生活提供坚强支撑,才能为中华民族屹立于世界民族之林打下坚实基础。让体育文化精神深入人心,让体育成为学生生命中不可缺少的因素,让快乐、健康、积极、向上的精神气质伴随学生的一生,这应该是体育文化筑美的深层意义所在。

第七章　润以美之情

习近平总书记在全国教育大会上强调,培养德智体美劳全面发展的社会主义建设者和接班人,加快推进教育现代化、建设教育强国、办好人民满意的教育。学生德智体美劳全面发展是一体的,既是对学生素质定位的基本准则,也是教育的趋向目标。筑美,就是要让学生德智体美劳得以全面发展,归根到底,就是立德树人,这是学校事业发展必须牢牢抓住的灵魂。高校要对准"五育并举"人才培养体系中的短板弱项,更加关注学生心理健康,更加强化美育教育,更加重视强健体魄,更加注重方式创新,在已有工作基础上,保持定力、持续用力、精准发力,让学生自然浸润于德智体美劳之育中,实现全面发展。

第一节　将阳光洒进学生的心灵

教育是美的,这是不争的事实。用美的教育塑造美的心灵,实现人的幸福成长,是教育的理想追求。① 学校是学生的心灵港湾,应编织起系统专业、温情精准的心理健康网络,加强学生人文关怀和心理疏导,提高学生心理健康素质和心理健康水平,更好地推动学生全面成长成才。

---

① 姜野军:《追寻教育之美》,华东师范大学出版社 2019 年版,第 115 页。

健康是人类第一财富,健康中有一半是心理健康。心理健康教育是提高大学生心理素质,促进其身心健康和谐发展的教育,是高校人才培养体系的重要组成部分,也是高校思想政治工作的重要内容。大学是培养高素质人才的基地,高素质人才的内涵不仅仅是德才兼备,应当是包括身心素质在内的各种素质的全面发展。

高校要从"筑美"的现实需要出发,按照"用心做德育,用爱育英才"的理念,强化大学生的心理健康意识,增强大学生的心理调控能力,在校园中营造一种人人关注心理健康和心理素质的良好氛围,努力将阳光洒进每一位学生的心灵。

关爱大学生的心理健康

人才培养是一个大系统,而心理健康是重要组成部分。青年大学生正处在人生发展的重要阶段,其主要特点是身体发育已基本成熟,但心理还远未达到完全成熟的水平。身心发展的不平衡,使他们思想与心理上容易产生各种各样的矛盾冲突,这些矛盾冲突如果得不到妥善解决,就会产生各种心理障碍,严重的甚至导致心因性越轨行为发生。[1]

高校要结合校情和大学生心理特点,确立"走进学生心灵,成就幸福人生"的教育理念,既要培养学生远大的理想、正确的政治方向和高尚的道德素养,又要培养学生健康的人格和良好的心理素质,促进学生阳光成长。

高职院校作为培养高素质技术技能人才的基地,大学生的心理健康状况对大学生学习能力、思想政治素质的提高以及人生价值的实现等,都有着至关重要的作用。一直以来,江苏建筑职业技术学院对大学生的心理健康教育高度重视,秉持以学生为本、促进学生全面发展的筑美理念,从构建工作体系与平台、多维发展工作力量、精细提升心理素质等方面入手,积极完善符合大学生实际的工作体制和模式,全方位、多维度推进大学生心理健康教育工作。

打造专兼结合的过硬队伍。学校将具有心理学专业背景的辅导员划归为心理健康教育中心的专职人员进行统一管理、统一委派,推进人力资源的有机整合。对于其他专业背景的辅导员,鼓励经过专业培训,逐步吸纳为准

---

① 汪元宏:《立德树人——一位大学党委书记的思与行》,南京大学出版社 2014 年版,第 98 页。

专业的心理咨询师,这一做法在大学生和心理健康教育中心之间搭建起了一条快速、畅通的渠道,使学校在遭遇危机事件时能迅速做出反应。心理健康课程也是学校普及心理健康知识的重要手段,学校坚守课堂主阵地,上好"大学生发展与心理健康"课程,培养大学生的自我认知能力、人际沟通能力和自我调节能力,切实提高心理素质,促进大学生的全面发展。

发挥朋辈辅导的教育作用。大学生心理健康教育中心在开展广泛的教育教学活动,进行咨询与团体辅导的基础上,以心理社团和心理委员为依托,充分发挥朋辈辅导在学生心理健康教育工作中的积极作用。为了有效发挥朋辈辅导的作用,定期对心理社团成员和心理委员进行培训,然后通过心理委员,开展心理危机排查、心理主题班会等活动,从而将心理健康知识潜移默化地渗透到学生心中,达到正确认识自己、接纳自己,促进健康成长的目的。

突出对重点与危机的干预。多渠道关注学生心理健康,实现心理问题早发现、早预防、早干预,每年对全校新生进行心理健康测试,为每个学生建立心理健康档案,对存在心理困惑和心理疾患的少数学生分层次进行服务"跟踪",建立心理危机预警与干预立体化网络。通过一对一的心理咨询、辅导员的学生工作、班级心理委员的积极配合、任课老师的观察与反馈等,逐步形成"关注学生—心理委员—年级辅导员—学院心理辅导员—心理中心对口联系负责人—学校心理工作负责人"的六级主动干预模式。

积极营造心育的文化氛围。为激发大学生参与心理健康教育实践活动的热情,学校开展以爱情、就业、自我成长、人际沟通等为主题的"5.25大学生心理健康活动月"系列活动,包括心理测试、现场咨询、宣传展示、心理讲座、征集活动等活动形式。聘请知名心理专家作为中心的兼职教授,不定期地邀请省内外心理专家为大学生、辅导员开设心理健康讲座。通过网络、橱窗、广播、报刊、专栏、传单等形式广泛宣传心理健康知识,教育引导学生无论面对多大的困难挑战,都要时刻保持阳光心态,积极面对生活、微笑面对人生。

加强与思想政治教育相融合。心理健康教育与思想政治教育侧重点不同,但总体目标是一致的,都是素质教育的重要组成部分。学校坚持心理健康教育与思想政治教育工作相结合,深入了解学生存在的问题,努力为学生思想政治教育工作创造良好的心理健康环境,促进了学生思想政治工作的顺利开展。建立校领导接待日制度,常态化召开各种学生代表座谈会,及时发现和解决学生遇到的各种问题。组织开展生命教育和人生教育,教育学生将保持阳光的心态作为一种自信和良好的精神风貌,引导学生学会用欣赏眼光看待一切,正确认识自我,正确认识生命的价值和意义,促进学生全面发展。

深化大学生的美育教育

习近平总书记在文艺工作座谈会上的讲话指出:追求真善美是文艺的永恒价值。艺术的最高境界就是让人动心,让人们的灵魂经受洗礼,让人们发现自然的美、生活的美、心灵的美。

美是纯洁道德、丰富精神的重要源泉,对塑造美好心灵具有重要作用。美育是大学生全面发展的重要内容,没有美育或美育被削弱,对党的教育方针的贯彻就不全面,对教育现代化的理解就不完整。从这个意义上说,做好高校的美育工作,是提高教育教学质量的应有之义。

美无处不在,美育也无处不在。高校美育工作要实现以美育人,全面提高大学生的审美与人文素养,需要从促进人的全面发展的高度,努力在审美中育人、在育人中审美,在审美中成长、在成长中审美。近年来,江苏建筑职业技术学院不断加强和改进美育工作,创造以美育人的校园文化氛围,着力提高大学生的鉴赏能力、传承能力和创新能力,多措并举开创了美育育人的全新局面。

开设艺术课程平台,引导学生感知美鉴赏美。艺术的最高境界就是让人动心,让人们的灵魂经受洗礼,让人们发现自然的美、生活的美、心灵的美。学校加强师资队伍建设,鼓励专业教师开设美育课程,引导教师积极参与美育课程建设和教学改革。依托建筑装饰学院、艺术设计学院专业优势,突出学校特色,开设艺术类相关课程,提升引领学生的审美观念和艺术鉴赏力。面向全体学生开设公共艺术课程,涵盖文学、音乐、美术、影视、摄影、舞蹈、书法等诸多门类。引入高水平文化艺术教育资源,大力打造"高雅艺术进校园""地方戏曲进校园"系列展演,以高层次、高品位的文化艺术活动,为学生提供优质美育体验,不断营造健康向上的校园文化氛围和育人环境。

《好大一棵树》走进校园

拓展艺术教育平台,引导学生传承美探究美。学校注重美育平台的拓展和建设,让大学生在赏析、体验、操作和反思的过程中,加强对美的认识把握。常年开设雕塑、油画、书法、篆刻等精品人文选修课程,以讲授、展演、实训相结合激发学生对传统文化的兴趣,以体验式授课加深学生对艺术作品的感悟,提升学生审美能力和人文素养。围绕非遗作品、剪纸体验、毕业作品展等主题项目,开展系列美育活动,让学生近距离了解艺术、感受艺术、体验艺术,提升学生艺术修养。开展师生书画摄影展,全方位构筑传播美的多彩美育活动空间。

打造艺术实践平台,引导学生体验美展现美。加强校地合作,聘请中国工艺美术大师担任兼职教授。推进大学生艺术社团建设,着力打造以"江苏省大学生艺术展演"为代表的文化艺术实践平台,让学生参与其中、受益其中、享受其中。支持美育社团发展,大学生管乐团、合唱团、舞蹈团、民乐团等艺术类社团定期开展活动,激发学生艺术欣赏和创作热情。组织学生参观艺术展览等,将美育所蕴含的优秀传统文化教育元素融入观展过程。在学校官方微视、抖音、快手平台,建设礼射文化网络课堂,制作传统文化慕课课程,推动信息技术与学校美育深度融合。

美育是审美教育,也是情操教育和心灵教育,不仅能提升人的审美素养,还能潜移默化地影响人的情感、趣味、气质、胸襟,激励人的精神,温润人的心灵。做好学校美育工作,是事关"怎样培养人"这一教育根本问题的大事,更是我们每个教育工作者的责任使命。

加强大学生的劳动教育

从 2018 年全国教育大会提出把劳动教育纳入培养德智体美劳全面发展的教育体系,到 2020 年 3 月,中共中央、国务院印发《关于全面加强新时代大中小学劳动教育的意见》。劳动教育从边缘逐渐走上了"C 位",这是站在培养社会主义建设者和接班人的高度来推进的一项重大决策,是促进学生在劳动教育中全面成长的战略远见,是提升学生劳动精神面貌、劳动价值取向和劳动技能水平的重要举措。

筑美,一定是学生在德智体美劳都得以全面发展的筑美。离开了劳动,德智体美的教育都是无根之花。纵然一时绽放,也不会扮靓整个春天。爱劳动会劳动不仅不会耽误学生学习、浪费学生时间,而且能使学生生活能力增强,促进学生学习,有助于学生的全面协调发展。

"纸上得来终觉浅,绝知此事要躬行。"劳动教育是国民教育体系的重要内容,是学生成长的必要途径,具有树德、增智、强体、育美的综合育人价值。提高劳动教育站位,把劳动教育摆在突出位置上,是当前高校全面贯彻党的教育方针的重点工作。

加强大学生的劳动教育,需要科学设计。高校要结合实际,构建与德智体美相互衔接、相互协调的劳动教育体系,在劳动教育中实现有实践基地、有课时、有教材、有教师、有考核的制度设计。劳动是成功的必由之路,要推进大学生在宿舍生活、集体劳动中培养劳动自立意识,培养劳动技能,养成劳动习惯,使其领悟劳动的意义价值,形成勤俭、奋斗、创新、奉献的劳动精神,体悟劳动给生命注入的快乐。同时,还要加强系统设计,鼓励大学生利用知识、技能、工具、设备等为他人和社会提供服务,特别是在公益劳动、志愿服务中强化社会责任,培养良好的社会公德。

加强大学生的劳动教育,离不开对于教育规律的尊重。加强大学生的劳动教育，是高职院校培养大学生实现道德提升、智慧增长、体质强健、美感涵养的重要途径，也是"筑美"理念付诸实践的宽广平台，应建立多形态、充分整合的劳动课程体系和劳动教育实践体系。在理论上，高职院校可以开展"劳动与人生""劳动与伦理""劳动与社会""劳动与未来"等相关课程。在实践上，高职院校应结合实际，特别是结合学习生活实际、校企合作实际，开设劳动教育实践课程或者设置劳动教育周。另外，还可以创新劳动的形式，建设校内劳动教育场所和校外劳动教育实践基地，科学设计劳动项目，激发学生劳动的内在需要和动力，这样才能取得应有的效果。

　　加强大学生的劳动教育，需要弘扬劳动文化。劳动教育是以劳动为手段，引导大学生"求真""向善""向美"的实践活动。高职院校应坚持"弘扬劳动精神，培育劳动技能"的劳动教育理念，在规划设计、组织协调、资源整合、师资培训、过程管理、总结评价等方面采取切实举措，整体提高劳动教育质量和水平。除了正常安排顶岗实习、实验实训外，高职院校还应在校园文化建设中，注重劳动精神、劳模精神、工匠精神的专题教育，在校园中设置大国工匠雕塑，技能文化广场等，让一景一物能传神、一墙一壁都说话，营造劳动光荣、劳动伟大的浓厚校园氛围，培养大学生树立"劳动美丽"信念。坚持在继承传统中创新发展，开展校园技能文化节、劳动文化节、劳动周等活动，在劳动教育中融入社会主义核心价值观，培育学生的敬业奉献精神。

　　加强大学生的劳动教育，必须契合实践过程。党的十九大报告指出，要建设知识型、技能型、创新型劳动者大军，弘扬劳模精神和工匠精神，营造劳动光荣的社会风尚和精益求精的敬业风气。劳动创造美好生活，筑就美好人生。高职院校培养的学生主要面向生产、管理、服务的第一线，更需加强劳动教育，增加劳动体验、理解劳动创造价值。要在劳动教育过程中引导学生发现问题，围绕问题研究对策，提高解决实际问题的能力，变单一的体力劳动为具有思维含量的创造性劳动。

第二节　把网络建成心灵的港湾

　　当今时代是移动网络时代，"指尖上的思想风暴"扑面而来，大学生群体拥有智能手机占比近乎 100%，90% 的信息来源于新媒体。在这样一个新媒体和"互联网＋"的时代，校园文化可以说时时处处印刻着网络的印记。特别是随着微博、微信、抖音、快手、B站等平台的推广流行，大学生"移动优先"的接受习惯，使得人才培养的供给侧结构性改革势在必行，依托新媒体技术、平台，增强教育的吸引力、实效性。

当前在校学生以00后为主，独生子女居多，思想活跃、心理敏感，喜欢新鲜事物，习惯通过微博、微信、微视频等途径记录生活点滴、开展人际交流、展示个人风采。"微"交流、"微"关注日益成为大学生的一种生活方式选择，影响着大学生的文化心理和价值观念选择。如何充分利用新媒体技术推进"筑美"，如何把新媒体技术优势转化为工作上的优势，这是一个非常现实的问题。

在媒体融合新形势下，高职院校必须高度重视网络文化阵地建设，实现从现实空间到虚拟空间的全覆盖，传统媒体时空界限性与新媒体超越时空性的完美结合。在日常工作中，要不断增强主动性、掌握主动权、打好主动仗，在网络中推动教学创新、学业指导、社会实践，通过加强价值引领、育人资源融合和教育方法的创新，推动教育实践与新媒体新技术有机融合，让师生在教与学的互动中共同成长，构建筑美育人的新阵地。尤其是新媒体，学生使用的最多最频繁，要努力让学校官方新媒体平台传播主流声音、传递主流文化，使师生成为传统文化和大学精神的守望者，先进文化的传播者。

适应媒体融合的新时代

2020年9月，中共中央办公厅、国务院办公厅印发《关于加快推进媒体深度融合发展的意见》指出，要推动传统媒体和新兴媒体在体制机制、政策措施、流程管理、人才技术等方面的融合步伐。随着5G时代到来，移动互联网成为大学生学习、工作、生活的新空间和获取服务的新平台。如何顺应网络化、信息化、数字化发展趋势，推动传统媒体和新兴媒体融合发展，做大做强校园主流舆论，成为巩固高校宣传思想文化阵地的一项紧迫课题。

当前，面对媒体格局和舆论生态的深刻变化，高校传统媒体的舆论引导能力确实面临严峻的挑战。高校宣传部门要增强为什么融的紧迫感，自觉提高政治站位，抢占校园舆论制高点，始终坚持导向为魂，以确保校园舆论的正确政治方向、舆论导向和价值取向。

如何推进高校媒体深度融合发展，相"加"容易相"融"难。当前，高校报网台微端等产品矩阵大都形成，但创新运用视频、声音、动画等多种表达方式，立体化呈现校园信息内容，使其产生聚合共振效应，仍要寻求融媒体建设与师生发展需求的交汇点。

融合不是目的，满足需求才是根本。不以师生为中心的媒体融合发展很难走远。高校要把"师生在哪里，我们就到哪里；师生需要什么，我们就提供什么样的服务"作为理念，把"吸引师生、发展师生、集聚师生"作为抓手，将其贯穿媒体融合发展的全过程。

学校被授予全国职业院校融媒体联盟常务理事单位

为此，在推动媒体融合方式上，高校可以创新"新闻＋校务＋服务"模式。比如新闻资讯传播，高校要统筹党政要闻、校园动态、教学信息、校园建设等内容的生产与分发，以原创、精品、深度、本土为出发点，以提高综合服务能力为落脚点，讲好校园生动故事，塑造学校形象品牌。

诚然，加强媒体融合为高校宣传工作改革创新提供了新机遇，但是如何在媒体融合中共享、在媒体平台上共建，真正合而为一，"融"出一片新天地，亟须探索从"相加"迈向"相融"的新路径。

　　思想是行动的先导。高校在媒体融合过程中要树立"大宣传理念",努力构建"网上网下一体、内宣外宣联动"的校园主流舆论格局。为此,需要以全媒体思路办媒体、抓融合、促发展,实现新媒体阵地全面发展。同时,高校还需强化互联网思维。当前智能手机已经成为大学生标配,这就要求高校必须把移动端作为主战场,努力打造载体多样、渠道多元的校园移动传播矩阵,使主流思想舆论能够"飞入寻常百姓家"。

　　推进高校媒体融合向纵深发展,健全体制机制尤其关键。一方面,高校要构建覆盖面广、信息量大、互动性强的协同传播体系,在报道理念、内容生产、传播形态等方面实现差异化突破,不断提高校园舆论的影响力。另一方面,高校要高位谋划,健全内宣外宣传播融合、策采编发流程融合、采编人员技能融合的运行机制,按照一体策划、一次采集、多种生成、多元传播报道模式,努力让校园融媒报道活起来、亮起来。

　　推进高校媒体融合向纵深发展,最终的核心还在于"人"。高校要制定相应政策措施,着力加强"人"的融合,既可以与校外技术人员形成不求"为我所有"但求"为我所用"联动机制,也可以尝试与校内各单位形成"合伙人"协同机制。在宣传队伍建设上,尤其要加强掌握"十八般武艺"的全能手型人才培养,努力打造一支善于运用移动端新技术、新应用和新平台,能够实现文字、图片、视频等全媒体采集能力的坚强队伍。

　　当代大学生是伴随网络技术的发展而成长起来的青年,运用信息化手段和互联网技术开展大学生思想政治教育工作是新时代形势所需,加强网络思想政治教育是高校育人的重要载体和有效手段。近年来,江苏建筑职业技术学院全力抢占新媒体阵地,着力在贴近师生的新媒体传播中堆积弘扬正能量,将新媒体平台打造为集思想性、知识性、教育性、趣味性、服务性于一体,广大师生、校友和社会各界了解学校、关注学校的重要平台,展示学校形象、加强对外交流沟通的重要窗口。

　　创新运营理念。网络育人有着融盐入汤、润物无声的优势,能够充分发挥针对性和亲和力的特点,在潜移默化中坚定信念、厚植情怀。学校秉持"做有温度的新闻,做有高度的新媒体"理念,着力打造富有亲和力和吸引力的传播阵地。紧紧围绕立德树人根本任务,坚持从师生中来到师生中去的发展思

学校被授予首批江苏职教融媒体联盟理事单位

路，通过生活化、简洁明了的语言，推送接地气、有深度的图文消息，贴近师生需求、贴近校园文化，精心打造"近闻远说""红色故事会"等一批师生喜闻乐见的特色栏目，精心打造"苏小建"形象，逐步形成内容栏目化、定位差异化、运营品牌化的特色，受到师生校友的欢迎和喜爱。

建设传播矩阵。当前，互联网已成为高校思想政治工作的最大变量，思想政治工作过不了网络关，就过不了时代关。学校推动官方微博、微信、头条号、QQ校园号、抖音、快手、微视等各类新媒体平台的"聚合联动"，共同构筑新媒体传播矩阵，覆盖受众30余万。开展重大宣传活动时，学校各媒体平台紧密配合、同时发声，运用图片、漫画、视频等多种形式，营造合唱式的教育舆论氛围，形成万马奔腾的宣传教育态势，奏响网络思想政治教育主旋律，形成矩阵式传播效应。

强化育人特色。学生在哪里，服务就到哪里，学生在线上、在移动端学习，学生喜欢短视频、新媒体，看直播学习，教师就应在线上、在移动端教学，就要掌握短视频、新媒体、能直播教学。学校利用新技术、新话语、新形式努力营造教育新生态，多维呈现历史沿革、历史名人、校友故事和校园风景，增强思想政治教育的广度和深度。将思想政治教育融入新媒体运营,举办丰富多彩的活动,形成"每月都有有奖活动、每周都有话题互动",问策问需于学生的兴趣为出发点,解决思想教育网络平台缺乏新颖性和吸引力的问题。根据各个新媒体平台性质,分类推送与师生息息相关的信息,激发师生的参与热情,达到信息畅通、师生互动、资源共享的目标。

大学生媒体中心荣获 2019 年全国优秀职院媒体

打造专业队伍。队伍建设是做好网络思想政治的"牛鼻子",学校着力建设一支知网懂网的技术队伍、敢管善管的管理队伍、专兼结合的评论员队伍,不断完善网络工作队伍的培训、管理、考核制度。设立大学生媒体中心,配备专职教师进行业务指导,负责官方新媒体建设和全校新媒体的管理、指导和监督工作。大学生媒体中心在老师指导下开展选题策划、信息采集、编辑发布等工作,写作、采访、编辑、摄影、排版、策划、文案、推广、演员,每一个成员的角色都会得到尊重。

育人内容建设。守好"网络渠",种好"思政田",学校新媒体立足思想引领,找准厚植大学生爱国情怀的切入点,优化对大学生进行网络思想政治教育的实践路径。通过官方微博、微信、抖音、快手等平台,结合师生关注的重点、热点和难点问题与大学生进行实时互动,加强对大学生的思想引导、情感疏导、学习辅导、就业指导,从心理健康、困难资助、就业指导等方面,帮助大学生解决成长过程中遇到的难题,加强对大学生的人文关怀,引起师生情感共鸣,提升网络育人实效。

推进校园媒体的再升级

在信息技术日新月异,移动互联网飞速发展,AI、云计算、大数据、区块链、5G 等应用技术层出不穷的新时代背景下,高校新媒体必须坚守教育性,把新媒体作为传播文化、传播知识、传播正能量的重要载体。高校要借助新媒体之"媒",把学校党委行政的决策部署转化成师生的自觉行动,反映师生创造的鲜活经验和突出成绩,借助新媒体之"新",推动教育内容、教育手段、教育载体、教育形式的创新,不断激发师生的潜在需求,激发师生学习的主动性、自觉性,从而构建广大师生的精神共同体。

习近平总书记强调,受众在哪里,宣传思想工作的着力点和落脚点就要放在哪里。美国著名教育家杜威认为:影响未成熟者所受教育的唯一方法是控制影响他们成长的环境。我们要深刻认识到,大学生在哪里,校园媒体就应该跟进到哪里。作为高校,在媒体融合、移动优先、纸媒转型成为新趋势新态势新要求时,我们不能迟疑观望,必须在理念、内容、体裁、形式、方法、手段、业态、体制、机制等方面进行创新,不断增强针对性和实效性。

把立德树人作为教育的根本任务,具有鲜明的时代特征。在新媒体已经成为高校立德树人前沿阵地的新形势下,如何将高校新媒体发展的新动能有效转化为立德树人的新潜能,是高校必须要解决的突出问题。江苏建筑职业技术学院主动迎合大学生的心理诉求和接受习惯,坚持"传播内容有品质,服务师生有温度"目标,探索以互联网思维谋划和推进思想政治教育工作,探索

学校入围"2019 高职院校网络思政工作创新示范案例"50 强单位

"顶天立地，打造'严肃活泼'的校园新媒体"发展新方式，致力于打造成高端大气上档次、又能紧密贴近师生生活的全方位官方新媒体平台，努力拓展思想政治教育的新时空。

学校官方微博平台。学校官方微博按照"服务＋资讯""服务＋思政"模式，以大学、新闻、文化、活动为标签，致力于打造一个对内服务师生、对外展示学校风采的新媒体平台，为全校师生提供最鲜活的校园资讯、最权威的热点新闻、最贴心的生活服务，讲述共同的建院故事，传播充满温度的建院声音，分享最美建院的青春时光。通过师生易于接受的方式，让"硬新闻""软着陆"，如春风化雨般"浇滴灌田"，实现思想政治教育、校园文化与师生的有效互动。通过动态化开设富有特色的互动话题，广泛吸纳教师、学生和校友中的网络达人、意见领袖，传递网络正能量。近年来，学校官方微博的覆盖度、活跃度、传播力等综合影响力指标持续攀升,在全国高职院校中独树一帜,多次位居排行榜前列。

学校官方微信平台。学校坚持以"做有温度、有态度、有深度的官方微信"为宗旨,瞄准新媒体之"新",坚持"内容为王""贴心服务",立足特色传播、聚合传播,以新视角多维度立体化展示学校发展动态和发展成果,着力塑造官方微信优质品牌、信誉品牌。着眼于讲好校园故事,最新的发展举措、最牛的科研发现、最燃的榜样人物、最炫的校园动态,都能在第一时间,通过微信平台传递给海内外的校友和各界朋友,形成强大的文化传播力量;着眼于传播方式创新,第一时间创新分享学校大型活动、关键节点教育、师生榜样选树、校园文化建设、学生专业学习、社会实践、国际交流合作、职业技能、招生就业等精彩内容,通过裂变式传播扩大影响,增强师生将个人与学校紧密联系在一起的文化自觉;着眼于师生关注热点,结合奖助学金评定、党员发展、社会服务、技能大赛等主题,定期开展学习之星、服务之星、技能之星、创业之星、励志之星等优秀学生风采的展示,从小视角切入吸引师生主动靠近、自动连接。近年来,学校官方微信坚持在"融"中求发展、在"合"中谋创新,坚持用成绩鼓舞人心、用历史讲好传承、用故事传递温度、用实际行动获得认可。学校连续两次被评为全国职业院校官方微信50强单位。

学校官方微视频平台。在短视频平台影响力剧增、媒体融合不断深入的形势下,学校把短视频作为推进校园媒体融合、健全传播平台体系的枢纽,将其作为"未来的第一传播互动窗口"进行打造,先后注册抖音、快手、B站、微视、西瓜、火山、头条等多个视频平台官方账号。微视频突出主旋律的弘扬、正能量的传递,把爱国情怀、敬业操守、诚信品质、友善风尚、孝敬传统、守法观念等融入微视频制作、传播中,把社会主义核心价值观身边化、故事化展示,关注师生心灵、关注情感联结,努力形成深度思想碰撞,在以小见大、贴近人心的动感画面中,较好发挥"树正气、传思想、育新人"作用。近年来,学校不断挖掘新视听、新视角、新故事以及新知识点,对传统文化进行潮表达,使视频作品体现社会价值和教育价值。学校官方抖音、官方快手平台均位居全国职业院校排行榜前列。

学校荣获 2018 年全国职业院校官微 50 强

增强网络文化的吸引力

每一个时代都有不同的时代特征,每一个时代的青年都有不同的青春之梦。推进文化育人要增强时代感和吸引力,提升针对性和亲和力,就必须不断创新工作方法,激扬青春之梦,点亮理想之灯,照亮前行之路。习近平总书记在全国高校思想政治工作会议上强调:要运用新媒体新技术使工作活起来,推动思想政治工作传统优势同信息技术高度融合,增强时代感和吸引力。如何运用新媒体、新技术,使之富有时代活力、更好立德树人,这是高校思想政治工作面临的新课题。

以唱响网上主旋律、积极传播正能量为工作重点,江苏建筑职业技术学院主动拥抱新媒体新技术,将思想政治教育融入网络文化作品创作中,利用新媒体平台构建起教师引导、朋辈引领、知行合一的网络文化工作机制,将思想政治教育放进学生的"口袋"里,让思政工作"活"起来。在网络阵地的功能发挥上,学校按照"六个坚持"的思路稳步推进,网络文化的吸引力持续增强。

坚持融合发展的育人合力。加强顶层设计和体系推进,推进形成育人的合力,努力把信息技术优势转化为育人优势。形成学校—职能部门—二级学院—班级的四级网络体系,实现网络思政的交叉覆盖,不同体系重点不同,分工协作,形成育人合力。推进资源的整合,通过文字、图片、影音视频的形式,把爱国情怀、敬业操守、诚信品质、友善风尚、孝敬传统、遵纪守法等观念融入作品中,并通过艺术化处理,引起大学生思想、情感、处境上的共鸣与认同,进而形成效仿的情感力量。

坚持主流价值引导的方向。网络是一个巨大的舆论场,各种声音鱼龙混杂、真假难辨,正面声音出不来,负面的东西就会大行其道。为了积极有效传播正面的声音,我们坚持榜样的选树,示范的引领,树立成才的自信。在学业评定、党员发展、技能大赛、创新创业、体育运动、社会实践、志愿服务、艺术特长等不同领域,评选先进典型,并广泛开展"入微展示",让每一个付出努力的学生得到应有的关注和奖励,激发学生追求卓越心理,满足学生展示自我的心理诉求,帮助学生树立成才信心。

坚持创新发展的工作思路。学校运用新媒体新技术,以服务学生为切入点,强化网上参与和互动,以水滴石穿和润物细无声的工作作风为营造清朗网络空间贡献力量,引领学生努力成为理性爱国的好网民,形成学生在网络阵地中提高认识、砥砺品格、朋辈相携的新型育人机制。坚持问题导向,问策问需于学生的兴趣为出发点,围绕不同年级、不同专业、不同时间节点学生普遍存在的思想"疙瘩"、心理困扰、学业难题,以学生喜闻乐见的形式,传播思想观念、表达关心问候、纾解心理压力、选树正面典型、提供成长路径、传递积极能量。

坚持以文化人的价值追求。坚持以社会主义核心价值观为引领、以中国精神为灵魂、以中国梦为时代主题、以中华优秀传统文化为根脉,担负历史使命,发挥青年大学生的文艺创作能力,培育有筋骨、有道德、有温度的文艺作品。比如,我们在内容选择上,用普通人、家常事来传递真善美,展示付出与

学校荣获 2020 年全国职业院校官微 50 强

收获转换的力量、自律与成才的力量、知识与创新的力量,展现劳动之美、诚信之美、自信之美,正面引领学生思想、指导学生学习、帮助学生发展。

坚持网上网下一体化发展。网络空间不是独立于现实生活的存在,而是现实生活的反映。网络文化建设不能脱离现实生活,而应该是取材于现实生活并紧密联系现实生活。网络文化建设要取得良好的效果,关键是要有生命力和影响力的作品。学校从思政进网、网入人心、人网联动进行探索与实践,坚持网上网下一体化工作格局,双向互动,实现网络文化建设提升质量内涵式发展。在党委宣传部网页开设传统文化专栏,让"筑美"理念指向当下面向未来,让传统文化符合学生的趣味和审美,让学生认识到传统文化是构筑中国特色社会主义文化的材料而不是范式。

坚持提供能力展示的平台。无论是精准的图文策划,还是美妙的创意发现,无论是文案、配图、排版、标题到发布时间节点,还是以视频的方式记录着每一个瞬间的魅力建院,这些都是需要坚持做好的细节,都是大学生活中难得的锻炼平台。

打造现象级的网络作品

中华民族历来有热爱劳动、尊重劳动、崇尚劳动的优良传统和品格。尊重劳动、尊重知识、尊重人才、尊重创造,是党和国家的长期方针。习近平总书记倡导劳动光荣、技能宝贵、创造伟大的"劳动观"提出后,全国范围内掀起"崇尚劳动,尊重劳动,开展劳动教育"的浓厚氛围。劳动最光荣、劳动最崇高、劳动最伟大、劳动最美丽成为风尚,重视劳动教育,让学生学会劳动、学会创造、学会生存、学会做事,越来越得到认同与支持。如何加强大学生的劳动教育,让大学生在劳动中立德树人、增强技能,在劳动中学会成长、完善人格,从而为成就幸福人生奠定坚实基础,是高校必须思考的课题。

2019 年,是新中国成立七十周年,全国各大高校相继推出"快闪"活动,为新中国成立七十周年献礼。五一劳动节前夕,在徐州泉山风景区脚下,江苏建筑职业技术学院师生在图书馆前唱出了《劳动最光荣》的新时代好声音,为劳动者点赞,为青春点赞,为努力拼搏实现梦想的人点赞。

伴随着阳光、欢快的节奏,师生们唱着"头顶安全帽、眼瞄水准仪"这样浓浓体现劳动味儿的原创歌词,从三个方向汇聚到学校图书馆前,吸引了众多师生员工前来围观。歌曲唱出了"劳动光荣、技能宝贵、创造伟大"的时代好声音,也唱出了高职院校学生的精神面貌,更唱出了"强国一代有我在"的青春担当。这次快闪场景选择充分考虑学校的教学和专业特色,精心抽取建筑施工、建筑装饰、建筑测量、古建筑修缮、园林绿化等具有代表性的场景元素,用演唱为主,配合戏曲、舞蹈、器乐演奏等其他多种形式,展开了一幅"劳动筑就美好明天"的美丽画卷。

快闪制作成片后,视频很快被"学习强国"学习平台、中国青年网、中国大学生在线、江苏教育发布、荔枝新闻、徐州发布等多家媒体转播,在学校校园网、微博、微信、抖音等平台向师生立体化推送,并在学校迎新生晚会、毕业典礼、建校 40 周年晚会庆典、江苏省 2019 年职教宣传周启动仪式等会议现场不间断循环播放。通过这一原创快闪作品的传播，"以劳动托起中国梦"的时代最强音、"劳动最光荣、劳动最崇高、劳动最伟大、劳动最美丽"的共识，越来越深入人心。

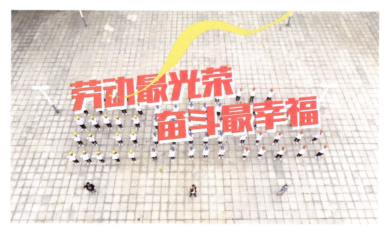

《劳动最光荣》快闪实景

《劳动最光荣》

引子

太阳光金亮亮 雄鸡唱三唱(清唱)

【以下含伴奏】

太阳光金亮亮 雄鸡唱三唱

花儿醒来了 鸟儿忙梳妆

小喜鹊造新房 小蜜蜂采蜜糖

幸福的生活 要从哪里来

要靠劳动来创造

第一段：主唱 A

我头顶安全帽 阳光又干练

我眼瞄水准仪 帅气又老练

我攀登脚手架 勇敢又熟练

我是苏小建

我相信 劳动改写命运

自信 未来　写满我的容颜

拼搏 奋斗　撑起我的蓝天

强国 复兴　牢记我的心间

劳动光荣的青春　最鲜艳 最鲜艳

第二段：主唱 B

我学习新思想 持续地修炼

我专注新技能 反复地训练

我精通新工艺 多重地磨炼

我是苏小建

我相信 劳动铸就幸福

自信 未来　写满我的容颜

拼搏 奋斗　撑起我的蓝天

强国 复兴　牢记我的心间

技能宝贵的青春　最鲜艳 最鲜艳

青春　最鲜艳

第三段：主唱 C

我的大学时光 每天在苦练

我的拿手绝活 日益的精练

我的工匠精神 千锤又百炼

我是苏小建

我相信 劳动开创未来

【合唱】

自信 未来　写满我的容颜

拼搏 奋斗　撑起我的蓝天

强国 复兴　牢记我的心间

创造伟大的青春 最鲜艳 最鲜艳

　　本次快闪的主题曲《劳动最光荣》，由校党委宣传部集体创作，歌词以"劳动最光荣、奋斗最幸福"作为主旨，设三个篇章，分别表达"劳动光荣、技能宝贵、创造伟大"三层意蕴。第一篇章体现一分耕耘、一分收获的劳动过程，第二篇章体现一朝一夕、一心一意的专注技能，第三篇章体现一点一滴、一砖一瓦去实现梦想，贯穿其中的是"劳动开创未来，奋斗成就梦想"的主线，以及"劳动是一切成功的必经之路"的倡议。

　　歌词创作从学生的视角出发、从建筑专业的特点出发，积极响应强国一代有我在、幸福生活劳动创造、劳动改写命运、幸福是劳动者奋斗出来的等时代主题，体现了学校全面推进"筑美"，弘扬劳模精神和工匠精神，强化实践出真知、实践长才干，注重"知行合一"等鲜明特征。

　　《劳动最光荣》快闪，建立在师生对社会现象的细微观察和深刻思考基础上，是集聚信息化技术、学生关注点、道德价值判断以及艺术化呈现为一体的教育创新，突出对受教育者的心理触动和价值观塑造。将刻板的说教转变成生动时尚的"网言网语"，将枯燥的思想政治教育内容转变成生活化的社会热点问题，达到了在轻松快乐中弘扬主旋律、传播真善美的实际成效。把握了劳动最光荣、奋斗最幸福的新时代脉搏，体现了大学生的专业技能、精神风貌，以及对家国情怀的责任担当，通过榜样选树、成长目标路径参考，有利于增强"上高职，一样能成才"的信心。适应了高校的信息化、智能化形势，表达了一种情怀、传递了一种温度，起到了凝聚人心、鼓舞士气的社会效应，展示了高职学生追逐梦想的精神风貌，喊出了"以劳动托起中国梦"的时代最强音，让劳动最光荣、劳动最崇高、劳动最伟大、劳动最美丽的共识在全校师生中日益深入人心。

第三节　让文明成为内在的自觉

大学之美，美在校园，美在育人，美在精神。大学是文明的殿堂，以文明的方式传达文明的理念、文明的知识，培育文明的人。文明是清晨的第一缕阳光，它带给我们以力量和活力。文明是遍布祖国大地的鲜花，它带给我们生活以幸福和美丽。文明又是春天的雨露，它带给我们新生活以朝气和憧憬。加强文明校园建设，反映一所高校的风气，体现一所高校的综合实力，标志一所高校的社会影响和总体竞争力，有利于学生在文明、优美的环境中成长成才，教师在文明、优美的环境中工作奉献。

用文明滋养校园

文明校园是反映一所学校发展实力、文明程度、整体形象、和谐水平的最高荣誉称号，是具有权威性、综合性的"金字招牌"。文明校园创建是群众性精神文明创建活动的重要组成部分，是落实立德树人根本任务的重要载体，也是把学校建设成为锻造理想信念的熔炉、弘扬主流价值的高地、涵育中华文化的家园、滋养文明风尚的沃土的有效途径。

广大青少年是祖国的希望、民族的未来，是伟大梦想的承担者、圆梦人。建设文明校园，就是要坚持立德树人，激发青少年的使命感、责任感，帮助青少年扣好人生第一粒扣子，对培养担当民族复兴大任的时代新人，进而推动全社会文明程度的提升有着重要的意义。[1]

江苏建筑职业技术学院是江苏省文明校园、江苏省文明单位。长期以来，学校致力于创造适合学生健康快乐成长的文明和谐校园，促进学生全面而有个性的发展，持续在领导班子、思政教育、活动阵地、教师队伍、校园文化、环境建设等方面推进文明校园建设，始终坚持文明创建与事业发展同步、常态创建与长效机制并重、校园文明与师生素质共进，强化组织领导，着力改革创新，深入发掘学校独有的特色亮点，用鲜活、丰富的实践深化文明校园创建，取得了明显成效。

---

[1]　安胜蓝：《文明已成为校园里最美的风景》，《光明日报》，2020 年 11 月 16 日。

学校荣获 2013—2015 年度江苏省文明校园

抓根本，聚焦立德树人任务。文明校园首先是人的文明。学校坚持立德树人，以培育、践行社会主义核心价值观为重点，加强理想信念教育。持续深入学习习近平新时代中国特色社会主义思想，推动党的创新理论进教材、进课堂、进头脑。把提升学生文明素质作为核心任务，以创建文明班级、文明宿舍、文明餐厅为重点，把开展创建活动落实到学生思想道德素质、文明素养的提高上，落实到学风、教风和校风的建设上。

抓主体，增强人人参与意识。文明校园的创建不仅需要良好的管理，更需要每个人参与其中。学校坚持和加强党对学校工作的全面领导，把握正确办学方向，履行管党治党、办学治校的主体责任，有效促进了文明创建。广大师生是文明校园创建的主体，人人都是参与者，个个都是主力军。在文明校园建设过程中，学校形成了人人关心、人人支持、人人做贡献的良好氛围，每一名师生都成为文明的实践者和受益者。

抓师德，加强教师队伍建设。一支师德高尚、业务精通、奋发有为的师资队伍，是文明校园建设的不竭源泉。学校深入持续开展师德建设活动，用"四有"好老师标准、"四个引路人"、"四个相统一"和"四个服务"等要求引领教师成长发展，加强师德养成，推动师德师风建设制度化、规范化。将师德考核纳入教师考核评价体系，要求教师用自己的学识、阅历、经验点燃学生对真善美的向往,促进学生的健康成长。

抓基础,突出校园文化建设。校园文化是一所学校发展的根基,高校需要积极培育健康向上的校园文化,牢固树立师生的文化自信,以优秀文化的力量成风化人。要加强对学校教育思想、办学理念、校训、校风等精神内涵的凝练归纳,充分展示学校独特、鲜明的文化积淀与文化追求,充分发挥校园文化活动在培育践行社会主义核心价值观、建设和谐校园中的重要作用。组织开展丰富多彩的文化活动和体育竞赛、体育健身活动,打造一批活动品牌,提升校园文化品位,提高全体师生发现美、欣赏美、创造美、表达美的能力。加强公共文化设施建设,打造生态化、园林化、人文化的美丽校园,使校园每一个角落都展露出文明的魅力。

抓阵地,深化思想政治教育。巩固学校思想政治工作阵地,牢牢把握正确导向,充分发挥育人功能。坚持以习近平新时代中国特色社会主义思想铸魂育人,把大学生思想政治教育摆在文明校园建设的突出位置,不断加强活动阵地的建设和管理。充分发挥思政课、主题教育活动、传统媒体和新媒体在思想政治教育中的积极作用,弘扬新风正气,形成文明风尚。大力加强专职辅导员、思政专门力量建设,推动思政课程和课程思政建设,全面推进课程思政教学改革。

好风凭借力,扬帆正当时。当前,各级各类学校都在狠抓文明校园建设,这是一项系统工程和长期任务,可以说永远在路上,需要坚持常态化、精细化、精品化推进,不断健全工作机制,调动各方面积极因素协调推进。校园因文明而更加和谐,文明让校园更加美丽。作为国家示范高职院校,学校把"立德树人工作突出,精神文明创建成效显著,群众满意度高、社会评价好"作为前进方向,完善顶层设计,强化价值引领,努力让文明成为校园的最美底色,为大学生健康成长营造"筑美"的良好气候与生态。

播下文明的种子

文明如清风,爽朗人们的心境;文明似甘霖,浸润干涸的心灵;文明是明灯,照亮人生的前程。大学期间,种下一种行为,收获一个良好习惯;培育一种良好习惯,成就一个人的优质品行。大学生是社会精神文明的践行者,建设文明校园和优良学风是大学生义不容辞的责任。大学生要争做文明学子，引领文明新风，弘扬新时代精神，让文明成为校园最鲜亮的底色。

文明校园的创建不是一时的，而是常态的。高校推进文明校园建设，既要把学校建设成为环境优美、安全有序，文化浓厚、格调高雅，崇德向善、和谐文明的文明校园，还要着眼于大学生的文明塑造，大力弘扬共筑美好生活梦想的校园时代新风。

文明校园创建是一项综合性、全方位的系统工程，高校需要探索文明校园创建的内在规律和有效途径，走出一条主题鲜明、特色突出、符合实际的文明校园创建新路。以人为本，文明创建才有动力。结合大学生特点，高校要引导他们秉承时代精神，站在潮流前列，砥砺奋进，争做实现民族复兴中国梦的圆梦人。提高大学生的思想觉悟、道德水准、文明素养，使其努力成长为能够担当民族复兴大任的时代新人。把建设活动延伸到班级、宿舍和个人，通过多种形式的养成教育，培育优良的校风学风，引导学生争做文明校园的践行者、维护者、劝导者，将校园变成涵养文明的沃土，让文明意识和文明习惯融入日常，形成风尚。

学校荣获 2016—2018 年度江苏省文明校园

在文明校园创建过程中，江苏建筑职业技术学院抓早抓细抓实，充分发挥师生主人翁作用，营造文明和谐氛围，展示积极向上精神风貌，倡议全体师生做到"六个从我做起"：积极参与从我做起，熟悉知晓创建标准，以高度的责任心参与做好文明创建工作；文明养成从我做起，自觉维护校园、宿舍的环境整洁和卫生,爱护公共设施;摒弃陋习从我做起,倡导文明风尚,注重个人文明礼仪,养成良好的生活卫生习惯,主动维护绿色、文明、和谐、美丽生活环境;团结友善从我做起,做到文明礼貌、友善仁爱,与同学、同事及邻里之间互敬互爱、互相帮助、互相鼓励、共同进步,相互理解、融洽和谐;文明出行从我做起,严格遵守交通规则,争做高素质文明出行人;志愿服务从我做起,积极参与各项精神文明创建活动,争做文明志愿者,主动为文明校园建设添砖加瓦、贡献力量。春风化雨、润物无声,文明校园建设激发了学校师生普遍的文明自觉,文明已成为校园里最美的风景。

播种行为,收获习惯;播种习惯,收获性格;播种性格,收获命运。对高校而言,"育新人"是时代使命,一切工作都应为了学生全面发展,都是筑美的过程。文明建设永无止境,高校要把文明校园创建与立德树人根本任务深度融合,教好书,育好人,倡文明之风、践文明之行,鼓足争的劲头、践行创的行动、凸显建的成效,不断提升师生的文明素养,不断丰富学校的文化内涵,不断提升师生的获得感和幸福感,将创建过程视为播种文明行为的过程,为学生的健康成长提供有力的支撑平台。

第八章　施以美之助

　　育人的根本在于立德。"德若木之根，才若木之枝"，"求木之长者，必固其根本"，一个人只有拥有高尚的德行，再配上过硬的本领，才能够成就事业、造福社会。高校必须以立德为根本，以树人为核心，把立德树人内化到学校建设和管理各领域、各方面、各环节，把立德树人的成效作为检验学校一切工作的根本标准。

　　当前，经济新常态、社会转型发展、行业提档升级、新领域新业态的不断涌现和拓展，对职业教育培养的人才提出更新更多的要求。人才培养质量观正从"培养学生的一技之长"走向"重视职业精神培育下的一技之长"①。2015年，教育部印发《高等职业教育创新发展行动计划（2015—2018）》，明确提出要加强文化素质教育，坚持知识学习、技能培养与品德修养相统一，将人文素养和职业素质教育纳入人才培养方案，加强文化艺术类课程建设，完善人格修养，培育学生诚实守信、崇尚科学、追求真理的思想观念。因此，高职院校要在为学生提供更多人生出彩机会中大有可为，在加快发展先进制造业和现代服务业、推动经济高质量发展中大有可为，要把促进学生的全面发展和适应社会需要作为衡量人才培养水平的根本标准，要使学生在掌握职业技

---

　　① 刘宏宇：《职业精神视角下我国职业教育人才培养实施路径探析》，《中国职业技术教育》，2019年第9期，第78～85页。

能的同时，职业精神也能得到提高，从而适应社会转型期对技能型人才全面发展的新要求。

第一节　崇尚职业技能

当前我国正在积极推进"互联网＋""大众创业、万众创新""一带一路""两化融合"与创新驱动发展，这些战略或任务的落地实施急需大量既精通操作又会改进创新的复合型人才。[①] 复合型人才不会凭空出现，大国工匠不是天生就行，他们需要经过职业教育的专业培养，需要校企结合的持续打磨，这对职业教育提出了新的期盼，需要职业教育打造高素质技术技能人才培养基地，为企业培养下得去、用得上、留得住的高技能人才，做到"强人才支撑"。

黄炎培先生指出，职业教育是人人成才的教育。在人才培养过程中，高职院校要精准服务区域传统产业改造升级与战略性新兴产业培育壮大，立足学生发展需求导向，坚持"学生是学校的名片"学生观，始终将契合行业、企业、岗位对人才能力与素质的需求作为人才培养方案构建的主要依据，聚力培养一批产业急需、技艺高超的高素质技术技能人才，从而为中国产业走向全球中高端提供坚强的人才支撑。

培养德技并修的复合型人才

大学的基本责任和任务是通过教育培养全面发展的高素质人才，而文化是一种无形而强大的教育力量，大学文化建设就是要为高素质人才的成长提供一片沃土。作为一种教育力量，对高职院校而言，大学文化建设在培养复合型高素质技术技能人才中起着举足轻重的作用。这在2019年中国高职质量年报中有所体现，该年报最新设置了"学生反馈表"，主要反映学生在校期间的体验，目的是引导学校更加关注教书育人，把育德、修技融入专业教学全过程，融入思想道德教育、文化知识教育、社会实践教育各环节。

在快速变化的技术技能世界中，职业教育面临重大挑战，一个挑战是现代科技的日新月异，信息技术无孔不入，渗透到每一个领域；另一个挑战来自

---

① 杨欣斌：《为国际职教发展贡献"中国方案"》，《中国教育报》2019年5月14日。

中国社会传统和现实唯文凭、唯升学的评价取向,而职业教育面对的学生又往往存在学习动力和学习习惯等问题,既要让学生掌握就业技能,还要求学生能够适应社会快速变化的需要,德技并修的任务十分艰巨。[①]

一般而言,高素质复合型技术技能人才,既强调技术技能高,更强调综合素质高。不但注重如何做事,更加注重如何做人。可以说,德技并修是高质量职业教育的应有之义。如何加强德技并修人才的培养,高职院校理应作出自己的答卷。能力绝非天生,也无法一劳永逸、一蹴而就。为了培养德技并修的高素质复合型技术技能人才,江苏建筑职业技术学院围绕"培养什么人才""为什么培养这类人才""如何培养这类人才",从社会需求出发,确立了职业技能与职业精神并重的"筑美"理念,把育人与育才有机统一,并且更加注重人才的未来发展,为学生建筑有意义的未来打下坚实基础。

先有过硬的思想,才有过硬的本领,德技并修才能变为现实。学校在坚定学生理想信念、加强学生品德修养、厚植学生爱国主义情怀上下功夫,在增长学生知识见识、培养学生奋斗精神、增强学生综合素质上下功夫,培养学生既具备政治认同、职业精神、法治意识、健全人格和公共参与等方面的核心政治素养,又具备某一专业领域较高的技术技能水平,成为社会发展所需要的有理想、有本领、有担当的人才,成为能够担当民族伟大复兴重任的时代新人。

习近平总书记在致2020年首届全国职业技能大赛的贺信中指出,职业技能竞赛为广大技能人才提供了展示精湛技能、相互切磋技艺的平台,对壮大技术工人队伍、推动经济社会发展具有积极作用。学校激励学生走技能成才、技能报国之路,健全德技并修、工学结合的育人机制,把学生技能提升作为出发点,把校企共同培养作为着力点,将职业技能竞赛作为提高大学生实践创新能力培养的突破口,坚持以技能竞赛为引领,全面推进以赛促教、以赛促学、以赛促训。

在人才培养过程中强化价值追求,学校将"筑美"理念融入人才培养方案,以现代职业教育教学社区为依托,实行价值塑造、能力培养、知识传授、技

<hr>

① 马树超、郭文富:《"双高计划"引导育训结合、德技并修》,《中国教育报》2019年4月23日。

能培训"四位一体"的人才培养体系保障,构建综合素质培养体系。创新复合型人才培养新模式,用"厚生尚能""德技并修"引领学生成长方向,全面提高人才培养质量。在人才培养方案、课程设置、教学实践环节中,体现德技并修内在诉求,将其纳入学生个性化成长模块,进专业、进课程、进头脑。

在专业技能教育中融入文化素质教育,学校坚持经济增长点在哪里,专业就办到哪里。尝试建立"主干专业＋拓展专业"学习平台,适应产业升级和学生的可持续发展的新要求。目前,学校已经形成了以专业群为单元,专业成群、课程成组、师资成团队、实训条件成系统、全要素配置资源的新型格局。在专业课中,注重将文化知识介绍、专业技能提升和精神智慧挖掘结合起来,将传统文化融入学生发展的"血脉"之中。联合中建集团、徐工集团、海澜集团等企业,为江苏发展战略性新兴产业、未来产业、现代服务业和优势传统产业等提供人才支持,努力将学校打造成为技术技能积累的重要资源集聚地。

让学生练就一身过硬的本领

绳短不能汲深井,浅水难以负大舟。新时代中国青年要练就过硬本领。在纪念五四运动 100 周年大会上,习近平总书记深情寄语新时代中国青年珍惜韶华、不负青春,殷切嘱托广大青年要在学习中增长知识、锤炼品格,在工作中增长才干、练就本领,以真才实学服务人民,以创新创造贡献国家。

高等职业教育服务人的全面发展同样具有自身的特殊逻辑,核心表征为通过培养学生的职业能力而促进学生就业。促进学生就业不仅是让学生能就业,更要让学生就好业;不仅要着眼于学生当下的就业,更要着眼于学生职业生涯的发展;不仅要给学生能就业的硬技能,更要给学生职业发展的软技能。[①]

当前,我国正在从制造业大国向制造业强国迈进,由"中国制造"向"中国智造"转型发展。作为技术技能人才培养的基地、大国工匠产生的摇篮,面对新时代中国特色社会主义建设对知识型、技能型、创新型产业大军的客观需求,高职院校必须用"高质量"来响应国家和产业的需求,帮助学生练就一身过硬的本领,这样才能担当起培育产业链中高端人才的历史使命。学习是成

---

① 石伟平:《服务社会,高职需处理好的根本问题》,《光明日报》2016 年 7 月 5 日,第 15 版。

长进步的阶梯,实践是提高本领的途径。面对新技术日新月异,产业转型升级加快需要更多的高素质技术技能人才的新形势,学校从实际出发,进行了积极富有成效的探索。

秉持理念:面向未来职场。现在的高职学生大都是 00 后,是我国实现"两个百年"目标的主力军。学校树立面向未来职场的教育理念,深化人才培养模式改革,以"信息技术+"升级传统专业,使传统的土木工程、工程造价等专业再升级,装配式建筑施工、BIM 技术等专业纷纷上马,对办学形态、发展模式、人才培养、服务能力、机制创新等推进全面改革,使人才培养质量更加满足信息化社会的需求。

把准主线:融入产业育人。近年来,信息化、产业化两大发展浪潮对建筑业提质增效和转型升级起到巨大的推动作用。为此,学校在专业设置、人才培养方案开发、课程组开设、各类资源组合和要素配置、人才培养质量检验等环节,顺应产业发展的主流趋势,提出要突出建筑类专业群,融入建筑产业转型升级,打造建筑工业化实训基地;协同发展机电类和交通类专业,对接徐州工程机械制造、地铁、城市轨道等行业,培养企业特需人才;创新发展传媒类和经管类专业,服务徐州酒店、物流、物联网和餐饮等行业。努力做到围绕产业、依托产业、结合产业、融入产业、回到产业,努力做到处处、时时、事事回应产业诉求,体现产业需求,满足产业要求。

适应需求:掌握核心能力。产业迭代升级,学校的人才培养也必须迭代升级。随着"云大物智移"等新兴技术带来的产业与业态变化,绿色建筑、智能建筑对人才培养需求提出新挑战。学校的人才培养定位,由简单重复的装配者、操作者向更高层次的智能生产系统的规划者、应用者、改造者、调试者、决策者转变,能力培养由单项应用向系统集成的"交叉""复合""多项"联动转变。

尊重个性:畅通成长通道。让人人都有出彩机会,满足行业企业对人才的多元需求,促进学生实现全面发展,理应成为高职院校的恒定追求。学校树立以人为本的理念,致力于服务学生的发展,将尊重人、培育人、理解人、发展人作为一切工作的出发点与落脚点。以促进学生的全面发展为己任,着力打造学生个性发展与分流分层的人才培养模式,为有能力、有潜力、有意愿的学生搭建技术技能分层渐进、分阶递进的成长通道。另外,学校拓宽入学渠道,扩宽成长通道,引导学生自主学习、自主选择职业发展,解决了学生发展的个性化需求,夯实了可持续发展的基础。

强化保障:构建培养体系。学校构建了从人才培养目标确立,到课程体系设计、教学组织实施,再到评价反馈机制的关键能力培养体系,系统提升学生认知能力、合作能力、创新能力和职业能力。立足课堂改革,以案例教学法增强学生独立认知能力,项目教学法培养学生实践能力,小组教学法实现对团队合作能力的培养。

在改革中提升人才培养质量

当前,我国的产业正从中低端向中高端延伸,职业教育必须要为产业转型升级提供中高端技能型人才。建筑业是我国国民经济社会发展的重要支柱产业,仅 2019 年,全国建筑业总产值达 24.8 万亿元,占全国 GDP 25%;从业人员 5 427.3 万人,占全社会就业人员总数的 7%。可以说,我国建筑产业正加速从传统粗放型施工向集约精细的工业化生产转型升级,建筑工业化技术人才和专业化技能人才缺乏成为制约发展的瓶颈。

如何全面提高人才培养质量呢?学校提出必须围绕教师、教材、教法"三教"改革做文章。"三教"改革关乎谁来教、教什么、怎么教的问题,也是教育教学核心三要素,直接作用于人才培养质量的提升。当前,完善职业教育与培训体系,创新德技并修、工学结合育人机制,建立职业教育标准体系,实行"1+X"证书制度试点,建设高水平实训基地等等重大改革任务,最终都要落实到立德树人的根本任务中,贯穿在人才培养的全过程,体现在教师、教材、教法的改革中。

教师是根本,教材是基础,教法是途径。结合建筑类院校实际,江苏建筑职业技术学院将推进"三教"改革作为提升办学质量和人才培养质量的重要切入点,在培养德技并修的高素质技术技能人才上进行了积极探索。

一、"教师"怎么改

2019 年 10 月,教育部等四部门印发《深化新时代职业教育"双师型"教师队伍建设改革实施方案》(教师〔2019〕6 号)指出,与新时代国家职业教育改革的新要求相比,职业教育教师队伍还存在着数量不足、来源单一、校企双向流动不畅、结构性矛盾突出、管理体制机制不灵活、专业化水平偏低等问题,尤其是同时具备理论教学和实践教学能力的"双师型"教师与教学团队短缺,这已成为制约职业教育改革发展的瓶颈。如何破解,江苏建筑职业技术学院以打造混编教学创新团队作为着力点。

打造校企混编教学团队。近年来,学校在积极引进高端专业人才和能工巧匠的同时,积极为现有教师"赋能",努力构建"能力本位"的教师使用、培养与评价机制。通过引培结合,提出每一个专业群都应建有一支由企业技能大师、产业教授、技艺传承人和学校教学名师、专业带头人、骨干教师组成的校企互通、专兼结合、教研相长的混编教学团队,实现校企共育人才、科研创新和社会服务的高度趋同。学校认真做好装配式建筑技术、BIM 技术等社会培训,支撑区域建筑业转型升级对产业工人技能提升的需求。

打造国际混编教学团队。学校与国外标杆高校开展深度合作,设立海外教师工作站,合力打造国际混编教学团队。借鉴国际先进职业标准,双方共建专业课程,培养建筑类国际化人才的能力显著提升。近年来,学校积极推进"一带一路"沿线国家的国际化人才培训,与徐工集团引荐的巴西高校合作组建"校-企-校"混融教学团队。

提升教师实践教学能力。通过机制创新,学校建立了教师技能提升鼓励措施,教师赴企业挂职锻炼、技能培训、担任访问工程师等,可以取得学校满工作量的绩效津贴和企业津贴,极大激发了教师深入企业锻炼的热情。

二、"教材"怎样改

高职院校的教材,往往存在内容陈旧、编制粗糙,不能与产业和现代信息技术的快速发展相匹配等问题。为此,学校着眼"培养什么人、怎样培养人、为谁培养人"这一根本问题来切实推进改革。

强化教材内容思想性。教材建设是学校全面贯彻党的教育方针、落实立德树人根本任务的基础性工程。学校着力推进课程思政建设,发挥专业课教师课程育人的主体作用,运用专业课程蕴含的思想政治教育元素,融入课程标准和实训标准;着力推进文化育人建设,打造校本特色的德育课程体系;着力推进劳动教育,促进与德育、智育、体育和美育相融合。

实现教材形态立体化。为适应企业发展和学生成长的不同需求,校企合作投入场地、设备、人员、经费建设课程(教材)中心,推进课程与教材开发。学校为对接学生学习方式和学习习惯的变化,大力推进线上线下融合式、立体化教材的开发,有效激发了学生学习兴趣,提升了学生自主学习的能力。

推进教材更新动态化。学校在建筑工程技术专业探索构建了工作过程导向的"通用平台＋专业模块＋个性发展"的模块化课程体系,编制了全套14部活页化、任务单形式的自编教材,每年按需更新,三年系统性修订,及时将行业企业新技术、新工艺、新规范纳入教材,保障教材的科学性、前瞻性和适应性。

三、"教法"如何改

在职业院校办学过程中,我们看到由于设施设备及人员素质的限制,有在"黑板上开机器""闭门造车"等情况。想要改变这种局面,让"教师""教材"改革成果得以实现,学校紧跟时代步伐,不断创新教学模式,唱好"建场景、创形态、转方式"三部曲。

搭建立体化学习空间。学校近年来陆续建成了100间智慧课栈、探究型智慧教室、研讨型智慧教室等三类教学场景,满足线上学习、线下体验和智慧教学的功能需求,推进"信息技术＋教学＋管理",服务智慧化教、智能泛在化学,促进了全校学生学习方式的改变,形成了特色鲜明的立体化学习空间。

创新课堂教学形态。学校推进教学方法改革,改变课堂形态,优化教学过程,打造一批线上、线下金课以及线上线下混合式金课,全部专业核心课程实施项目化教学、线上线下混合式教学、研讨式学习与团队协作化实践,以学习过程和成果评价学生学习效果。

转变技能培养模式。学校建筑技术馆具备"产学研训创"一体化功能,近3万平方米的一体化实训室和实训场,保障建筑类专业全面实现学做合一。教师在做中教,学生在学中做,学做合一,教学相长,理论与实践一体。学校积极探索实训教学改革,建设了虚拟实训中心、开发了虚拟实训资源,设计了虚拟实训→模拟实训→实操训练→创新训练的"四递进"模式,有效解决了建筑类专业技能实训反复次数多、耗时长、耗材成本高的矛盾,切实提升了实训教学环节的质量和效果。

"三教"改革从提高人才培养质量的角度来看,就是为了提升学生的综合职业能力,为此选配最合适的师资,用最适合学生实际的教学方法,传授给学生最新的、最能满足企业需要的知识、能力和素养,进而助推学生从就业导向向产业需求导向转变。

第二节 培育职业精神

一所大学要办出自己的特色,办出自己的水平,必须塑造自己独特的校园文化。在校园文化建设中,高职院校不能一味地模仿本科高校那种学术型的建设模式,而应遵循高职教育的规律,与高职学生的特点相结合,与高职学生的职业精神培养诉求相结合,打造具有职业精神特色的高职校园文化。

一般而言,普通本科学生长于抽象思维,高职学生长于形象思维;普通本科学生长于理论,高职学生长于实践。任何教育活动只有符合学生的特点,才能接上学生的"地气",才能取得实际效果,这为高职校园文化明确了具体路径。2014年6月,全国职业教育工作会议指出,职业教育不仅要培养职业技能,更要培养职业精神。2019年1月颁布的《国家职业教育改革实施方案》指出,职业教育要落实好立德树人根本任务,健全德技并修、工学结合的育人机制,完善评价机制,规范人才培养全过程。可见,职业精神培育是现代职业教育的应有之义。

人才培养是一项系统工作,高素质技术技能人才培养不仅要强化高职院校毕业生社会化后的职业技术、职业技能,更要提升学生进入社会后的综合素养,使学生具有与社会、行业、企业所需相吻合的职业精神,形成熟练的职业技能和适应就业变化的职业能力。高职院校应把鲜明的育人导向融入教育教学全过程,聚焦德技并修的复合型人才培养,把提高职业技能和培养职业精神发展相结合,促其养成严谨专注、敬业专业、精益求进和追求卓越的品质。突出工匠精神培育,将其作为人才培养的价值追求,实现职业技能和职业精神培养的高度融合,实现知识传授和价值引领有机统一。

校园要有职业精神的特质

职业精神是人们在长期的职业实践中提炼而成的,并为职业界共同认可的具有自身职业特征的价值观、态度和精神风貌的总和,是人们在具备职业技能和遵守职业道德基础上形成的更高层次的精神境界。职业精神的培育不仅关系到个体的成长和发展,更关系到国家的竞争和崛起。高职教育培养的学生不仅要具有较强的能够胜任岗位需要的职业技能,更应具备良好的能为用人单位认可的职业精神,这一内涵要求决定了高职院校在校园文化建设中必须突出"职业精神"的特色。

突出职业精神特色是高职院校健康发展的需要。高职教育作为高等层次的职业准备教育,其培养的人才主要是生产、建设、管理和服务第一线需要的高素质技术技能人才,其专业设置的基本依据是职业岗位或岗位群对人才的需求。这种明确的职业指向决定了学校不仅要培养学生的职业技术应用能力,更要培养学生具有专业对应职业特点的职业精神,这是由高职教育的内涵决定的。这就要求高职院校在校园文化建设中必须突出职业精神特质,把职业精神的培养作为不可或缺的重要任务放在重要位置来认真对待。另外,当前高职院校之间存在着激烈的竞争,高职学生就业后的职业精神表现成为决定学校能否长远发展的重要因素。高职院校只有向社会源源不断地输送合格的优质"产品",即既具有较强的能胜任岗位需要的职业技能,又具备良好的能为用人单位认可的职业精神的人才,自身才能走上健康发展的道路,才能更具有竞争力。

突出职业精神特色是企业保持良性发展的需要。企业竞争的核心是人才的竞争,人才竞争的实质是职工职业化素质的竞争,很大程度上也就是职业精神高低的竞争。在中国,越来越多的企业家认为,高职教育培养出来的学生职业化素质如何,与企业的未来发展休戚相关,是制约企业发展的关键因素。员工职业化素质高低主要应取决于两个方面,一是员工所具有的职业能力,二是其内在的职业精神。企业员工职业精神水平的高低直接关系到企业的信誉和利润、关系到企业自下而上的发展。当前,越来越多的企业在招聘时,对职业精神的要求高于职业能力,企业需要高职院校输送的不仅仅是实用型、应用型的技能型人才,而且还需要学生具有良好的职业精神,这是企业的立业之本和保持良性发展的必要条件。因此,高职院校在校园文化建设中必须突出职业精神特质,使培养的学生在潜移默化中具备较高的职业精神素养,使其符合企业对高素质技能型人才的需求和企业自身良性发展的需要。

突出职业精神特色是高职学生职业发展的需要。当今时代,经济全球化、知识化、信息化、智能化使得市场竞争日趋激烈,整个社会对从业人员的职业精神要求越来越高。作为准职业人的高职学生,职业精神的培养同专业知识的学习、职业技能的提高一样是其走向社会、立足社会的重要条件。高职教育不仅需要培养合格的"手",更需要培养"完整的人"。高职学生如果仅仅具备做事的能力,满足岗位的基本技能要求,将很难出色地、富有创造性地完成岗位工作,同时也将会深刻地影响自己职业生涯的可持续发展。高职院校在校园文化建设中必须突出职业精神特质,通过引进企业精神、行为、制度文化,开展与企业多领域的交流互动,营造浓郁的职业精神氛围,这既有利于学生在接触企业的实践中得到锻炼,增长各方面的才干,提高适应社会的能力,又有利于学生较早地感受企业文化,了解社会对人才的要求,增强自身职业发展的后劲。

人不能离开社会而独立存在,个人只有在工作中为社会作贡献才能实现职业价值。从准职业人到职业人,这是高职学生在毕业时面临的角色转变。能否顺利实现这种角色转变并成功开启自己的职业生涯,在校期间的职业价值观教育至关重要,这是高职学生职业精神培养的关键环节。

"职业精神"培养需强化职业价值教育。职业价值观是人们在评价和选择职业时最看重的原则、标准和品质,职业价值观直接驱动着学生的就业选择。在职业价值观教育上,要让高职学生充分认识到劳动对于个体和社会的意义,建立起劳动价值观。劳动价值观是马克思的基本观点,马克思认为,劳动不仅是谋生的手段,更是通向客观世界与主观世界的媒介,也是实现人性至美至善、彻底自由的必由之路。劳动价值观是人们对于劳动的根本看法和态度,从本质上说,职业就是一种劳动,是适应社会发展需要的一种生活方式,是人类生存和发展的重要基础。作为准职业人的高职学生毕业后绝大部分将直接从事生产、建设、管理、服务第一线的劳动工作,需要在校期间强化对他们进行劳动认知方面的引导,要让他们认识到劳动对于个体生存和社会发展的意义,从而建立起科学的劳动价值观。高职院校要通过职业价值观教育,让学生认识到劳动没有什么高低贵贱之分,只存在社会分工不同,只要将来从事的工作是社会所需要的,就是光荣的,应该得到人们的尊重和肯定。

职业精神培养需突出职业价值追求。在职业价值追求中,要让高职学生树立个人价值和社会价值相统一的观念,担当起社会责任。什么职业才是有价值的职业?高职学生往往从职业本身能给自己带来多少收入或者什么样的社会地位进行判断,把职业人为地划分为三六九等,往往忽视职业对社会的贡献与价值。人是社会的人,总是生存和活动于各种各样的社会关系之中,并受到一定社会关系的制约,个人只有在工作中为社会做出贡献才能实现自己的职业价值。人生的真正价值是对社会的贡献,职业的真正价值也是职业给社会带来的贡献和价值。高职院校在培养学生的职业精神时,应让其牢固树立个人价值和社会价值相统一的观念,牢固树立主动承担社会责任的意识,这样的职业价值追求才是科学可行的,才能激发学生为社会做出更大的贡献,实现自己的人生价值。

职业精神培养需明确职业发展方向。在职业价值选择中,要让高职学生树立较强的职业竞争意识,明确职业发展方向,这是高职学生职业生涯规划的一项重要内容。近年来,高职院校注重对学生进行职业生涯规划培训和指导,但由于针对性、实效性不够强,仍有相当一部分高职学生存在未来职业发展方向不明、职业竞争意识不强等问题。有些同学职业期望值过高,职业定位不够准确,择业目标与现实之间存在着巨大反差;有些同学把薪酬作为第一标准,把大城市作为工作地点的第一选择,很少考虑企业未来的发展潜力和自己的发展空间;还有一些同学在求职过程中自信心不够,不能积极参与竞争,错失了很多机会。因此,高职院校在学生职业精神培养过程中,要通过职业生涯指导、社会实践锻炼等有效途径,不断增强学生的就业竞争意识,找准未来的职业发展方向。

抓住职业精神的核心要素

2017年12月,习近平总书记在江苏徐州考察时讲到,广大企业职工要增强新时代工人阶级的自豪感和使命感,爱岗敬业、拼搏奉献,大力弘扬劳模精神和工匠精神,在为实现中国梦的奋斗中争取人人出彩。无疑,高职院校在学生职业精神的培养中肩负着时代重任。

职业精神具有特定的职业特征,不同职业具有各自不同的特定要求,职业精神的内容也会有一定的区别。高职学生所学专业不同,将来从事的行业、职业也不尽相同,需要学校根据不同行业、职业的要求,归纳其职业精神,这给高职院校加强学生职业精神培养增加了复杂性。但是,从宏观来看,高职教育培养的学生是面向生产、建设、管理和服务第一线的高素质技术技能人才,作为一个独特的人才层次,其在职业精神方面必定会有许多共同的特点。高职院校在校园文化建设中必须关注这些共同点,提炼出其核心要素。

核心要素之一:敬业精神。梁启超在《敬业与乐业》中强调"敬业于人生最为必要,又于人生最为有利",亚里士多德认为敬业美德对于个人生命的完美,正如高超的技能对于职业的发展。① 敬业精神是职业精神的集中体现。敬业精神能够使人们在职业活动中对各种规范和要求不再感觉是一种负担,而把它视为自我发展、自我完善的必要手段和迫切需要,从而在本职工作中创造出更加辉煌的业绩。但是,当前在一些高职学生中却表现出较为严重的敬业精神缺失现象。"相当数量的高职学生对职业的要求是收入待遇好些,工作轻松稳定些,最好是大中城市,最想去外资企业和效益好的企事业单位"。② 人往高处走,这种心理可以理解,但是如果高职学生都这么定位,不考虑企业的要求和自己的能力素质现状,那是不现实的。高职学生走上岗位后,将担当起现代化建设事业的重任,其敬业精神强弱直接影响着产品质量的优劣、生产效益和经济建设水平的高低。因此,高职院校在校园文化建设中要对尤其突出敬业精神氛围的营造,培养其爱岗敬业、脚踏实地、积极进取的匠心态度。心中有阳光,人生就有动力。一个人最重要的,不是他的位置而是他的方向。作为高职学生来讲,世上本无捷径,唯有一步一个脚印、脚踏实地,才是奋斗该有的样子,才能真正通往幸福。

核心要素之二:吃苦精神。当前,我们的社会在经历大发展、大变革、大调整,人类日益成为命运共同体。未来是一个兼容并包的时代,每个人的人生维度将呈现出各美其美、美人之美、美美与共的趋势。作为大学生,要从自

---

① 方来坛,时勘,张风华:《员工敬业度的研究述评》,《管理评论》2010年第5期,第47~55页。

② 林茹:《高职学生敬业精神的培养》,《江苏高教》2007年第4期,第130~131页

我激励转向合作发展,始终涵养包容心态、始终秉持博大胸怀、始终遵循开源思路,不断开拓人生的"筑美梦想"。其中,无论通达美好梦想,还是成就壮丽事业,坦途只有一条,那就是一往无前地实干,用吃苦精神筑路、以吃苦精神圆梦。高职学生就业环境,主要面向生产、建设、管理和服务第一线,工作比较辛苦,收入相对不高,更需要具备吃苦耐劳的精神。但现状是高职学生的意志力、忍耐性、吃苦耐劳精神是存在不足的,艰苦创业意识和长期奋斗准备还有一定的欠缺,经不起挫折、受不得委屈也都是存在的。特别是在毕业时,我们不少高职学生也仅盯着待遇高或条件好的大城市、大企业,不愿意下基层;干工作讲条件、图实惠,不讲实干与奉献。因此突出吃苦精神的教育具有非常重要的现实意义。

核心要素之三:创新精神。当前,我们正处在一个前所未有的新时代。在这个时代里,新技术革命的时代迎面而来,人工智能、大数据、信息技术、新能源、机器人、生物技术等方面正在取得突破性的进展,由于新技术的出现,对商业模式和社会组织形态等方面都产生了持续创新的要求。新技术、新经济、新格局,对个人、企业、行业、国家乃至世界都产生着强烈的冲击,也为大学生提供了比以往更多的选择、更大的机遇、更精彩的人生。作为新时代大学生,要成为变革时代的创新力量,成为牵引社会健康发展的中坚力量,这是大学生应有的时代担当。大学生能否创新的关键,主要取决于自身是否有使命感、责任感,是否有开拓进取、不屈不挠、锲而不舍的精神。作为高职院校,我们首先应该在健全学生人格上下功夫,引导教师转变传统的教学模式,建立有利于学生创新的评价模式,树立"不拘一格降人才"的人才观。在此基础上,进一步强化学生掌握知识的整合能力、迁移能力、拓展能力和创造能力的培养,让学生不断地开拓自己的发散思维、怀疑精神和创新意识,以便将来走上工作岗位后,能够充分适应变化多端工作岗位和快速发展的社会形势,这样才能够在激烈的社会竞争与可持续职业发展中脱颖而出。高职院校要适应经济社会形势的发展变化,充分认识到学生创新意识培养的重要性,将其及时纳入到复合型高素质技术技能人才培养体系之中,以培养出一大批具备较高技术创新、技术推广综合能力的发展型、创新型人才,努力为构建创新型国家作出应有的贡献。比如,学校可以试行以科研项目为基础的创新型项目课程改革,将教师的科研项目课程化,吸纳学生直接参与课题研究。

职业精神特色校园的打造

职业精神是在特定环境中形成的一种意识形态,其培养需要潜移默化推进、日积月累形成,需要在日常学习生活中不断强化认识、持续推进熏陶、间或强化训练,以切实增强大学生职业精神和职业操守,将来更好地适应职业岗位。高职院校在推进工学结合、校企合作过程中,要充分发挥行业文化、专业文化、职业环境的独特作用,建设职业精神特色校园,形成浓郁的筑美育人氛围。

营造良好的校园环境。高职学生职业精神的培养绝不是一朝一夕的事情,需要长期的引导和培养,需要营造良好的校园环境来陶冶学生,让学生在校园环境中逐渐感受和了解,潜移默化地规范自己的思想和行为,并接受这种职业精神要求。在校园环境建设中注重融入行业要素、企业因素和职业要素,潜移默化地影响熏陶学生,促使学生良好职业精神的养成。校内外实训基地是高职院校培养学生专业实践能力的重要载体,也是深入推进文化育人的重要场所,要统筹推进学生职业技能训练与学生职业精神培育,引进深度合作企业进入校园,使学生不出校园就能识岗、顶岗锻炼,就能充分感受准企业人身份,充分感受职业精神的无形熏陶。

增添基层的建设活力。高职校园文化建设要突出职业精神特色,需要调动校院两级文化建设的积极性,尤其是要增添二级学院校园文化建设的活力。由于高职院校内各二级学院、各专业的具体情况存在较大差异,所以在校园文化建设中要打破以往那种千人一面的局面,不看专业、不顾对象的具体状态,在大一统的校园文化模式下进行一刀切式的校园文化建设。各二级学院要根据不同行业职业精神的要求,围绕职业精神培养的核心要素,从各自的具体情况出发,找出适合于自身文化建设的切入点,建立起自己的目标,建立起自己的学院文化甚至专业文化,有针对性地、讲求实效地进行校园文化建设,这样才能更好地切合实际,才能更好地发挥校园文化的育人功能。

引进优秀的企业文化。企业文化是职业精神培养的有效载体。反映时代精神,体现企业特色的优秀企业文化,是对高职学生进行职业精神培养的生动教材。只有在校园文化建设中实行校企结合，吸引不同类型的优秀企业文化，才能形成各具特色，百花齐放的高职校园文化。在校园文化建设中，高职院校要主动关注企业文化，吸引优秀企业文化，重视校园文化与企业文化的对接与融合，充分发挥校园文化的德育功能和企业文化在学生职业精神培养中的特殊作用。通过组织优秀企业宣讲会、介绍会和座谈会，使学生对自己的专业方向和职业发展有更进一步的了解，对企业文化有更进一步的了解，对职业精神有更进一步的了解，这种体验和感受更加贴近社会，学生的专业认识也更加能够适应社会的需要。可以定期邀请企业高管、技术骨干来校开展"企业讲坛"，通过明晰企业岗位技能需求和能力素质需求，强化学生职业精神的认同。

发挥典型的引导作用。榜样的力量是无穷的。在校园文化建设中，高职院校要充分利用网络、新媒体、报纸、广播、电视、宣传栏等媒介，选树先进典型，大力宣传先进人物的先进事迹，通过先进人物高尚的职业精神来引导、塑造学生。要发挥职业人的典型引导作用，主动邀请社会各行业、企业，特别是学生将来从事的相关行业、企业中的先进模范人物到学校给学生作专题报告或讲座，用他们良好的职业精神感染和激励学生。一方面，要发挥教师的典型引导作用，有计划地抓好教师的培训工作，让教师深入企业或生产第一线，积累实践经验，体会职业精神，转变教育观念；另一方面，还要发挥学生的典型引导作用，利用具有良好职业精神的先进典型来教育学生，尤其要注意总结和发掘学生身边的典型人物，用具体可感的事例教育、感染和激励学生。

开展多彩的校园活动。校园文化活动是传播校园文化的重要载体。高职院校要精心设计，开展内容丰富、形式新颖、吸引力强的各种校园文化活动，把职业精神培养渗透到校园活动中，使学生在活动参与中受到春风化雨般的影响，使他们的职业精神境界和水平得到提高。在校园文化建设中，高职院校要充分发挥学生社团的影响，要加强专业教师对学生社团的指导，使学生社团与行业、专业、企业相结合，与职业精神培养相结合，使学生社团活动在拓宽学生视野的基础上，让学生受到浓厚的职业精神感染和熏陶。

第三节 构建就业体系

以就业为导向,对广大学生而言,就是要有一个美好的前程,将来有美好的发展,是"筑美"题中应有之义。让每个学生毕业时能够找到职业生活的美好,在就读期间都有很大的获得感和幸福感,是"筑美"最好的体现。加强学生的就业教育、就业服务,形成培养全过程的有机闭环体系,则显得尤为重要。

一直以来,高职教育所确立的评价思想是以服务为宗旨、以就业为导向,这对促进高职教育整体的健康发展起到重要作用。在高校毕业生的就业规模不断扩大、国家产业结构快速转型升级的形势下,落实以人为本、促进就业办学指针,高职院校需要建立校企互动、师生互动、资源联动的从学生入校前、入学后,乃至毕业后的全程化就业服务体系。

所谓全程化就业服务体系,就是将就业服务体系中所有的环节作为一个整体来系统定位、统筹安排,贯穿于大学生的整个学习生活。① 高职院校要将就业观和成才观的涵育和养成贯穿培养过程始终,引导毕业生树立起"行行建功、处处立业"的就业观念,形成"让青春在祖国最需要的地方闪光"的良好就业氛围,主动对接用人单位,帮助学生实现好的就业,让每一位走出校门的毕业生都成为宣传学校的活名片。

用心提供入学前就业服务

校企合作、工学结合,是全国职业教育工作会议明确的我国高等职业教育改革发展的必由之路,是进一步促进学生充分就业的根本途径。高职院校提高就业服务质量和水平,要充分依托校企合作资源,创新校企合作模式,在学生入学前就规划好"未来就业"的顶层设计工作,用心帮助解决学生对就业的关心和疑惑。

一、提前规划学生的就业路径

国务院《关于加快发展现代职业教育的决定》中提出,要研究制定促进校

---

① 翟波:《"全程化"高校就业指导模式的构建与实施路径选择》,《现代教育管理》2011 年第 11 期,第 111～114 页。

企合作办学有关法规和激励政策,发挥企业重要办学主体作用;要支持企业通过校企合作共同培养培训人才,不断提升企业价值。越来越多的企业家认识到,参与职业教育是企业可持续发展的重要前提,共同培养人才是企业增强发展后劲的重要支撑。在激烈竞争的市场环境中,现代企业的可持续发展需要依赖于参与人才培养过程和联合高校开展科技攻关,不断提高企业发展的核心竞争力,可以说企业已是重要的办学主体。在校企合作中,高职院校要积极因应,推动企业前移或直接参与学校的人才培养过程,在探索入学前就业服务方面进行大胆尝试,将企业的理念、制度、文化及早融入未来的员工队伍建设中,使企业对人才的需求变被动为主动、变招聘人才为培养人才,为企业的持续健康发展打下坚实的人才基础,赢得快速发展先机。

高职院校应基于合作共赢、双向互惠、共谋发展的目标,深度开展合作,让高职学生未入学就为其规划好就业路径,让高职学生入学后就能够接受优秀企业文化的熏陶。目前,多数高职院校开办的企业学院、订单培养班就是企业主动前移人力资源规划的生动实践。通过校企深度融合、共谋发展,将就业工作整体前移,为高职学生提供到专业对口大型企业社会实践、实验实训、顶岗实习、实现就业的发展机会,为学校、合作企业的持续健康发展打下坚实基础。

二、提前谋划学生的就业竞争力

职业教育集团化发展是政府主导、行业指导、企业参与的职业教育办学体制的重要实现形式,对促进教育链和产业链有机融合有重要作用。为加快发展现代职业教育,深化产教融合、校企合作,促进优质资源开放共享,近年来,一批以行业为依托、跨地区的行业性职教集团快速发展。对接行业发展的职教集团不仅有利于深化政产学研合作、对集团内各种资源要素进行有效集聚和共享,而且对于合力培育企业所需人才、提高学生就业竞争力具有积极作用。

当前,社会上对毕业生就业竞争力日益关注。就业竞争力如何培养?依靠谁来培养?高职院校必须借势借力而为,主动依托职教集团平台能够打破部门、区域、企业、学校之间界限,整合、共享优质教育资源的优势,以校企联合育人为目标,不断提升学生就业竞争力。在学生入学之前,高职院校要积极联合企业共同商定人才培养方案,与企业联合开发融教、学、做为一体的工学结合课程,与企业联合共建区域共享型实训基地,通过让企业工程师、管理人员与学校教师联合担任学生导师等方式,让校企双方都能参与到人才培养中来,使学生在能力素质上符合企业发展需求,在就业竞争力上得以大力提高。

三、提前强化学生的职业意识

所谓职业意识,是人们对职业劳动的认识、评价、情感和态度等心理成分的综合反映,是支配和调控全部职业行为和职业活动的调节器。[1] 加强学生职业意识启蒙,可以帮助学生明确学习目的、做好职业生涯规划、树立正确择业观念、确立合理人生目标,在高职学生职业发展中起着极其重要的导引作用。

高职院校与行业、企业同属命运共同体,校企双方加强深度合作、协同开展学生职业意识启蒙意义重大。在校园文化建设中融入强化学生职业意识的任务,对学生的"未来就业"大有裨益。高职院校要充分利用校企深度合作的优势平台,在新生开学报到期间就将职业意识培养纳入新生入学教育体系之中。

近些年,越来越多的高职院校主动邀请与学校紧密合作企业的总经理、人力资源主管来校开展"企业家讲座""名师讲坛""校友报告"等系列活动,通过开展校企联合迎新,让企业家与学生面对面座谈交流、为学生颁发企业冠名奖助学金等,为学生提供了针对性强的职业启蒙。实践证明,职业启蒙使新生一入学就能很好地了解社会和企业对人才的需求,对增强高职学生职业意识、树立高职学生就业观念具有重要作用。

用情提供入学后就业服务

伴随就业形势的日益严峻,提高就业服务质量在破解就业难题中的作用越来越重要。高职院校大都已设置了就业指导机构,但依靠专职人员的单一服务远远不够,必须建立师生互动联络体系。老师与学生之间的良性互动是老师了解学生、提供针对性就业指导,以及学生掌握全面准确信息、树立正确

---

[1] 李香菊:《浅谈大学生职业意识的培育》,《学校党建与思想教育》,2012年第3期,第86~86页。

就业观念的有效途径。高职院校必须创新就业服务举措,着力在构建师生互动联络体系上下功夫,用情为学生提供全方位的入学后就业服务。

一、增强就业服务的普适性

构建信息化就业平台。"以服务发展为宗旨、以促进就业为导向"对新时期高职院校提升就业服务质量,优化就业服务过程提出了新的更高要求。当前,新媒体的迅猛发展为打造就业基础平台提供了良好条件。高职院校面向全体毕业生群体构建信息就业平台,完善师生互动联络体系,可以让学生及时、全面、客观、真实地了解各用人单位情况,为找到合适的工作岗位提供选择依据。学校就业指导老师可以方便快捷地使用就业信息平台,及时收集更新各类就业政策、分析当前就业形势、发布就业工作信息,普及就业准备、择业技巧、签约流程等就业知识,宣传就业、创业先进典型案例,营造鼓励就业的良好氛围,为学生提供优质的就业服务。

搭建公共的就业平台。校园招聘会既是毕业生求职、实现就业的重要途径,是企业招聘人才的有效渠道,也是高校开展就业服务的重要载体。校园招聘会的针对性强、成功率高,举办校园招聘会,有利于增强学生对行业企业认知、降低学生就业成本、帮助学生熟悉应聘面试环节,为学生顺利实现就业打下坚实的基础。当前,高职院校大都举办了校园招聘会活动,构建了公共就业平台,为学生顺利就业搭建了非常好的平台,但根据学生专业特点为毕业生提供大量的就近、就地、低成本、契合度高的双向选择机会还不够多,需要有针对性地筛选专业对口、需求较多、层次较高的中小企业、民营企业到校开展专场招聘会、小型招聘会,尽最大可能去满足不同专业、类别、层次学生的就业需求。

筑牢实践的就业平台。参加社会实践活动不仅能使学生增加社会阅历、开阔视野,也能够提升自身就业素质与能力,促进顺利就业。开展以就业为主题的社会实践活动,有利于增强学生就业意识、强化学生职业发展观念、夯实学生充分就业基础。高职院校要创新师生互动联络体系,建立健全"招生与就业处—二级学院—学生"三级就业实践体系,充分利用各种校园文化活动平台,组织开展形式多样、丰富多彩的"就业服务月""就业服务周"等就业实践活动。大学生就业社团、就业协会、创业协会等社团组织,要在招生与就业处、校团委、双创学院的统筹调度下，有序开展校友座谈、模拟招聘会、创业论坛、就业沙龙、职业生涯规划大赛、完美简历大赛、就业观念辩论赛等以就业创业为主题的社会实践活动，不断增强这些品牌校园文化活动对学生的影响力和感召力。

二、提高就业服务的针对性

建立"分层教学"培养机制。提高学生就业质量、实现学生充分就业的根源在于不断提高育人质量，为学生提供最适合的教育。当前，伴随我国高等学校招生考试制度改革的探索实践，高职院校的生源结构更加多元化，既有普高生、中职生，又有企业青年、复转军人，学生的职业发展选择多元、个性化学习需求多元的趋势越来越明显，这对高职院校人才培养工作提出了时代性新命题。高职院校要想实现学生充分就业的目标，必须提高人才培养的针对性，结合学校不同基础学生的实际实施分层教学。作为全国毕业生就业典型经验50所高校之一，学校以专业群为基础，系统构建素质教育课程体系与专业教学课程体系，形成职业基础平台、专业方向平台、专业拓展平台等专业集群课程，满足了不同生源基础学生的发展需求，全面提升了学生综合素质，这样的分层教学培养机制，满足了全体学生多样化的素质提升需求。

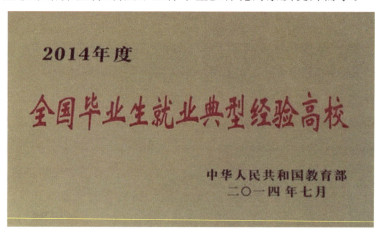

2014年，学校被评为全国毕业生就业典型经验高校

建立"多师众生"沟通机制。客观地说，高职学生目前还处于就业链条的中低端市场。在就业总量压力大、结构性矛盾突出的现实情况下，如何转变

高职学生的就业观念，切实提高学校就业服务的质量和水平，成为高职院校迫切需要解决的现实问题。基于当前学生智能手机普及度、网络依存度以及手机使用频率"三高"的特点，高职院校应积极创新就业服务机制，通过研发"无线校园""校园云"等平台，依靠新媒介手段辅助做好毕业生就业服务工作。学校负责就业工作的老师、专兼职辅导员、思政课教师、企业人力资源主管等都可以借助智能手机平台，积极参与到学生就业服务中来，就学生就业过程当中面临的共性问题、私密问题、就业心理、就业选择、就业形势、就业技巧等进行实时双向互动联络，即时答疑解惑，切实解决学生就业过程中面临的实际困难。

建立"一师一生"帮扶机制。加强高校贫困生就业帮扶是促进教育公平和社会公正的有效手段。高职学生大都来自农村，家庭经济困难、就业困难的"双困"毕业生比例与本科院校相比均较高。关注"双困"群体毕业生的学习和生活，针对性开展就业指导和帮扶，扎实做好"兜底"就业工作，是高职院校就业工作的重要责任，也是提高就业质量的关键环节。高职院校应成立专门的就业帮扶机构、安排专业指导教师、设立专项资助经费，有效建立起"一师一生"就业帮扶机制。通过与就业困难学生谈话，了解其心理状况，鼓励他们正确对待当前就业困难，实时跟踪与帮助；通过加强师生互动联络，针对性开展包括个体指导咨询、技能培训、就业补贴、重点推荐在内的就业帮扶计划，在帮助"双困"毕业生掌握就业政策、树立良好就业心态、克服恐慌焦虑心理、增强就业竞争力、实现更高质量就业等方面取得切实成效。

用力提供毕业后就业服务

学生毕业离开校园、走上新的工作岗位，虽然标志着学校育人工作任务的完成，但在市场环境下，广大毕业生的"名片效应"却是学校改革发展的重要资源，因此学校就业服务工作不能就此停止，需要进入到毕业后阶段，持续提供毕业后就业服务。高职院校需要着力创新工作举措，大力挖掘校内、校外两类资源，切实把毕业后就业服务做实做好。

延续毕业后的就业服务。校友是学校的宝贵资源。高职院校挖掘校外资源，延续毕业后就业服务，需要在建立校友信息大数据上狠下功夫。每年在毕业生离校前,要认真做好信息采集工作,根据毕业生工作所处区域、工作性质、工作岗位、上学届次、院系班级等进行分门别类,建立起翔实准确的大数据。所有校友均可凭在校学习期间发放的账号权限登录系统,因此校友无论在哪个省份、城市工作,都能够链接下载学校为其提供的丰富校友信息,持续享有学校优质的毕业后就业服务。同时,高职院校可以借助校友信息大数据,在校友相对聚集的省市和地区,择机组建和成立学校校友分会,为开展毕业后就业服务提供可靠的组织保障和良好的工作平台。

深化毕业后的就业服务。当前,各级教育行政部门和高职院校大都关注毕业生的初次就业率、就业协议率,关注毕业生的起薪是否较高、就业权益是否有保障,但现实却十分尴尬。高职毕业生就业质量欠佳、频繁跳槽的问题在较大范围内存在,原因是多方面的,但主要根源还在于高职院校的人才培养质量。为此,高职院校要不断深化学生毕业后就业服务工作,在校园内建立起动态反馈机制,逐步建立健全人才培养大循环体系。根据教育行政部门部署安排,高职院校每年都开展应届毕业生离校前就业状况调查和用人单位满意度调查工作,撰写年度就业数据分析报告。在这一过程中,要强化就业数据的统计分析和应用,以此来动态反馈、检验、校正学校人才培养质量;要以各专业就业质量数据作为参考,不断优化调整招生专业和招生计划,对专业培养方案、课程设置、教学环节控制等进行针对性改革,确保人才培养水平稳步提升,从根本上提高"未来毕业生"的就业质量。

全心全意做好校友工作。校友是学校的名片,广大校友在社会各条战线建功立业,是大学事业的实践延伸,是大学美誉的重要支撑。校友永远是学校的一分子,是学校的资源、财富,校友的发展力是学校现实的生产力。江苏建筑职业技术学院积极营造校友文化氛围,大力开展丰富多彩的校友活动,不断加强与校友的联系,宣传校友的先进典型,分享校友的成功经验,关心校友的成长烦恼,以情感人、以真动人,营造出校友情系母校、母校关怀校友、相互支持、共同发展的浓厚校友文化氛围。

广泛联系校友。学校每年广泛收集各地校友的情况,完善校友数据库和骨干校友通讯录。加强与重点校友、地方校友会、校友企业的日常联络,了解宣传校友及校友企业的发展状况,不断增进双方感情交流。不断丰富校友组织的类型,由单一模式向基于二级学院、专业、行业、兴趣爱好等模式深化发展。

平等对待校友。摒弃嫌贫爱富思想,在校友工作中强化关爱、关心、关注每一位校友意识,既重视已有成就的校友,更帮助那些相对还比较弱势的校友,体现学校育人为本理念以及"筑美"的情怀。

热心关爱校友。学校领导或教师出差期间,把与当地校友联系、看望校友作为一项重要任务。周末时间,为来到学校聚会的各个班级校友提供最优质、最贴心的服务,形成学校关心校友,校友关心母校共同发展的局面。

宣传优秀校友。通过新媒体、网站、校报、校友会刊物等多种方式,大力宣传学校各行各业校友的业绩和先进事迹,大力宣传校友艰苦创业、顽强拼搏、无私奉献的风采,大力宣传学校的办学理念、办学成就、以及建设发展的最新情况。

资助需求校友。通过设立校友奖助学金对在校困难学生进行定点资助。针对已经毕业的校友,凡是在工作、生活当中遇到困难的校友,学校知悉后继续给予力所能及的帮助和支持。

共享美丽校友。"美丽"校友的内涵在于贡献社会发展、热爱社会事业方面,在于为学校作出过贡献。学校鼓励校友回校讲学,开展论坛、讲座、报告会,以自身的榜样力量去影响在校大学生的成长。鼓励有条件的校友,为学生提供良好的实习实训基地。鼓励校友企业来校招收毕业生,为学生的发展提供更佳更宽阔的平台。

第九章 扛以美之责

一个民族的崛起首先是精神的崛起，一个国家的强大首先是文化的强大，一所大学的兴盛亦是如此。大学是"以文化人"之所，深刻地葆有文化自信、坚定地传承文化自信，具有天然的、应然的、必然的文化使命和文化担当。文化是大学的本质，大学文化作为社会文化的重要组成部分，其对社会文化发展有着重要影响，在实现大学文化使命乃至推进文化强国建设中扮演着重要角色，发挥着重要作用。传承文化自信，大学要自觉履行好文化使命，肩负好文化育人职责，切实担当起为中国特色社会主义事业培养合格建设者和可靠接班人的根本任务。

第一节 "双高计划"的文化使命

2019 年，在决胜全面建成小康社会、开启全面建设社会主义现代化国家新征程的关键时期，教育部、财政部联合启动实施中国特色高水平高职学校和专业建设计划（"双高计划"），支持一批优质高职学校和专业群率先发展，引领职业教育服务国家战略、融入区域发展、促进产业升级。对于引领和带动职业教育持续深化改革，提高服务国家战略的能力和水平，为建设高等教育强国、人才强国提供强有力的人才资源支撑具有重要意义。

"双高计划"是落实《国家职业教育改革实施方案》的龙头项目，是职业教育高质量发展的"先手棋"。"双高计划"学校的文化建设既是办学历史的文化积淀，也要在学校建设实践中加以提炼。高职院校文化建设具有相对稳定性，对学校改革、建设和发展有着巨大的反作用，加强文化建设，一定会反过来引领和推动"双高计划"的发展。"双高计划"入围学校应该充分发挥主观能动性，率先树立高度的文化自觉，加强文化建设顶层设计与规划，加快文化建设的步伐，自觉承担起"以文化人"的使命。

"双高计划"的文化使命

使命呼唤担当，文化引领未来。文化是一所大学特有的精神品质，而传承与创新文化成为大学的重要使命以及引领走向发展新境界的精神动力。加强大学文化建设，是提高学校核心竞争力的重要途径，也是学校持续、健康、协调发展的重要保证。

"求木之长者，必固其根本；欲流之远者，必浚其泉源。"不同于各类可量化评价指标的工具性作用，坚持文化建设是"双高计划"建设的根本。

"双高计划"作为推进中国教育现代化的重要决策，必将对我国高等职业教育发展产生积极而重大的影响。大学作为汇聚文化、涵养文化、创新文化、传承文化的殿堂，本身就是一种文化的存在形式。

推进"双高计划"建设，高职院校要有自己独特的文化基因。一流大学的内涵和特征，本身就包含着一流文化，需要一流文化来引领方向，需要一流文化来凝聚力量。

"双高计划"旨在打造职业教育的"中国标杆""中国方案"，要建立中国特色现代职业教育理论、制度、体制、机制、模式等体系，其中理应建设一套以文化人的理论体系，一类以文化人的"中国模式"。这是大学的组织特性给予"双高计划"学校传承文化、创新文化、引领文化的崇高使命与社会责任。

"双高计划"建设要强化使命感，在探究社会全面进步、产业不断升级、现代化强国建设背景下，在新时代经济高质量发展的大局中找准定位，在国际职业教育发展的前沿上找准定位，在实现职业教育现代化的进程里找准定位。

如何在引领新时代职业教育高质量发展的征程中，围绕立德树人根本任务,发挥以文化人功能,实现德技并修、全面发展的复合型技术技能人才培养任务;如何认识、理解、把握、构建以文化人核心理念和生态体系,这些都需要在"双高计划"建设中予以厘清和解答,也是必须回答好的重大课题。

2019年,江苏建筑职业技术学院入围"双高计划",这是学校发展史上的一个里程碑,是难得的机遇、沉甸甸的责任,更是巨大的挑战。学校将乘势而为、顺势而上,肩负"筑美"使命,以重于泰山的使命感、只争朝夕的紧迫感、逆水行舟的危机感,不断开启学校发展新的篇章,既把学校打造成为复合型高素质技术技能人才培养的高地,也要把学校构建成为一流文化引领的精神家园。

自进入"双高计划"后,在校园文化建设中,学校始终高举习近平新时代中国特色社会主义思想伟大旗帜,始终坚定办好中国特色高水平职业院校的自信自觉,始终牢记培养担当民族复兴大任的时代新人的重要使命,始终牢记弘扬发展社会主义先进文化的重要职责,紧紧聚焦加快"双高计划"建设的文化传承创新,努力弘扬"厚生尚能"的校训和立德树人的"筑美"理念。

满怀光荣与梦想,肩负使命和责任,站在新的历史起点上,我们将以厚重的使命文化为承载,加强文化传承创新、增强文化自觉自信、提升文化育人水平,在接续奋斗中为学校的美好未来增能添力,激发新时代学校改革发展稳定和"双高计划"建设的强大精神力量!

"双高计划"的必然选择

习近平总书记在北京大学考察时指出,要扎根中国大地办大学,不要把北大办成第二个哈佛和剑桥。特色是一所大学核心竞争力的主导因素。"双高计划"的建设过程,不仅仅是各项评价指标的对应,而是要着力构建具有中国一流高职特色的大学文化,要带着自己的文化走向世界,用我们的文化丰富世界。大学文化所具有的凝聚力、教育力、创造力和影响力是大学核心竞争力之所在。[①]

---

① 王冀生:《大学文化的科学内涵》,《高等教育研究》2005年第10期,第5~10页。

一、在文化建设中增强可持续发展的内驱动力

集中力量建成一批引领改革、支撑发展、中国特色、世界水平的高职学校和专业群,当好高职教育改革发展的排头兵与领头羊,做到当地离不开、业内都认同和国际可交流,关键在于能否树立鲜明改革意识,破除现有体制机制障碍,建立科学合理的内部治理机制,关键在于能否提升学校治理水平、校企合作水平、服务发展水平、信息化水平和国际化水平,这些是"双高计划"的内在要求。但是,履行育人职能,坚守培养一流人才的使命,这是"双高计划"的本质属性。

当前,我国正处于产业结构优化升级、加快建设创新型国家的关键时期,对复合型技术技能人才的需要,比以往任何时候都更为迫切。"双高计划"学校要坚守人才培养的逻辑起点,围绕培养什么人、怎样培养人这一根本问题,树立鲜明的价值导向。"以文化人"的理念集成学校历史积淀、核心任务、发展理念和价值追求等于一体,是引领学校发展道路、发展模式创新,指引学校发展目标、发展方向,保障学校稳定可持续发展的强大内驱动力。将"双高计划"建设统一于立德树人、以文化人,这既是高职院校教育性和价值性的内在要求,又充分体现出高度的文化自觉和深远的战略考量。

二、在文化建设中凝聚师生员工的创业合力

新时代,基于对教育的根本任务——立德树人的审视,高校要有强烈的文化育人的使命感。文化决定价值判断,影响思维方式,高校事业的改革发展,必须要有广泛而充分的文化认同。从这个意义上说,一所高校最深刻的改革是思想领域的改革,最本质的发展是文化层面的发展。"在共同的校园生活中,师生置身同样的文化场,感受同样的文化熏陶,容易形成共同的文化自觉和价值观。这种文化自觉和价值观,能有效增强师生对学校发展建设的认同度和投入度。"①

站在新的历史方位,"双高计划"学校要着眼于培养社会主义建设者和接班人,占据高职院校人才培养的制高点,简单模仿和照搬本科院校模式培养不出真正的复合型技术技能人才。"双高计划"建设作为举全校之力参与的

---

① 艾静:《以一流的大学文化引领"双一流"建设》,《高教学刊》2019年第13期,第4~6页。

战略任务,作为一批中国方案的试验基地,要探索走出一条中国特色高职院校人才培养之路,迫切需要加强校园文化建设,营造争创一流的浓厚氛围,激励师生主动作为、创先争优、追求卓越,迫切需要内生的、强大的文化场域来统一思想、汇集智慧,来引导人、鼓舞人、激励人,迫切需要全校师生以二次创业的激情与豪情去强力推动。

三、在文化建设中构建未来发展的品牌声誉

高职院校具有跨界属性,产教融合、校企合作、协同育人是其人才培养的根本要求,因而也是多元文化交流、交融、交锋的舞台。高职院校要将人才培养放在国家发展需求的大背景中去考量,通过思想创新和制度创新,把以文化人体现和贯穿在人才培养环节、产教科融合体系、社会服务面向、办学综合实力等各方面,进而构建一流人才培养所特有的品牌声誉,形成具有中国特色的人才培养标准和职业教育话语体系。

在探索"双高计划"建设进程中,必须牢牢抓住全面提高人才培养能力这个核心点,并以此来带动学校其他工作。不应只关注学校排名、升格更名、办学资源、办学绩效,不应只围绕国家重大战略、区域支柱产业,还应具有更加广阔的文化视野和强大的文化创新能力,主动探索建立基于"大国工匠"型优秀技术技能人才的培养标准,主动承担起研究、发掘、创新和阐释文化建设的使命,使文化成为"双高计划"建设社会效应和品牌效应的助推器和放大器,在致力于一流人才培养的创新实践中展现中国特色、形成中国模式、贡献中国方案,发挥示范者、首创者、先行者的作用。江苏建筑职业技术学院将在"双高计划"建设中大力强化以文化人,坚持正确办学方向这一建设前提,坚定中国特色发展道路这一建设根基,整体把握全面内涵这一建设关键,坚定不移地走自己的建设发展道路。

第二节 以文化人的现状审视

以文化人,"文"是基础,"化"是关键,"化人"的根本在于"育人"。以文化人具有非专业、非职业、非工具的特征,具体到高校教育实践中,是将社会主义核心价值观落细、落小、落实的过程,是春风化雨、潜移默化、润物无声的过程,是让学生在不知不觉中接近和接受,进而达到"育人"的最终目的。推进以文化人,高校要从战略的高度来审视,从现状的角度来自省,深刻把握文化建设对于促进学校发展的重要意义,以更加主动自觉的姿态推动校园文化的建设发展。

以文化人的现实阻抗

　　高职院校要高举"筑美"旗帜,努力占领时代文化的制高点,创造和传播新知识、新技术、新思想,不断促进社会主义文化的发展。但是,在推进以文化人的丰富实践中,仍然存在不少现实的阻抗。

　　整体规划缺乏设计,推进以文化人生态欠佳。以文化人的实施是一项系统工程、生态工程,包括大学精神、办学理念、校风学风、校园规划、文化景观、制度设计等建设,需经历史沉淀逐步形成。高职院校的文化土壤总体上还不够深厚,能够认识到以文化人的重要性,但大多重视有形的物质文化建设,忽视以文化人生态系统的维护和组织机构的保障,尤其在文化培育、文化沉淀、文化传承和文化创新等环节,往往存在指导思想不明确,碎片化、随意性倾向,缺乏整体规划和系统设计。在高职院校办学实践中,普遍存在以文化人的长期性与学生在校时间短的现实矛盾,存在学校以文化人实施与行业、企业文化融合不足的问题,没有将以文化人置于学校整体办学与人才培养的可持续性实施方案中。

　　核心理念聚焦不足,推进以文化人定位趋同。大学办得好不好,不是比它的规模大小、学生数量多少,关键要看培养出什么样的人:是不是德才兼备、全面发展的人,是不是能够肩负起中华民族伟大复兴历史使命的社会主义建设者和接班人。高校的根本任务是人才培养,充分履行文化兴校、文化育人功能是分内之责。就当前校园文化建设现状看,高职院校在推进物质文化、行为文化、制度文化建设,尤其是促进观念文化的核心理念,即学校精神文化的形成中,尚未注重体现学校自身的历史渊源、行业特色、培养目标、发展方位和发展趋势,尚未突出培养复合型技术技能人才的核心地位,尚未发挥好以文化人的深层育人功能,校园文化建设存在单一化、趋同化、碎片化、千篇一律等问题。有的将以文化人局限于学生文体活动,有的对学生教育缺乏人文关怀,有的侧重于校园景观文化建设,以文化人的核心理念不聚焦,针对性亟须加强。

显性指标重视到位,推进以文化人自觉不强。办学校就是办文化,因为历史背景、办学特色、行业隶属、专业优势、地域环境等不同,高职院校在文化发展脉络上呈现出不同的个性与特质,理应具有自己独特的文化基因和强大的文化软实力。当前,高职院校普遍把专业建设、人才队伍、科学研究、社会服务等列为重中之重,而对具有非显性、长期性和很难量化特征的文化建设重视不足。虽然高职院校肩负着文化传承与创新的功能,但文化建设和管理水平还远不能适应要求,亟须"补短板""找差距"。

体制机制不够健全,推进以文化人保障乏力。高校的根本任务是人才培养。高职院校能够科学制定大学章程,建立比较完善的学校内部治理体系,但在贯彻落实体现学校核心理念的大学章程上仍然存在随意行为,体制机制不够健全完善,需要提升治理能力与科学化水平。有的高职院校大学文化精神存在"不在场"现象,存在功利化办学倾向,没有认识到校园文化的深层育人功能,缺乏校园文化建设长远发展规划与可持续实施方案,致使文化兴校、文化育人功能无法充分实现。在具体运行机制上,有的高职院校行政文化色彩偏浓,片面强调规章制度的管理约束,缺乏人文关怀,客观上也不利于校园人文环境的形成。

一流高职院校的内涵和特征,本身就包含着一流文化,培育一流的人才,这不仅需要一些硬性指标的完成,还必须体现强大的文化软实力。总体上来看,学校当前的文化理念、文化现状、文化建设和管理水平,以及对文化建设重要性的认识,还不能完全适应一流高职院校建设目标的要求,推进立德树人深入实施,培养一批批能够担当民族复兴大任的时代新人,需要从文化自省到文化自信再到文化自觉,还有很长的路要走。

以文化人的实践探索

大学,最迷人的是大学里的文化,它应是孕育人类文明的摇篮、引导社会良好风气的风向标。高品位的大学文化,是具有巨大内部凝聚力和外部扩张力的无形资源,是构成高校办学实力和竞争力的重要组成部分。"筑美"文化,是江苏建筑职业技术学院人才培养实践过程中最鲜明、最本质的标识,是校园文化建设最深层的内核。推进筑美实施,学校构建了理论与实践结合、教书与育人结合,政校行企协同、校内各方协同的体制机制,把"落细、落小、落实""看得见、摸得着、感受得到"等作为具体的要求,精心构建特色文化体系和文化形象。

坚持以立为本、立破并举。对校园文化建设现状进行梳理总结,对贯彻落实全国高校思想政治工作会议、全国教育大会议精神全面对表,围绕培育时代新人、培养社会主义建设者和接班人核心任务全面对标,在此基础上推进以文化人的理念创新、手段创新和基层工作创新,努力做到聚集师生智慧、激扬发展力量、分享发展成就,努力营造"全校上下一盘棋"的良好氛围,以高度的文化自觉践行以文化人的全面实践。

全面构建校园文化体系。以文化人是对学校办学方向、办学道路、核心文化理念的落细落地,关键在于是否形成全面立体的校园文化建设体系。学校把以文化人作为系统工程推进,从总体上加强规划谋划,推进精神文化、物质文化、制度文化、行为文化协调发展。

推行项目清单管理模式。以文化人只有起点没有终点,既要长远安排,又要有近期计划,必须主动作为,久久为功。学校把以文化人纳入事业发展规划,成立校园文化建设领导小组,切实发挥总揽全局、协调各方作用,发挥思想引领、整体推进作用。把以文化人建设目标责任和任务分工清单化,按照项目管理、年度推进、分步实施推进,努力在整体推进、重点突破中形成强大合力。

其一,推进文化研究。加强精神文化研究,进一步凝练校训校风、教风学风、学校精神、办学传统、办学定位、办学宗旨、办学特色、发展愿景。以大学章程为统领,梳理健全各类规章制度,建设充分支撑学校办学理念及办学定位的制度文化体系。加强招标立项,深入挖掘校本文化内涵、核心和建设路径。加强两汉文化、红色文化和社会主义先进文化研究,把淮海战役精神、马庄精神融入课程,让课堂更加鲜活接地气。

其二,加强文化教育。办好厚生讲堂、博士论坛、教授公开课、高雅艺术进校园,不断提升校园文化品位。挖掘凝练文化内核,推动一院一精品、一院一特色校园文化品牌培育。把立德树人融入思想道德教育、文化知识教育、社会实践教育各环节。推进校本文化进专业、进课程、进头脑,培育学生独特文化气质。开展以培育和践行社会主义核心价值观为主题的系列教育活动,提高学生综合素质。依据社团选苗—课程培优—竞技成果路径,厚植文化育人环境。

其三,深化文化实践。建设精致校园文化景观,提升文化景观育人功能。推进大国工匠进校园、工匠精神进实验实训、企业文化进专业、职业文化进课堂"四进"工作。按照产业文化进校园、企业文化进课堂要求,推动校企合作育人、合作就业、合作办学、合作发展成为特色鲜明的校园文化。浓厚建筑文化氛围,增强建筑特色文化的社会服务效应。丰富校园文化活动,开展校园歌手大赛、演讲赛、辩论赛、话剧、传颂经典等主题活动。开展"杰出校友"评选,从杰出校友视角解读学校教育成果,为学生提供具有现实教益的励志读物。

校园橱窗文化掠影

其四,优化文化环境。加强橱窗文化建设,发挥榜样示范带动作用,通过榜样示范引领前行力量。加强教室文化建设,强化学习纪律与制度要求。加强宿舍文化建设,突出学生良好行为养成教育。加强餐厅节俭文化建设、办公楼宇勤政文化建设,不断营造育人的浓厚氛围。实施校园美化、花化、亮化、绿化、净化工程，做到自然美、人文美、艺术美相协调，不断提升校园文化品位。

其五，扩大文化传播。拍摄学校、二级学院、各职能处室形象宣传片，加强学校全方位美誉度宣传。发挥新媒体职能，打造梯队组合、横向联动的微博、微信、微视频矩阵体系，全面加强育人功能。全面加强网络文化建设，发挥新媒体网络思想政治教育作用。

第三节　以文化人的路径选择

文化是人类社会的一种存在方式，人创造了文化，文化也创造了人，任何人都是具体文化中的人，人是文化的产物。[①] 大学本质上是一种文化机构，既是文化传承的重要载体，也是思想文化创新的重要源泉。从文化的角度看大学，大学教育实质上就是以文化人，文化育人。

把握以文化人之"文"的主体

习近平总书记在全国高校思想政治工作会议上强调，要更加注重以文化人以文育人，文化滋养心灵，文化涵育德行，文化引领风尚。加强高校思想政治工作，要注重文化浸润、感染、熏陶。推进以文化人，把握好"文"的主体是首要前提。用什么样的"文"来"化人"，决定"化人"的方向。

新时代，国家赋予高职院校的神圣使命，责任重大，使命光荣。"双高计划"建设过程，是高职院校从一般走向一流、从优秀走向卓越、从前列走向引领的过程。"双高计划"学校要在世界舞台上发出中国高职院校的最强音，必须把体现人类社会发展方向的以马克思主义为指导的社会主义先进文化作为"文"的主体，积极担负起涵养文化自信的教育使命，把文化内化到师生的灵魂里，积淀到师生的思想中，从而为"双高计划"建设提供强大精神动力和文化支撑。

弘扬中华优秀传统文化。传统与创新相统一是文化发展的一般规律。

---

① 谭属春：《其命维新 永立潮头——深圳职业技术学院文化育人研究与实践》，高等教育出版社2019年版，第4页。

习近平总书记指出："要使中华民族最基本的文化基因与当代文化相适应、与现代社会相协调，以人们喜闻乐见、具有广泛参与性的方式推广开来，把跨越时空、超越国度、富有永恒魅力、具有当代价值的文化精神弘扬起来，把继承传统优秀文化又弘扬时代精神、立足本国又面向世界的当代中国文化创新成果传播出去。"①中华优秀传统文化是校园文化的"根"与"魂"，涵养着家国情怀、职业道德、职业精神等丰厚内涵。"双高计划"建设必须坚持以中国特色为核心，把弘扬优秀传统文化和发展当代文化有机统一起来进校园、进课堂、进头脑，使得广大师生拥有共同的理想信念和价值理念，形成最大同心圆，这是使命、担当，更是独特的发展优势。"双高计划"建设不是一流指标的简单堆砌，而应有一流的办学理念和文化，形成自己的"大学之道"。高职院校要坚定文化自信，形成文化自觉，以传承文化和创新文化为使命，在世界高职教育舞台上发出中国高职院校的最强音。要用中华优秀传统文化铸魂育人，将其所蕴含的思想精髓、人文精神和道德规范有机融入高职院校教育教学、实验实训与第二课堂。要让中华优秀传统文化赋予时代内涵，"流"进学生心里，使学生在耳濡目染、潜移默化中经受熏陶滋润，浸入心灵深处。

传承红色革命文化。"革命文化是中国共产党带领人民群众在革命时期形成的宝贵文化，集中体现了共产党人的理想信念和崇高追求。红船精神、井冈山精神、长征精神、延安精神、西柏坡精神等宝贵文化资源和精神养分，具有不可磨灭的重要价值。"②"双高"院校要实现高质量发展，必须坚持固本强基，把牢理想信念教育这一重点，而革命文化无疑是理想信念教育最宝贵的文化资源。高职院校应首先接受精神上、思想上的洗礼，始终坚持把理想信念教育作为贯穿始终的主线，大力开展理想信念教育和社会主义核心价值观教育。通过创新思想政治理论课、形势与政策课教学方式，丰富"课程思政""思政课程"育人因子，把握重大历史事件、纪念活动契机，把红色文化基因与精髓提炼出来、传承下来。要为学生订制丰富的"红色文化大餐"，激发学生爱国热情和报国之志，在祖国建设的伟大事业中放飞青春理想，让学生

---

① 习近平：《在十八届中央政治局第十二次集体学习时的讲话》，《习近平关于社会主义文化建设论述摘编》，中央文献出版社 2017 年版，第 201 页。

② 段永清：《文化自信视域下的大学文化创新》，《光明日报》2017 年 12 月 30 日，第 7 版。

品尝信仰的"味道",使其逐渐渗透进血液、浸入到心扉,发挥好教化人心的作用。

培育践行社会主义核心价值观。社会主义核心价值观以凝练的表达反映了中国特色社会主义先进文化的深刻追求。高职院校推进"以文化人",要紧扣时代脉搏、契合立德树人时代内涵,把培育和践行社会主义核心价值观作为核心和重点,用社会主义核心价值观凝聚共识、汇聚力量。不同的高职院校,有着不同的历史文化传统、思维方式和价值追求。"双高计划"建设要在遵循文化形成和发展规律的基础上,立足于挖掘学校自身资源,力避同质化倾向,将社会主义核心价值观落细、落小、落实,才能接地气、有底气、显灵气。具体而言,高职院校除了要将社会主义核心价值观融入日常教育教学、融入实验实训、融入社会实践、融入文化建设、融入管理服务之外,还要将其融入高水平专业群、高水平"双师"队伍建设中,融入打造技术技能人才培养高地、技术技能创新服务平台中,在"双高计划"建设的伟大实践中,建立起培育和践行社会主义核心价值观工作长效机制。

把握以文化人之"化"的关键

"化"即教育感化,是以文化人的途径和手段。以文化人是运用特定的文化,以文化的载体和途径来塑造人、教化人、感化人、熏陶人的过程,是一种逐渐变化的过程。"化"是无声而胜有声,化人的实质是育人,实现"蓬生麻中不扶自直"的教育效果。

在推进新时代职业教育改革发展进程中,如何坚持以改革为引领,以创新为驱动,加强与地方政府、产业园区、行业深度合作,不忘立德树人初心,系统推进以文化人、以文育人,培养数以千万计担当民族复兴大任的时代新人,这是"双高计划"建设的必由之路。

首先,要树立改革的鲜明导向。改革创新是高校发展永恒的主题,是保持文化活力的不竭源泉。"双高计划"建设肩负着引领职业教育实现高质量发展的重要使命,既是高职院校面向市场、引领改革、支撑发展的过程,也是将学校精神、办学理念、人才培养理念提炼形成,紧扣产业、聚集前沿推进以文化人,培养复合型高素质技术技能人才的过程,需要有敢为天下先的气魄树立改革鲜明导向,需要有下好新时代职业教育改革发展先手棋的改革创新魄力。推进"双高计划"建设,高职院校机遇前所未有,挑战前所未有,要把发展潜能与增强发展自信树立起来,坚持改革导向,紧扣产教科融合主线,当好创造性转化、创新性发展的探路者和先行者,努力形成中国特色职业教育发展模式,讲好中国故事的"高职篇章"。高职院校要沉淀办学育人质量文化,把以文化人全面融入思想道德教育、文化知识教育、技术技能培养、社会实践教育各环节,推动以文化人贯穿教学体系、教材体系、管理体系,在以文化人中服务学生多元成长成才,形成中国特色、中国风格、中国气派。以质量文化保障、组织保障、制度保障和教学资源保障为基础,以数据监测为主要手段,逐步形成目标导向、过程性评价和管理、可持续改进等紧密结合的闭合型循环教学质量保障体系。

其次,要创新化人的载体路径。价值认同,就是接受一套价值体系并将其内化于心的过程。以文化人要"入心""入脑",除文化本身要体现价值、信念、灵魂之外,高职院校还必须借助文化的吸引力和渗透力,与时俱进适应媒体融合发展新形势,采取和风细雨、潜移默化的形式加以推进,在解决师生面临问题困境的真实情境中大胆创新化人的载体路径,并采取切实可行的措施去启发、教育和影响。推进"双高计划"建设,高职院校要创新话语表达方式,使自身的价值追求、行为导向和治校理念通俗化、大众化,使其更富营养、更接地气、更有温情、更具活力,逐步内化为学生的自觉意识和自觉行动。要使高品质、高品位的校园文化活动成为常态,让学生在高雅文化熏陶下逐步锻造为高素质综合型技术技能人才。在新媒体网络时代背景下,高职院校要不断革新文化供给侧的内容结构,在坚持社会主义核心价值观引领前提下,以学生喜闻乐见的形式,让其在虚拟空间里也能够陶冶情操、净化心灵,吮吸真、善、美的价值营养。要构建红色基地、社会实践、第二课堂为载体的实践育人平台,不断改善实训条件,完善竞赛机制,提升实践教学水平。

第三,要推进全面系统的建构。文化是一种巨大的教育力量。以文化人是一项系统工程,需要重点抓、系统抓和持续抓,要通过树立校园文化共建共享意识,推进集中优势资源打造的"双高"院校形成"大文化"格局,做到统一领导,上下贯通,条块结合,分层管理,形成合力。为此,高职院校既要在学校章程、校训校史、校风学风、文化活动、教学课堂、实验实训等环节打造鲜明特色，浸润弘扬正能量因子，也要着力塑造基于校企合作的特色校园文化，将企业文化融入人才培养方案，融入课程和教材体系，使校企合作育人、合作就业、合作办学、合作发展在校园成为主旋律。在"双高计划"建设中，高职院校要加强制度层面的顶层设计，健全党委领导、校长负责、教授治学、民主管理、多主体融入的现代治理体系，推进学校治理体系和治理能力的现代化，把学校建设成为中国特色高水平高职学校现代治理的标杆。校园文化是物质文化、精神文化、制度文化、行为文化、环境文化的有机统一体，高职院校要增强以文化人的系统性、整体性和协调性，统筹推进、构建完善的育人体系，使学生在以文化人的整体气场中受到感化、影响和激励。

以文化人是一个生态系统，由若干个子项目组成，需要在纳入学校事业发展总体规划的前提下，从专业文化、教师文化、课程文化、实训文化、教学管理文化、质量文化等专项逐一去深化，使以文化人的软性渗透与硬性规范高度统一，从而实现纵向成线、横向成网，形成人人事事、时时处处育人。另外，高职院校还要与行业领先企业在人才培养、技术创新、社会服务、就业创业、文化传承等方面深度合作，形成校内协同联动、校企双主体育人的校企命运共同体。

把握以文化人之"人"的特征

"在传统灌输式教育中，受教育者作为教育客体，往往被动地接受教育。而在以文化人中，受教育者作为文化的创造者，他既是教育主体，也是教育客体，有效实现了教育主客体的统一。"①"人"是以文化人的目标对象，是以文化人的出发点和立足点，要牢记立德树人根本任务，把学生培养成为德智体美劳全面发展的社会主义建设者和接班人。

推进"双高计划"建设，要基于高职院校师生当下的发展变化、基本特点和现实诉求，把人看作是具有独立个性和特定观念的主体，精准把握人的特征，满足人的需求，促进人的自由全面发展，否则就是毫无意义的空洞说教。"双高计划"建设要强化文化自信、价值塑造和信仰定位，将发展目标、重点任

---

① 王振：《论以文化人的意蕴与整体性构建》，《思想教育研究》2016 年第 7 期，第 47～51 页。

务与师生成长需求紧密结合,找准最佳共鸣点,画出最大同心圆,不断激发和释放他们的正能量。

首先,要真正发挥教师的主导作用。职业教育是与经济社会发展联系最为直接、最为密切、具有跨界属性的教育类型。作为高职院校教师,应是具有文化素养、文化情怀的"文化人",能够以饱满的文化自信、高度的文化自觉,推进复合型技术技能人才培养目标的实现,不仅能够培养学生精湛前沿的技术技能,更要能够培养学生精益求精的职业精神,为经济社会高质量发展输送更多的"能工巧匠""大国工匠"。"双高计划"建设需要强力推进产教科融合、校企合作,需要聚焦高端产业和产业高端,需要满足学生更高质量的充分就业,这些内在要求都依赖教师主导作用的发挥,依赖教师价值观念、思维方式与行为规则的影响,依赖教师评价机制的创新。其重要途径应通过以文化人,紧紧把握文化建设这个核心与灵魂,更新观念、开拓视野,调动全校教职员工的工作积极性和创造性。推进"双高计划"建设,高职院校要根据打造高水平双师队伍的要求,把教师自身发展与国家需要紧密连接起来,持续激发教师的积极性、主动性、创造性。要打造专业化、结构化的高水平教师教学创新团队。紧紧围绕职业教育教学的类型与形态特征,将行业企业工作经历、周期性的企业轮训、专兼结合的团队构成等,作为打造高水平教师团队的必然要求。要建设专家型、领军式的高层次专业带头人队伍。高水平专业群要引育并举打造行业有权威的专业带头人,发挥其在整体提升专业教学团队职教能力、引领提升应用研发与技术服务水平以及融入行业核心圈整合利用校企资源中的领头雁作用。要建设一批精技善教、行业顶尖的高技艺工匠之师,广泛建立技能大师工作室,为工匠型教师成长发展搭建平台。

其次,要切实尊重学生的主体地位。新形势下,推进"双高计划"建设不只是对学生加强知识与技能的培养,更重要的是尊重学生主体地位和个性差异,对学生进行人本化、人性化关怀,进行人格完善、道德教育。浇花浇根,育人育心。高职院校要探索职业教育高质量发展的实现路径,必须坚持以生为本理念,在遵循学生成长成才规律基础上,关注学生生存状况和生存意义,关注学生自我完善和自我发展,用高度的文化意识、文化觉悟和文化情怀去增强学生的认同感、归属感和荣誉感,通过文化的净化、感化和教化,使学生在陶冶与浸润中不断提升凝聚力、向心力和创造力。要坚持从学生实际出发，尊重学生主体地位，抓住学生优良人格塑造、完善和升华的黄金时期，将落实立德树人根本任务与中国特色、学校底蕴有机结合起来，从理想信念的高度帮助学生解决精神困惑和理想迷茫，切实打造复合型技术技能人才培养高地。要将以文化人与"1＋X"证书制度这一"双高计划"建设的突破性、创新性制度设计相结合，与学生的日常学习、生活和实验实训等相结合，通过自我教育、自我警醒、自我完善，使其自主自觉地参与到以文化人的过程中。要认真践行知行合一、工学结合理念，培育和传承工匠精神，着力宣传展示大国工匠、能工巧匠和高素质劳动者的事迹和形象，精心提炼不同专业工匠精神的内涵特质，激发学生的思想共鸣、情感体验和价值认同，从而在实践中培育传承好以严谨专注、敬业专业、精益求精、追求卓越为核心的工匠精神。

第十章　圆以美之梦

文化作为人类文明思想的火炬、人们的精神家园，是社会不断进步的源泉。大学是知识高地、人才高地，同时也是文化高地。大学文化是一所大学的宝贵财富和精神境界，构建气质独特、文脉相承、情怀至深的大学文化是落实立德树人根本任务、做好铸魂育人工作光荣使命的重要支点。"筑美"理念的核心在于以正向价值为导引，教化人走向道德、理性、真善美，从而实现立德树人的目标追求。可以说，"筑美"是大学文化的价值旨归。大学文化作为中国特色社会主义先进文化的重要组成部分，要紧扣时代脉搏、契合立德树人时代内涵，承担立德树人神圣使命，承担起"筑美"的永恒初心和使命。

第一节　在文化自信中推进筑美

习近平总书记指出，文化自信是一个国家、一个民族发展中更基本、更深沉、更持久的力量。文化自信是对自身文化特质和生命力的坚定信念，既是对自身文化历史充满认可自然形成的过程，也是对不同文化交融充满敬意自觉提高的过程。教书育人、文化传承创新是高校的重要使命，文化自信无论对高校发展还是对人才成长都具有核心意义。增强文化自信，是高校传承文化底蕴、保持文化精髓的基础，也是高校履行职责的应有之义、推动高校改革和发展的重要动力，更是推进筑美育人的迫切要求。高职院校要坚定文化自信,聚焦主题,创新形式,搭建平台,进一步增强师生文化自信,在世界职业教育舞台上发出中国高职院校的最强音。

在文化传承中强化育人功能

文化的主体是人,传承的载体也是人。文化传承是大学的重要使命,是学校文化历史沉淀和优良传统的结晶,是学校办学理念、办学特色和价值追求的集中体现,也反映一所大学独特的气质与品格。

文化滋养心灵,文化涵育德行,文化引领风尚。作为教育部职业院校文化素质教育指导委员会批准立项的首批文化素质教育基地和创新创业教育基地建设单位,江苏建筑职业技术学院具有独特的文化基因与育人气场,即"筑美"。

办大学就是要办一个氛围。学校的校园文化具有厚重的历史感,积淀着学校的"筑美"追求,代表着学校独特的精神标识。走在校园里,八一广场、而立石、煤建路,处处环绕着军校文化、煤炭文化、建筑文化的叠加磁场,在校园道路两侧、教学楼和公寓区,时时可见物化固化的"筑美",处处彰显军校文化内核——铁的纪律,煤炭文化精髓——奉献精神,建筑文化根基——质量第一。

文化的传承,学生要唱主角。建校以来,学校培养了近10万名毕业生奔赴祖国各地,在社会主义现代化强国的建设战场上书写着江苏建院人的出彩人生与责任担当。2008北京奥运会场馆建设、杭州湾大桥建设、港珠澳大桥建设、故宫博物院修复工程、火神山雷神山医院建设等国家特重大工程建设项目,很多校友参与其中,处处体现"筑美"的文化。校友在贡献社会的同时,也关心支持着母校的发展,86级校友孙利亚捐建利亚楼、王凯捐建凯达大学生商务实训中心,88级校友苗培金等许多校友在母校设立各类奖学金,帮助在校学生成才成长,还有更多的校友以不同的方式助力学校高质量发展,这也是"筑美"文化的传承。

不忘本来才能开辟未来,善于继承才能更好创新。当前以人工智能为标志的第四代工业革命的浪潮席卷整个世界,经济社会发展与行业企业变革趋向复杂化、综合化,高质量发展倒逼产业转型升级,这迫切需要越来越多高层次、综合型、创新型的技术技能人才。加强"筑美"的传承,学校要引导学生德智体美劳全面发展,苦练职业技能,加强职业素养,传承并发扬"三个文化"的精髓,脚踏实地走好每一步,接续奋斗书写江苏建院的新辉煌。

现在的大学生,正处在中华民族发展的最好时期,既面临着千载难逢的建功立业的人生际遇,也面临着天将降大任于斯人的时代使命,他们将成为这个时代发展的建设者和贡献者,民族复兴伟大进程的见证者和参与者。一代人有一代人的理想和奋斗,一个时代有一个时代的使命和担当。江苏建院的学子,理应在"筑美"文化的丰厚滋养下,焕发青年人的蓬勃朝气、铭记建院人的奋进传统、勇担接班人的光荣使命。

在文化自觉中锻造职业技能

文化自觉是费孝通先生晚年提出的一个重要概念,它是指生活在一定文化中的人对其文化有自知之明,即明白它的来历、特色和发展趋向。没有使命的大学不会产生大学文化建设的自觉,没有大学文化自觉的大学就不会实现大学的使命意识。大学使命决定着建设大学文化自觉的必然,大学文化自觉决定着大学使命实现的质量。[①] 高校要始终保持对先进文化的坚守和追求,文化育人应该体现在育人为本上,必须立足于提高人才培养质量上。"筑美"的文化自觉于高校而言,体现为对大学文化地位认识上的高度自觉,体现为大学文化育人的主动担当和自觉弘扬。主要体现在以下三个方面。

大学的文化自觉是建设一流高校精神支柱。培养一流的学生是一流高校应有之义。近年来,江苏建筑职业技术学院涌现出一大批优秀学子,他们纷纷在工程测量、工程造价、环境检测、装饰设计、数学建模、市场调查等多项全国性职业技能竞赛中斩金夺银,成为高职院校瞩目的焦点。"本领过硬、上手很快",这是众多用人单位的良好口碑。"基础厚、技能强、后劲足、能吃苦",参加学校人才培养工作水平评估的教育部专家们,对学生同样给予了高度评价。与之相匹配,学校成功入选了全国毕业生就业典型经验50强院校,毕业生对母校的满意率指标位居同类院校前列。

大学的文化自觉是对社会文化引领的担当。学校主动适应建筑产业转型升级和江苏省由建筑大省向建筑强省迈进的新需求,紧紧围绕建筑设计、

---

① 刘新生:《大学文化自觉是教育现代化的引擎》,《山东教育》(高教)2019年第9期,第31～33页。

建造、运营等产业链构建专业链，使学生在全天候产教融合、校企合作的文化环境中锤炼看家本领。校园文化是无形的，体现在学生的心灵和行为中。现在的校园里，每一个实训场所经常活跃着一批学生团队，他们围绕着既定目标协同并肩探索实践，长期实战训练的经历铸就他们精湛过硬的专业技能。

大学的文化自觉是对大学文化特质的坚守。大学生既是大学文化的对象又是大学文化的主体，承担着文化传承和文化创造的双重使命，这种重要而神圣的使命的完成有赖于他们的文化自觉。当下，对职业敬畏、对工作执着、对产品和服务精益求精、追求完美的工匠精神，就是"筑美"的具体体现，成为一批批建院优秀学子特有的文化符号，成为一代代建院优秀学子始终遵循的价值取向。

作为以建筑类专业为主要特征的高职院校，江苏建筑职业技术学院如何突破自身的专业限制，增强文化育人的自觉，培养更多个性化且能够可持续全面发展的高素质技术技能人才，需要结合学校实际予以探索。学校在办学实践中坚持"筑美"理念指引，逐步形成以主题班会开展思想教育、以知识竞赛开展人文教育、以社会实践开展创业教育、以表彰宣传开展学习教育、以社团活动开展兴趣教育、以普及预防开展心理教育的"六个教育"鲜明特色，为增强学生的综合素质打下了坚实基础。

同时，学校在学生创新创业素质培养上狠下功夫。尤其重视创新创业氛围的营造，积极鼓励学生和指导老师一起参与科研、设计、发明创造活动。每年定期组织大学生开展创意创业大赛、大学生实践创新项目答辩、鲁班技能节、科技文化节等活动，大学生发明的专利数量多年位居全国高职院校的前列。学校不断加大创新创业教育在人才培养中的比重，务实推进技能竞赛、科研创新、发明创造、自主创业、艺体特长五项人才培养工程，力求为培养素质全面的高素质技术技能人才破题导航。

文化自觉是在文化上的觉悟、觉醒、传承和实践。没有文化自觉就没有生命力。如何为每一位学生提供更适合的教育，让每一位学生得到更充分的发展，如何使"筑美"的理念真正落地生根，成为校园文化之魂，需要高校认真回应与思考。

第二节　我们都有一个筑美梦想

梦在前方、路在脚下。马克思曾经说过,历史把那些为了广大的目标而工作,因而使自己变得高尚的人看作是伟大的人。筑美,就是激发心灵的力量、重塑精神的力量,这个力量既是无形的、无边的,也是无限的、无极的。

先进的大学文化是学校水平和层次的重要体现,也是学校软实力的重要组成。近年来,各地高校对校园文化建设日益重视起来,积极开展校风校训建设,推动人文素质教育,精心组织校园文化活动,深入拓展校园文化建设载体,大力加强文化环境建设等等,校园文化建设呈现出繁荣发展的良好态势。

江苏建筑职业技术学院是高职院校的一颗明珠,在建设全国一流高职名校的历史征程中,伴随"筑美"理念的持续推进,相信它一定会迎来更加灿烂辉煌的明天,为"人人皆可成才、人人尽展其才"创造更好条件,让每个学生都有人生出彩的机会。

筑美的向往

行源于心,力源于志,精神是一所高校生命力的源泉。对"筑美"的向往每所高校皆有,它是一座精神灯塔,它是大学的魅力所在,更是高校生生不息、持续发展的不竭动力。对"筑美"的向往,是每所高校在长期办学的过程中积淀形成,以教职员工、学生所构成的命运共同体来体现的一种理想、追求和意志。

人都有各种各样对美好的追求,有些是物质方面的,如生活、工作的条件,也就是人们常说的硬件设施与硬环境;有些是精神方面的,如艺术、文学、科学、道德,等等。对"筑美"的向往,从根本上说就是做人的工作,就是把每个人向上向前的正能量激发出来,把每个向善向美的潜能激发出来。

教育具有为人生奠基的重大意义,教育的本质是指向未来的。对于广大学生来说,"筑美"体现为德智体美劳全面发展,体现为在各级各类的校园文化活动陶冶情操……只有学生的自豪感、荣誉感、获得感得到了充分尊重,学生的积极性、主动性、创造性得到了充分发挥,"筑美"才体现出其真正的价值。

高校作为办学主体,承担着为中国特色社会主义事业培养建设者和接班人的根本任务,应秉持高度的筑美自信,充分发挥文化传承创新的重要功能,通过"筑美"深入实践,培养一批批具有高尚的道德品质和强烈的社会责任感、具有宽厚的知识基础和精湛的专业知识、具有卓越的创新精神和实践能力的人才。"筑美"的向往只有与学校的各项工作实践建立密切的关系,才能真正落地,也才具有真实的存在价值,才能起到引领的作用。在校园文化建设中,江苏建筑职业技术学院坚持以"筑美"为导向,紧紧围绕培养德智体美劳全面发展的社会主义建设者和接班人这一根本任务,日益使"筑美"理念、"筑美"价值观、"筑美"风气成为全体师生员工看得见、摸得着,实实在在的东西。

以"筑美"理念统筹主题活动。推进实施"八大专项行动",即培育和弘扬社会主义核心价值观行动、优良校风学风养成行动、入党启蒙教育专项行动、以文化人以文育人行动、网络思政教育行动、实践育人行动、"形势与政策课"提升行动、学生工作队伍提升行动,使每一个活动的内容与形式设计都体现美,通过活动的规范化组织、制度化运行和常态化发展,系统推进"筑美"理念的深化。

以"筑美"理念增强主体意识。"筑美"对师生的思想观念、价值取向、行为方式具有潜移默化的影响。学校是教师的,更是学生的,激发学生的主人翁意识是大学文化建设的重要内容。学校通过召开学代会、团代会,开展"书记面对面"座谈,设立书记信箱、校长信箱、教学意见箱,以及官方微信、微博平台互动等,全方位保障学生享有参与学校事务的权利。

以"筑美"理念加强学风建设。"筑美"理念具有独特的教育渗透功能、目标导向功能、凝聚激励功能和约束行为功能。优良学风建设是深化"筑美"理念的重要抓手。学校出台一系列规章制度加强学风建设,抓课堂、抓实践、抓实训、抓竞赛,加强教室、宿舍、食堂、网络等阵地建设,抓好学生、教师、管理干部队伍,推进全员参与学风建设。

以"筑美"理念引领文明行为。作为一所大学,有了什么样的文化思想与内涵,就会产生什么样的文化品质与文化品牌,就会引领和带动莘莘学子用先进的文化武装自己、丰富自己、完善自己、成就自己,使之成为新时代对国家和社会有所建树的一代新人。学校传承"纪律意识、牺牲精神,奉献意识、奋斗精神,质量意识、创新精神"为特质的校本文化基因,教育引导学生树立高远志向、扎根人民、奉献国家。通过构建学校、学院、楼宇、班级、宿舍五级文明创建体系,将文明校园创建融入学校制度、教育教学、师德师风、学风校风、学生社团和环境建设,在深化文明班级、文明宿舍、文明窗口创建评选中提升学生的文明素养。

以"筑美"理念丰富文体活动。教育晓之以理、精神动之以情、文化抚之以心。推进筑美理念实施,学校要将其融入课堂教学,融入进学生头脑,以文化的形式渗进血液、浸入心扉,内化于心、外化于行,唤起学生对美的期待,追慕美好,让一代代青年学子成为向美而生的坚定守护者、自觉传承者。"筑美"理念本身蕴含着丰富的人文精神,表现为对学生的追求、尊严、价值、命运的人文关切,对学生全面而又个性发展的理想人格的肯定和塑造。文化需求已经成为当今大学生的重要需求,学校用"筑美"理念引领形式多样、内容健康、格调高雅的校园文化活动,利用重大节庆日和纪念日,打造校园文化艺术节、校园科技文化节等年度文化品牌、文化名片。

"筑美"是一种文化,是学校文化的灵魂与核心,它渗透浸润在学校工作的各个环节各个方面,也引领和推动着学校各项事业的良性发展。从现在开始,让"筑美"的向往不断丰满教育教学的实践。前路也许茫茫,但跋涉的力量却一定比以往任何时候更强大!筑美的向往没有终点,我们永远在路上。

梦想的实现

一所高校办得好不好,主要看这个学校培养的学生优秀不优秀,而不应该仅仅看它的规模、设备等数据。同样,评价一个教师合格不合格、优秀不优秀,不应该仅仅看论文发了多少、项目搞了多少,而应该首先看他培养的学生合格不合格、优秀不优秀。

在现实中,有的高校存在一种倾向,在申请指标、争取项目、向上级汇报工作的时候往往都在讲自己学校的规模和数量,往往忽略人才培养这个最硬的指标,出现这种情况的根本原因,我想应该在办学的理念上。换句话说,是否有筑美的梦想,是否有一颗筑美的心思,真的很重要。

从"筑美"角度来看,评价一所高校办得怎么样,我们一定要以长远的眼光、历史的视野,看它在多大的程度上推进"筑美",实现"筑美"的成效如何,这不仅仅是高校自身发展的需要,同时也是学生成长进步的需要。

是否心怀"筑美"理念,决定着价值判断,影响着思维方式。一所高校最深刻的改革是思想领域的改革,最本质的发展是文化层面的发展。高校领导者惟有心怀"筑美"梦想与格局,才能将事业发展之基存续久远,自身理想抱负才能落地有声。

曾任北京大学党委书记的任彦申同志,在《从清华园到未名湖》一书中指出,在领导班子中:"一把手"是核心、是灵魂;"一把手"的主要任务是出主意、用干部、定政策、抓典型;"一把手"应当是一个贤者,德行能够服众;"一把手"应当是个帅才,具有统领队伍、统揽全局的能力;"一把手"只靠小聪明是不行的,要有大智慧、大谋略、大手笔。

可以这么认为,推进"筑美"的实践,在高校而言,关键在于"一把手"是否有"筑美"的理念、"筑美"的内涵、"筑美"的修养,关键在于能否用"筑美"的力量来树正气促团结,能否用"筑美"的力量来抓改革促发展。同时,也要清醒认识,"筑美"建设是一项系统的、长期的、复杂的工程,是学校事业发展的有机组成部分,涉及学校工作的方方面面,这绝不是哪个部门的具体职责,既不能搞突击,也不应懈怠应付。面对高校改革发展的新形势新任务,推进筑美的生动实践,需要处理好以下几个方面的关系。

继承传统与创新发展。筑美首先是传承,那些在学校历史发展进程中沉淀下来的精神传统或物质积淀,体现了最深厚的文化底蕴,是学校最有价值、最具代表性的文化,需要很好地传承下来。但是只有传承、没有创新,"筑美"就不会有发展。从大学的使命角度来说,更重要的还在于"筑美"的实践、"筑美"的发展、"筑美"的创新。传承是创新的基础,创新是更好的传承,我们要把传承和创新有机地结合起来,在传承中创新"筑美",在创新中传承"筑美"。

尊重共性与彰显个性。一方面,筑美要与高校以文化人、立德树人的共性要求结合起来,遵循高等教育和文化发展的普遍规律,体现大学文化的共同特征,以社会主义核心价值观作为引领。另一方面,"筑美"的个性是校园文化建设的本质和核心。由于每一所大学的办学历史、文化传统、知识沉淀的不同,因而筑美又要契合不同类型高校的实际。筑美的丰富实践,要在坚持共性的基础上,认真总结学校的传统、精神和特色,凝练、培育、彰显学校的文化个性,不断推动以文化人向纵深发展,让"筑美"能够可感可知、落地生根。

以人为本与促进发展。"筑美"的实施,首先还是要坚持以人为本,要能够为师生搭建实现个人发展的良好平台,形成有利于师生全面发展的组织科学、法规健全、管理有序的制度安排,建立尊重多样、包容差异、鼓励创新的良好环境,营造和谐的校园文化氛围。其次,要把筑美作为学校各项事业科学发展的催化剂和助推器,通过对学校精神文化、制度文化、行为文化、环境文化的培育、建设与打造,不断提升学校的凝聚力、影响力、创造力和竞争力。

整体规划与分步实施。"筑美"是一个长期的、复杂的、庞大的系统工程、生态工程,涉及学校教学、科研、管理活动的方方面面。实现"筑美"的全面推进,需要从整体性出发进行超前谋划、全盘统筹和整体规划,保证"筑美"的统一性、连续性和持久性。同时,还要明确短期目标、重点任务,把具体的项目进行细化分解、落实责任,提出配套措施和实施步骤,确保能够分步实施、整体推进。"筑美"不是经过一段时间就能够实现的梦想,要有环环相扣、步步为营的意识,相信通过长期坚持、常抓不懈的努力,"筑美"才会取得实实在在的成效。

后　记

　　毛泽东说过："我们都是来自五湖四海，为了一个共同的革命目标，走到一起来了。"要把来自五湖四海的人紧紧团结在一起、凝聚在一起，需要文化认同、情感认同，对这一目标、这一事业有高度的认同感和强烈的自豪感。学校事业的改革发展，同样需要全校师生员工广泛而充分的文化认同与情感认同。从这个意义上说，大学里最深刻的改革是思想文化领域的改革，最本质的发展是思想文化的发展。

　　"筑美"的提出，本身就是一种教育理想、一种价值观念，更是一种文化追求。而"筑美"的实施，则是将学校不同思想、文化和专业背景的人凝聚在这一目标下的过程，且有机融入师生的工作、学习和生活之中，并成为师生的努力方向与行为准则。筑美，绝不是一朝一夕之事，有赖于各方长期的浸润之功。

　　我所工作的江苏建筑职业技术学院，是一所有着特殊办学历史和文化底蕴的学校，经过40余年的发展积淀，已成为全国高职院校中具有自身鲜明特色以及独特文化、风格、精神的一所学校。它有理想、有情怀、有担当、有传承，历史感厚重、现代感十足。自1979年建校伊始，来自五湖四海的师生员工汇聚一起，抓住一个又一个重要契机，推动一轮又一轮跨越发展。现如今，它已初步形成了独具特色的校园文化，走出了一条中国特色的现代高职教育文化育人改革创新之路，谱写出一曲绚丽多彩的艰苦创业之歌。

学校为什么能在 40 余年的时间里,发展得又快又好,它靠的是什么呢?时至今日,我认为其中很重要的就是依靠一种精神、一种文化。概括来说,它靠的是兼容并包、海纳百川的文化氛围文化情结,靠的是"我以建院为荣、建院以我为荣"的自豪感责任感,靠的是筑美理念融通下的"特别能战斗"精神。在这样一个大家庭中,在学校历史发展的过程中,任何一个人的力量都是渺小的,只有把自己融入团队中,与团队一起奋斗、一起战斗,才能实现个人价值的最大化,才能成就学校的卓越,成就他人的美好。

在我看来,"筑美"的向往是学校的核心竞争力,它是一种精气神,是生命的催化剂,是校情校史的高度浓缩,是校园精神最生动最具体的诠释,既对人才培养起着巨大而深远的影响,也成为学校长盛不衰的动力源泉。筑美饱含着人的内在尺度与精神理想,蕴涵着向真向善向美的崇高情怀,洋溢着人文人生的快乐。筑美,它的力量看起来可能比较细微,却有着滴水穿石、聚沙成塔的成效。只要我们坚定筑美的信念,就有了努力目标和方向,就能把学校各方面的智慧和力量黏合汇聚在一起。

近年来,以"筑美"为核心理念,在加快推进学校文化软实力建设的过程中,我们做了一些探索实践:以创建品牌活动为依托,打造系列精品校园文化活动;以高雅文化进校园为契机,提升校园文化的品位;以红色文化为主题,强化社会主义核心价值观教育;以建筑、礼射、非遗文化为主体,弘扬中华民族优秀传统文化;以网上网下互动为平台,创新思想政治教育方式……

特别是在 2019 年,学校进入"双高计划"建设新的发展阶段。在新形势新任务面前,在日趋激烈的高职院校竞争面前,学校在高层次人才引进、专业群建设、招生就业等方面,都面临诸多严峻的挑战,推进"双高计划"建设的任务十分繁重。这一背景下,如何继续推进"筑美"落地落实落细,应该说具有更加特别的意义。

我想,只要我们能够把学生的内在潜力调动起来,能够契合学生的实际情况,能够促使其奋勇追求未来的美好,这就是好的教育,就是美的教育。我们要通过积极的努力,真正让每一个学生都能找到适合自己发展的路径,真正使每一个学生都能激发自己的潜质,真正让每一个学生不论什么基础都能成长为具有独立人格、宽广视野和社会担当能力的人才。

　　我想,在学校发展的历史长河中,学生总是在成长,而教师一定会变老。不管你现在有多大年龄、身居什么岗位、履行什么职责,大家都只是一个历史的过客。但是,只要我们参与了筑美的过程,关于校园筑美的故事与传说,一定会一代一代生长流传,筑美的文化就会一点一滴积淀传承,我们的人生也会因此更加无比的灿烂而有意义。

　　我想,"筑美"蕴含了"厚生尚能"校训的思想,它的持续生根,必将成为一张鲜亮的校园文化名片,极大提升学校的核心竞争力和知名度美誉度,为建设全国一流高职名校提供强有力的智力支持。经过努力,筑美还将日益成为学校具有强大感召力、渗透力的校园文化主旋律,极大提升学校文化凝聚力和办学品位,更将对促进学校转变发展方式,以及实现更高质量地发展起到非常积极的作用。

　　以上是我工作以来,特别是到党委宣传部履职之后的一些体悟,也是从历史的轨迹、哲学的高度和文化的视角,对学校推进校园文化建设的做法、探索与实践所作的简要梳理总结。期望能够以此增进与兄弟院校之间的交流互鉴,同时敬呈社会各界同仁批评指正,共同推进以文化人、以美育人,为高质量的人才培养作出应有的贡献。